国家社科基金后期资助项目（20FGLB062）

信任、法律与企业资源配置效率研究

Trust，Law and the Allocation Efficiency of Enterprise Resource

邱保印　著

中国财经出版传媒集团
中国财政经济出版社
北京

国家社科基金后期资助项目
出版说明

后期资助项目是国家社科基金设立的一类重要项目，旨在鼓励广大社科研究者潜心治学，支持基础研究多出优秀成果。它是经过严格评审，从接近完成的科研成果中遴选立项的。为扩大后期资助项目的影响，更好地推动学术发展，促进成果转化，全国哲学社会科学工作办公室按照“统一设计、统一标识、统一版式、形成系列”的总体要求，组织出版国家社科基金后期资助项目成果。

全国哲学社会科学工作办公室

前　言

改革开放以来中国经济的快速发展，不仅受到诸如法律、政治、政府、媒体等正式制度安排的影响，也受到诸如文化、道德、关系网络等非正式制度安排的影响。本书研究将非正式制度落脚为一个社会长期发展形成的社会信任水平，将正式制度归结为地区的法律制度效率。以社会信任、法律制度效率对企业微观治理、中观治理和宏观治理的作用机理为主线，系统考察与检验其影响微观资源配置的通道及其后果。

社会信任作为非正式制度的落脚点及其代表，基于以下机理与机制，影响着企业的资源配置效率。①社会信任是一种社会文化的主要体现，被看作是共同行为、分享信仰和共同价值观、性情。在企业内部，它一定程度上是产生凝聚力、认知力和共同的意志。这不仅可以增进企业员工的努力程度，还能够降低相关的监督成本和交易成本，进而促进企业的效率提升。②社会信任可以看作是关系网络的集合，是社会学家经常称为人们被社会化或者希望被社会化的“社会组织”。不同企业处于同一社会信任的语境中，知道对方应该有什么样的行为举止，知道对方企业的期望是什么，增进企业间合作的可能性。③社会信任是声誉的一个集合和区分声誉的一种途径。企业声誉体现出企业对市场、消费者、供应商及社会公众承诺的履行状况，声誉机制是企业的产品和服务质量最好的广告，可以提高企业的销售能力，进而影响企业的行为。基于上述社会信任的机理，社会信任可以促进一个区域内活动主体之间的合作、降低交易费用、减少信息不对称，发挥优化企业的资源配置作用。

法律制度效率作为正式制度的代表，基于以下机理与机制，影响着企业的资源配置效率。①法律条文和内容明确规定了责任和义务。我国法律主要通过成文法形式表现出来，其条文或者内容明确规定了行为主体的责任和义务，企业在经营过程中清晰地知晓自己的行为后果，能够合理地保护自己的权益，实现企业的有序竞争以获取更好的效益。②法律规定及公正的执行具有威慑性。法律的颁布需要通过相关的部门起草、审查、决定、公布、实施、备案等程序，法院判决和执行过程中，也通过完善的程序使结果具有有效性和可信赖性。如此，就可以为个人或者企业的行为提供长久的预期，使企业内部侵占行为减少和市场交易有序进行，就能够减少企业内部或者外部的交易成本，提高企业的经营效率。③法治具有稳定性。在法治社会中，法律条文的颁布和废止，具有稳定性，不会取决于个人的情绪变化和喜怒哀乐，也不会因个人的变动而变更。在一个稳定的法制环境中，企业不会只关注眼前的利益进行短期投机，而是根据企业发展需要，进行战略布局，一些投资可能期限很短，另一些投资可能会几年甚至几十年。如此，企业自然会把握好各种投资机会，取得较好的业绩。基于法律制度效率的机理分析，法律制度效率通过对行动主体事前的预期作用和事后的惩罚作用，达到促进企业资源配置效率提升的目的。

本书借用社会资本理论、政治理论和新制度经济学等经济理论，以中国沪深 A 股公司为样本，对上述问题进行系统研究后得出以下重要结论：

第一，改革开放以来，中国经济的快速发展不仅受到诸如法律、政治、政府、媒体等正式制度安排的影响，也受到诸如文化、道德、关系网络等非正式制度安排的影响。本书将非正式制度落脚为一个社会长期发展形成的社会信任水平，基于新制度经济学理论视角，以中国沪深 A 股公司为样本，考察了社会信任对企业多层股权结构的影响。研究结果表明：①企业所在地区社会信任度越高，则所在地区的企业股权层级结构越低，企业的控制权和现金流量权分离越小。②企业股权层级结构随着地区社会信任程度的提高而减少，这一现象可能会在法制环境较差的地区更加明显。③社会信任通过债务融资成本和信用融资两条路径影响企业多层股权结构。

第二，企业董事会中女性比例不足是一个重要的伦理问题，引发了人们对董事会性别平等的严重担忧。依托新兴经济体中国，有着悠久的“男尊女卑”传统文化，我们研究了社会信任如何影响女性董事的供需关系。研究结果表明：①地区社会信任与董事会中女性董事比例呈显著正相关。②采用地区强奸案刑事案件数量和地区市场化指数来衡量地区法律执行效率，发现地区强奸案刑事案件数量与董事会中女性董事比例呈显著负相关、地区市场化指数与董事会中女性董事比例呈显著正相关；同时发现，社会信任对女性决策参与的影响在两性平等观念较低、女性受教育程度更高的地区以及董事长为女性的样本中更加显著。③进一步分析表明，女性董事比例的增加是社会信任提升企业 ESG 评级的重要渠道之一。总之，我们的研究表明，社会信任对企业管理中的性别多样性有积极的贡献。

第三，企业高级管理人员选聘是公司治理的重要话题，中国传统文化之由近及远，由内到外的关系型信任逻辑是否影响企业高级管理人员的选择。研究结果表明：①通过对社会信任与企业选聘之间关系的直接检验发现，在高信任度地区，促进了人们之间的合作，尤其确保在陌生人或不经常见面的人之间形成合作。即社会信任度越高的地区，企业选聘外部职业经理人的可能性越大。②法律执行度较高的地区，企业所有者更可能选聘外部职业经理人。因为企业所有者选聘外部职业经理人的主要障碍就是由此产生的代理问题。一个致力于提倡财产权和合同执行的法律不仅为经济交易中的伙伴提供了一种可以相互信任的基础，还使得人们相信这样的法律执行部门，法院本身也可以被信赖，能够公平地执行交易，并履行其协约职责。既然在高法律执行环境中，可以找到解决这种代理问题的终端机制，企业所有者可能就会更倾向招聘外部职业经理人。③进一步研究发现，社会信任与外部职业经理人正相关，在我国民营企业中影响会更大，因为在国有企业中，政府委派仍然占据了国有企业经理人市场的重心，而较少受到企业外部环境，尤其非正式制度社会信任的影响。

第四，股价同步性反映了企业股票价格一起变动的程度。基于信息对资产价格的解释表明，股票价格的联动性取决于资本化为股票价格的公司特有的和市场范围信息的相对数量（Roll，1988）。了解公司股价同步性的决定因素，对于在理论上建立资产定价模型以及在实践中做出投资和风险管理决策都是至关重要的。社会信任作为影响投资行为的重要因素已得到证实。本书通过检验社会信任对股价同步性的影响，研究结果表明：①在信任度较高的地区，企业特质信息更容易反映在股价中，股价同步程度较低。社会信任每增加一个标准差，公司股价同步性降低 10.3% ~ 17.7%。②本书也发现，在法制环境较差的地区，股价同步性、股价崩盘的概率、企业的系统风险、违规概率随着地区社会信任程度的提高而减少的这一现象更加明显。③进一步研究发现，社会信任效应对国有企业影响要比非国有企业更为显著，这些结果与“当正式制度较弱时，信任发挥更突出的作用”的观点相一致（Guiso et al.，2004）。

第五，按照詹森和梅克林（Jensen and Meckling，1976）分析框架，在企业融资时，资金提供者因预期企业内部人存在不必要的非生产性在职消费或偷取，企业获得资金时的代理成本（购买股票的折价和债务融资的高利息）将由企业内部人承担，和这种高昂的代理成本相比，内部人更愿意进行自我监督让资金提供者信任自己。基于此，考察社会信任作为一种非正式制度对企业融资违规行为的影响。研究结果表明：①当企业位于社会信任度较高的地区时，其融资违规行为比社会信任度较低地区的企业要少。②在法制环境较差的地区，企业融资违规程度随着地区社会信任程度的提高而减少的这一现象更加明显。③进一步分析表明，在利息成本较低、行业竞争较弱、市场高度发达、内部控制良好的企业中，社会信任对抑制融资违规行为的影响更为显著。研究结果表明，社会信任对融资违规行为的影响受到企业经济现实（利息成本和竞争）、正式制度环境（市场化水平）和企业内部治理（内部控制）的调节。

第六，供应链的稳定性不仅关乎企业的生存，也是宏观经济发展的基石。供应链稳定性既反应了企业经营管理水平，也是客户、企业、供应商相互信任的结果。研究企业所在地的社会信任度对其客户/供应商稳定性的影响，结果表明：①企业所在地区社会信任度越高，其客户/供应商稳定性越强。表明社会信任作为一种非正式制度为建立契约关系提供了一种重要保障机制，尤其是在签订契约时人们对未来认知有限、对事后不当行为的惩罚能力有限时。特别是在一个供应链网络中，依据过去重复的行为而形成的对未来的一种预期，行为人可以得到一种可信任（或者不可信任）的基础。②进一步研究表明，在法制环境较差的地区，客户/供应商稳定性随着地区社会信任程度的提高而增强的这一现象更加明显。按照诺斯（1971）将制度结构分为他律的制度和自律的制度，两者形成互补。本书进一步把法律制度作为他律的制度与社会信任作为自律的制度一起进行检验，发现在法制环境较差的地区，客户/供应商稳定性随着地区社会信任程度的提高而增强的这一现象更加明显。

第七，本书采用文本分析法度量信任文化，这不仅在文化指标度量上有所贡献，而且扩展了“法与金融”中强调正式制度对经济运行的研究框架，将“信任文化”这一非正式制度嵌入公司创新行为的决策模型，既丰富了企业文化方面的研究，也为文化的治理作用提供经验证据。研究结果表明：① 信任文化作为一项重要的非正式制度，无论是其激励作用，还是其约束作用，抑或激励和约束共同作用，都将潜移默化地影响企业管理者和员工的价值取向和行为，都有助于公司创新活动的开展。②公司创新水平随高管团队内部薪酬差距的增加而增强，支持锦标赛理论，表现出随着高管团队内部薪酬差距的增加，信任文化对公司创新活动的促进作用有所增强。③高管与员工之间的薪酬差距可以激励企业员工付出更多努力，促进企业团队内部竞争，激发员工的创造性和创新意愿，同样也有利于公司创新绩效的提高，表明公司创新水平随高管员工内部薪酬差距的增加而随之增强。

第八，本书基于社会信用体系改革试点城市的准自然实验，研究了社会信用体系建设对企业环境违规的影响。研究发现，社会信用体系建设显著降低了企业的环境违规频率，即抑制了企业的环保失信行为。而且政府信任、媒体关注以及公众环境意识强化了社会信用体系建设对企业环境违规的抑制作用。考虑到社会信用体系建设通过信用记录、奖惩评价以及来引导社会诚信的价值观形成，进而实现社会从关系型信任到制度化信任的转变，本书研究了社会信用体系建设是否弥补了关系型社会信任的不足。本书发现，社会信用体系建设对企业环境违规的抑制作用在普遍信任不足和方言多样性较高的地区更加显著，即制度化社会信任建设弥补了关系型社会信任的不足。

第九，本书基于社会信用体系改革试点城市的准自然实验，研究了社会信用体系建设对企业数字化转型的影响。研究发现，社会信用体系建设能显著促进企业进行数字化转型，且该效应主要体现在社会信用体系建设对数字化底层技术赋能的影响，而对数字化实践应用的影响并不显著。进一步研究发现，社会信用体系建设对企业数字化转型的促进作用在代理成本较高、员工积极性较差，以及供应链信息分享意愿较低的样本中更显著，表明社会信用体系建设通过降低代理成本、促进员工参与并增强关联企业之间的信息分享意愿来推动企业数字化转型。本书从企业数字化转型的角度考察了社会信用建设的价值，对进一步完善社会信用体系建设，促进数字经济发展具有指导意义。

作者

2022 年 12 月

Preface

Since the reform and opening up, the rapid development of China's economy is influenced not only by the formal system arrangement of law, politics, government, and media, but also by the informal system arrangement of culture, ethics, network, etc. This paper studies the informal system as the social trust level formed by enduring social development, and summarizes the formal system as regional legal system efficiency. Set the functional mechanism of social trust and legal system efficiency to the microscopic economic subject as the main line, the paper investigates and inspects the channel and consequences of its influences on micro resource distribution.

As an informal foothold and representative of informal system, social trust influences the resource allocation efficiency of enterprises based on the following mechanism. Firstly, social trust is one kind of main reflect of social culture, and it is regarded as common behavior, sharing the same faiths, values, and temperament. Within the enterprise, it produces cohesion, cognition and common will partly. This can not only improve the staff's effort level, but also reduce the relevant supervision and transaction cost, so as to promoting the efficiency of the enterprise. Secondly, the collection of the social trust to the social relationship network, is referred to as people's socialized or hopefully socialized "social organization" by the social scientists. Different enterprises in the same social trust know what kind of behavior of each other, know their expectations, thus enhancing the possibility of cooperation. Thirdly, social trust is collection of reputation and way to distinguish reputation. Corporate reputation reflects the fulfillment of its promises to market, customers, suppliers, and the social public. Reputation mechanism is the best advertisement of the quality of their products and services. It can improve the sales ability of enterprises, thus affecting the behavior of the enterprise. Based on the above - mentioned mechanism of social trust, social trust can promote cooperation of the regional activity main body, reduce the transaction cost, lower the information asymmetry, and optimize the resource allocation.

As the formal system, legal system efficiency affects the resource allocation efficiency of the enterprise based on the following mechanisms. Firstly, the legal articles and contents specify responsibilities and obligations. The law in this country mainly represents by statute law, which defines the responsibility and obligation of the behavior of main body. By knowing the behavior consequences clearly in the business process, the enterprise can protect their own rights and interests, thus achieving the orderly competition and better benefits. Secondly, the provision of law and its fair implementation have deterrents. The promulgation of law has the processes of draft, review and decision, release, implement, record and so on. In the process of judgment and execution, the court needs the perfect program to ensure the validity and trustworthiness of the results. In this way, it can provide the long - term expectations to individual or enterprise's behavior, reduce the internal embezzlement and ensure the orderly market transaction, reduce the internal or external transaction cost, and improve the management efficiency of enterprises. Thirdly, the rule of law is with stability. In legal society, the promulgation or abolishment of the law is also with stability. It does not depend on the individual's mood changes, and will not be influenced by personal changes. In a stable legal environment, the enterprise will not only focus on the immediate interests of short - term speculation, but will carry out strategic layout according to the needs of enterprise development. Some investment may be short - termed, while, some may last for a few years or even decades. In this way, the enterprise will grasp various investment opportunities naturally to gain good results. Based on the efficiency analysis of the legal system mechanism, legal system efficiency promotes the enterprise resource allocation efficiency by prior expectation and latter punishment function to the action of main body.

By using use social capital theory, political theory and new institutional economics, etc. , setting the Shanghai and Shenzhen a - share companies as sample, this paper researches on the above problems, and draws the following conclusion.

Firstly, Since its reform and opening up, China's rapid economic development has been influenced not only by formal institutional arrangements such as laws, politics, government and the media, but also by informal institutional arrangements such as cultures, ethics and relationship networks. Regarding an informal mechanism as a social trust level established in the long - term development of a society and based on the perspective of the new institutional economics theory, this paper makes an examination of social trust's influence on the multi - layered enterprise equity structure with the Chinese A - share companies listed on the Shanghai Stock Exchange and the Shenzhen Stock Exchange as samples. The research results show that: (a) the higher is the social trust in a region where the enterprise is located, the fewer are the layers of enterprise equity structure as well as the smaller is the separation between an enterprise's control rights and cash flow rights; (b) there may be a more obvious phenomenon in a region with a relatively weak legal environment, such that the layers of enterprise equity structure decrease with the increase of social trust in the region; and (c) social trust influences the multi - layered enterprise equity structure by two paths, namely, debt financing cost and credit financin.

Secondly, The underrepresentation of females on corporate boards is an important ethical issue that raises serious concerns about gender equality in senior management teams. Relying on an emerging economy, China, with a long traditional culture of "men being superior to women", we examine how social trust affects the supply and demand of female board directors. The research results show that: (a) female board representation has a positive and significant relation with social trust; (b) using the regional rape criminal cases number and regional marketization index to measure the regional law enforcement efficiency, it is found that the regional rape criminal cases number has a significant negative correlation with the proportion of female directors on the board of directors, and the regional marketization index has a significant positive correlation with the proportion of female directors on the board of directors. The effect is more pronounced in regions with higher male - to - female sex ratio at birth, less female education, lower GDP per capita, and in non - family firms; and (c) We also find that higher social trust is more likely to increase the number of female non - independent rather than independent directors. Further analyses show that the increased female board representation is an important channel through which social trust improves corporate ESG ratings. Overall, our study suggests that social trust contributes positively to gender diversity in corporate management.

Thirdly, The selection of senior management is an important topic in corporate governance. Whether the relational trust logic of Chinese traditional culture from the near to the far and from the inside to the outside affects the selection of senior management. The research results show that: (a) a direct examination of the relationship between social trust and business recruitment found that high - trust areas promoted cooperation among people, especially among strangers or people who did not meet regularly. In other words, in areas with high social trust, enterprises are more likely to hire external professional managers; (b) The higher the local law enforcement, the more likely the owners are to hire external professional managers. Business owners external selecting and appointing professional manager is the main obstacle to the resulting agency problems, a commitment to promote property rights and contract execution law is not only in economic transactions partner provides a can be the basis of mutual trust, also make people believe the law enforcement, the court itself can also be trustworthy, to be able to trade fair, And perform its contractual duties. Now that a terminal mechanism can be found to solve this agency problem in a high law enforcement environment, business owners may be more inclined to recruit external professional managers; and (c) Further research shows that social trust is positively correlated with external professional managers, and the impact is greater in private enterprises in China, because in state - owned enterprises, government delegation still occupies the center of gravity of the manager market in state - owned enterprises, and is less affected by external environment, especially informal institutional social trust.

Fourthly, Stock price synchronicity refects the extent to which stock prices move together. Information - based interpretation of asset prices suggests that stock return co - movement depends on the relative amounts of frm - specifc and market - wide information capitalized into stock prices (Roll, 1988). Understanding the determinants of frm - specifc stock return variation is crucial for developing asset pricing models in theory and making investment and risk - management decisions in practice. The research results show that: (a) we fnd consistent evidence that stock prices are less synchronous or they refect more frm - specifc information in provinces and regions featured with a higher level of trust. The negative impact of social trust on stock price synchronicity is also signifcant in an economic manner. A one - standard - deviation increase in the regional trust measure leads to a 10.3% - 17.7% reduction in frm - level stock price synchronicity relative to the sample median depending on which social trust measure we adopt; (b) The book also finds that in regions with poor legal environment, the phenomenon of stock price synchronization, the probability of stock price crash, the systematic risk of enterprises, and the probability of violation decrease with the increase of social trust is more obvious; and (c) Moreover, the positive role of trust in increasing frm - specifc return variations and discouraging corporate misbehaviors is more pronounced for SOEs than Non - SOEs.

Fifthly, Drawing from the agency theoretical framework (Jensen and Meckling, 1976), we argue that, once new funds are raised, executives and/or controlling shareholders may place their private interests over those of the shareholders or creditors, which leads to agency problems and FVs. The research results show that: (a) when a firm is located in a region with high social trust, it commits fewer financing violations than those committed by firms in a region of low social trust; (b) in areas with poor legal environment, the phenomenon that the degree of corporate financing violations decreases with the improvement of regional social trust is more obvious; and (c) additional analysis suggests that the impact of social trust on restraining financing violations is more pronounced for firms having lower interest costs, facing low industry competition, located in high marketisation regions, and having good internal control. The findings show that the impact of social trust on financing violations is moderated by the economic reality of the firm (interest costs and competition), the formal institutional environment (level of marketisation), and the internal governance of a firm (internal control).

Sixthly, The stability of supply chain is not only related to the survival of enterprises, but also the cornerstone of macroeconomic development. Supply chain stability not only reflects the level of enterprise management, but also the result of mutual trust among customers, enterprises and suppliers. By studying the influence of the social trust in the location of an enterprise on the stability of its customers/suppliers, the research results show that: (a) the higher of social trust in the region where the enterprise is located, the stronger the stability of its customers/suppliers. It shows that social trust, as an informal system, provides an important guarantee mechanism for the establishment of contractual relationship, especially when people have limited cognition of the future and limited ability to punish improper behaviors after the contract is signed. In addition, through a supply chain network, the future expectation formed by repeated behaviors in the past, and the judgment of the actor on his past behaviors, a trustworthy (or untrustworthy) basis is obtained. Through the instrumental variable method, changing the customer/supplier stability index, and changing the social trust index, the above results are still robust. As an important part of enterprise external environmental governance, social trust can enhance the stability of customers/suppliers. Previous studies mainly focused on the impact of social trust on the macro economy and the micro impact of individual on a single enterprise. In this paper, through the study of the impact of social trust on the supply and marketing industry chain of enterprises, the research between micro organizations has been added, which is a useful supplement to this literature; and (c) further research shows that in regions with poor legal environment, the phenomenon that customer/supplier stability is enhanced with the improvement of regional social trust is more obvious. According to north (1971), the system structure is divided into heteronomy system and self - discipline system, which are complementary to each other. This paper further tests the legal system as a system of heteronomy and social trust as a system of self - discipline, and finds that in regions with poor legal environment, the phenomenon that the stability of customers/suppliers increases with the increase of social trust is more obvious.

The seventh, This book USES the text analysis method to measure the trust culture, which not only contribute on culture measures, but also expanded the "law and finance" highlighted in the study of the economic operation formal system framework, the trust company culture embedded in the informal system innovation behavior decision model, enrich the enterprise culture research, also provide empirical evidence for cultural governance role. The results show that: (a) as an important informal system, trust culture has a subtle influence on the value orientation and behavior of enterprise managers and employees, whether it is the incentive function, the constraint function, or the combination of incentive and constraint, which is conducive to the development of corporate innovation activities; (b) The innovation level of the company increases with the increase of the pay gap within the executive team, which supports the tournament theory, showing that with the increase of the pay gap within the executive team, the promotion effect of trust culture on the innovation activities of the company is enhanced; and (c) The pay gap between executives and employees can motivate employees to make more efforts, promote the internal competition of the enterprise team, stimulate the creativity and innovation willingness of employees, and also help improve the innovation performance of the company, indicating that the innovation level of the company increases with the increase of the internal pay gap between executives and employees.

The eighth, This book uses the quasi – natural experiment of the demonstration city of the construction of social credit system to study whether the construction of institutionalized social credit system will inhibit the corporate environmental violations. The results show that: (a) that compared with before the establishment of the social credit system reform, the frequency of environmental violations in the pilot areas is reduced by 13.49% on average compared with that in the non – pilot firms; (b) Heterogeneity analysis finds that government trust, media coverage and local awareness of environmental protection strengthen the inhibitory effect of the establishment of social credit system on corporate environmental violations; and (c) Further research shows that the inhibitory effect of the establishment of social credit system on corporate environmental violations is more significant in areas with lack of general trust and higher dialect diversity, indicating that institutionalized social trust makes up for the deficiency of relational social trust.

The ninth, This paper uses the social credit system reform pilot promoted by the National Development and Reform Commission, the People's Bank of China and other State Council ministries as a quasi – natural experiment to test whether the construction of social credit system promotes the digital transformation of enterprises, using A – share listed companies as the research sample The results show that: (a) the construction of social credit system significantly promotes the digital transformation of enterprises, and the promotion effect is equivalent to 5.36% of the sample mean, and the effect is mainly reflected in the impact of the construction of social credit system on the digital underlying technology empowerment, while the impact on the digital practice application is not significant; (b) Further research found that the promotion of the construction of the social credit system to the digital transformation of enterprises is more significant in the samples with higher agency costs in the first category, higher agency costs in the third category, and lower willingness to share supply chain information, indicating that the social credit system Construction drives digital transformation by reducing agency costs and increasing willingness to share information; and (c) This paper examines the value of social credit construction from the perspective of enterprises' digital transformation, which has guiding significance for further improving social credit system construction and promoting the development of digital economy.

目　录

第1章 绪论

1.1 选题的动机及话题

改革开放40多年间，中国经济增长和科技创新在各种制度不完善的条件下飞速发展起来，一跃成为全球第二大经济体。国家统计局资料显示：GDP规模从1978年的3 678.7亿元扩大到2021年的114.4万亿元。按年平均汇率折算，2021年我国经济总量占世界经济的比重达18.5%，稳居世界第二位。2013—2021年，我国对世界经济增长的平均贡献率超过30%，居世界第一。截止到2019年，人均GDP已超过70 892元人民币（折合约为10 276美元），从2001年我国人均GDP突破1 000美元到2019年跃上1万美元，用了不到20年时间。到2020年年底，我国有1.4亿户市场主体，其中企业达到4 000万户，绝大多数是民营中小微企业；高新技术企业和科技型中小企业近40万户，其中民营企业占多数；个体户也有近1亿户。而2012年的我国市场主体的数量还不到6 000万户。可以说，我国已经进入中等收入水平国家。中国经济长期稳定的增长，离不开微观主体企业有效的资源配置及其成长。

40多年来，中国取得举世瞩目的经济增长的背后是党中央和中央政府坚持不断深化改革的决心。比如，1993年党的十四届三中全会通过的《中共中央关于建立社会主义市场经济体制若干问题的决定》就明确提出，改革开放是党和人民在认真总结历史经验的基础上，作出的符合社会经济发展规律的战略决策，是我国实现现代化的必由之路。2013年党的十八届三中全会通过的《中共中央关于全面深化改革若干重大问题的决定》提出，进一步解放思想、解放和发展社会生产力、解放和增强社会活力，坚决破除各方面体制机制弊端，努力开拓中国特色社会主义事业更加广阔的前景。2020年颁布的《中共中央、国务院关于新时代加快完善社会主义市场经济体制的意见》强调，改革开放特别是党的十八大以来，我国坚持全面深化改革，充分发挥经济体制改革的牵引作用，不断完善社会主义市场经济体制，极大调动了亿万人民的积极性，极大促进了生产力发展，极大增强了党和国家的生机和活力，创造了世所罕见的经济快速发展奇迹。

制度经济学的经典研究指出，正式制度（包括法律、金融、规制等）的构建与执行对于一国企业运行与经济社会的发展绩效至关重要（La Porta et al.，1997，1998）。然而，尽管长期以来中国民营企业在法律保护、政策扶持、金融资源等正式制度支持上处于劣势，却茁壮成长为市场经济中最富活力、最具潜力、最有创造力的主体，支撑起了举世瞩目的“中国经济奇迹”（林志帆和龙小宁，2021）。斯蒂格利茨（Stiglitz，2000）认为，对于中国这样的市场经济发育尚未完善、现代产权制度尚未完备、正式制度尚未能最大限度降低交易成本的新兴经济体而言，传统文化是经济赶超的助推器。韦森（2004）认为，文化氛围的差异是中国特色社会主义市场经济制度能够获得成功，而同样采取了市场经济制度的印度经济绩效却不尽如人意的原因所在。艾伦等（Allen et al.，2005）认为，中国民营企业依赖关系与声誉资本获得民间融资并保证合同实施，社会资本是民营经济在过去几十年间迅速成长的重要支撑。厉以宁（2018）强调，“文化可能就是生产要素中未被列入但很可能今后会被列入的生产力的组成部分、生产要素的新的组成部门”。刘蓝予和周黎安等（2021）指出，商业活动的历史，以及在历史实践中发展出的思想观念、商业模式和组织形态，都会在微观经济行为和宏观经济绩效上留下深刻的历史烙印。传统商业文化对经济发展有着长期、深远的影响，这种影响通过价值偏好、社群网络和人力资本等渠道在地域与族群中代际相传，绵延数百年，成为经济发展中的一类独特的非正式制度要素。

可见，企业的成长对我国经济的发展是起到巨大的作用的，尤其企业在不断深化改革中能被激发出活力。实际上，中国作为渐进式改革的市场经济国家，很多企业行为应该内生于其所在地的制度环境。企业要想持续健康发展，首先要对一国制度和市场结构有准确把握（Fan et al.，2002，2013）。通过对制度和市场的把握，可以增进企业对现实和未来经营环境的可预见性。所有人际交往、经济交易都需要一定程度的可预见性。当人们受到规则约束时①，个人或者组织的行动就可以预见。制度界定为约束组织行为及其相互关系的规则，由此形成的制度环境差异是导致经济效率

① 规则本书称为制度，可以包括正式的规制和非正式的规制。

差异的重要因素。制度是影响经济绩效的基本要素（North，1994），因此，中国经济的可持续发展离不开其相依相存的制度环境。过去多年来取得的经济高速增长，是在我国各项制度不够完善情况下完成的。未来经济发展中，只有搞清楚制度对经济的作用机制，才能保证经济的继续健康发展。

斯图尔茨和威廉姆森（Stulz and Williamson，2003）提出的制度分析框架认为，公司治理结构及其经济后果应分别置于第一层次的非正式制度（如规范、习俗、传统及宗教）和第二层次的正式制度（如规章、法律和产权）下进行分析。企业资源配置的优劣是企业不断成长的关键，受到诸如道德、文化、关系等非正式制度的影响，也会受到诸如法律、政治、媒体等正式制度的影响。基于此，本书将非正式制度落脚为一个社会生态长期演变成的社会信任度，将正式制度归结为一个地区的法律执行效率，研究制度环境对企业资源配置行为及其后果的影响。非正式制度在正式制度缺失的情况下能发挥作用，减少不确定性并为组织提供稳定的制度环境。而制度环境的有效性和稳定性取决于非正式与正式制度在变迁方面，比如有关方式和速度的差异大小及二者的互动机制（Pejovieh，2006）。

社会信任不仅是一个国家文化传统与氛围的产物，而且是一个国家经济和社会取得可持续发展的重要推进器（Luis Zingales，2004）。社会信任作为非正式制度与文化传统的体现者，不仅是一国软实力形成的内生性资源，也是促进软实力提升的重要因素。研究显示，从宏观层面来看，社会信任能够显著提高经济运行效率（张维迎和柯荣住，2002；吕朝凤等，2019；计小青等，2020）。从微观角度来看，一方面，地区社会信任降低了经济主体的交易成本，进而影响企业的投融资决策（Wu et al.，2014；Ang et al.，2015；曹春方等，2019；杨国超和盘宇章，2019）和供应链决策等（程博等，2021）。另一方面，企业管理者也会将地区社会信任倡导的道德观念内化在其行为决策上，这有利于降低企业内部代理问题。研究发现，社会信任能够降低在职消费（Dong et al.，2021）、减少坏消息隐藏（Cao et al.，2016；Qiu et al.，2020）以及抑制企业盈余管理（Chen et al.，2021）。因此，位于社会信任较高地区的企业不需要设计相应的治理机制来约束管理者的机会主义行为（Kanagaretnam et al.，2018b；邱保印和程博，2021；Liu et al.，2022）。此外，基于社会信任的道德内涵，一些研究发现社会信任在减少企业违规方面发挥着重要作用（Dong et al.，2018；Kanagaretnam et al.，2018a；Qiu et al.，2021）等。总结以往研究成果，社会信任基于文化、声誉和社会网络等作用机理，社会信任被看作是共同行为、分享信仰和共同价值观、性情，并且通过在一个社会网络中，由过去重复的行为，形成的未来的一种预期，行为人对于其过去的行为的判断，得到了一种可信任（或者不可信任）的基础。在企业影响机制方面，社会信任可以促进合作，降低信息不对称和交易成本，实现企业资源的有效配置。

然而，过去改革开放进程中，对中国软实力构造有重要影响的社会信任，出现严重社会供给不足（张维迎，2002），使得其重构与塑造的重要性更加凸显。近年来，食品安全、郭美美事件、老人摔倒无人敢扶等一系列事件引起了媒体的聚焦和公众的热议。中国社科院在《中国社会心态研究报告 2012 ~2013》中指出，当前七成中国人不信任陌生人，社会总体信任度已跌破底线（60 分）。同时，各地区之间社会信任的差异明显，如中国早期著名的具有地区性商业文化特征的晋商、徽商、闽商、赣商、鲁商，特别是现如今仍然兴盛的浙商、粤商、苏商等，对企业的经营行为影响巨大。帕特南（Putnam，1993）认为，社会信任是一种在几个世纪的历史中形成的人们之间在商业和市民活动中“水平联系网络”的习惯。吉索（Guiso et al.，2006，2008）和萨皮恩扎（Sapienza et al.，2014）认为，社会信任不仅是一国文化传统的产物，而且代表传统的信仰和价值观，作为非正式制度通过民族、宗教和群体逐代衍传。社会信任的供给不足及其先天的发展不平衡，在当今中国经济和社会转型中尤显突出。因此，在中国转型背景下，为了获得经济与社会的持续发展，成功跨入富裕国家，无不需要社会信任的重构与塑造，这不仅对提高资源配置效率有重要价值，而且对中国软实力的培育也有重要意义。

随着国家市场改革的推进，对运行良好的争端解决机制和程序的需求变得越来越明显，尤其是在我国从计划经济，经过 30 多年的市场化改革，大部分经济交易从国家的公共行政领域转移到市场领域，私人部门要求更好地界定权利和义务。在此背景下，司法和与之相关的基础建设对于经济发展而言，与其他基础设施建设一样重要。良性的司法体系，不仅通过事前的威慑作用可以维护正义，也可以通过事后的惩罚作用，增加公平性和可预见性，进而减少社会交往中的不确定性和降低市场的交易费用。充分的产权保护和高效的合同执行要求法院有更高的执行能力。法院执法质量高低会影响人们对司法公正的整体信心，也会影响到人们的预期，进而影响到对社会成员的经济行为和精神面貌，助长社会风气（冯旭南等，2011）。尤其，时至今日，“改革”仍然是时代的中心词，在中国多年来政府对资源配置的决定作用影响下，为了防止改革过程中的路径依赖，必须寻求发挥法律制度对经济交易争端解决的基础作用。

法律制度作为正式制度的核心内容，法律执行，不仅从正式制度角度构成企业资源配置的外部环境，而且法律通过投资者保护而影响到企业具体行为。研究表明，作为正式制度的法律起源对金融发展和经济增长具有重要影响（La Porta et al.，1997，1998，2000，2002，2013；Faccio et al.，2002；Ramanna，2008）；进一步，法律执行通过投资者保护影响到企业行为（La Porta et al.，2002；Dyck and Zingales，2004；Chen et al.，2009；王鹏等，2008；肖作平等，2012；陈德球等，2013；黄继承等，2014；罗煜等，2016；曹文泽和王迁，2018；黎文靖等，2021）。具体来讲，通过给予股东更大的权利和对外部投资者的保护，降低了内部经理人员获取私利的动机（Shleifer and Wolfenzon，2002），较好的法律执行，减少了代理冲突，导致企业更多的派息（La Porta et al.，2000）、较少的现金持有量（Dittmar et al.，2003）和更大的冒险行为（John et al.，2008）。这些研究都表明了法律对经济交易和企业行为的重要影响作用。然而，中国社会转型过程中，正式制度仍然不健全（Peng and Zhou，2005）。尽管中国有统一的法律制度执行体系，但地区间的市场化进程和法律执行力度并不一致（樊纲等，2011），法律执行效果存在巨大差异。虽然，在过去一定时间内，政府主导的市场经济模式确实在经济发展中起到了积极作用，但随着改革的进一步推进，社会经济的发展更加复杂，只有重建适合市场经济所需的社会基础设施、界定与保护产权、制定适合当下的法律，才能促进改革，实现我国经济的第二次转型。

因此，中国经济的可持续发展离不开非正式制度的培养和正式制度的建设，过去几十年取得的经济高速增长，很大程度上是各种制度改革积极推动的结果。未来经济发展中，制度改革还具有持续推动经济发展的动力吗？有关制度改革推动经济发展的以往研究，侧重于宏观视角，而对微观企业资源配置具体机制的影响并不重视。同时，过去改革开放进程中，对中国软实力构造有重要影响的社会信任，出现严重社会供给不足（张维迎，2002），而信任可以凝聚理性社会。目前我国人与人之间欠缺互信，当信任不能润泽社会时，即当大家对一切事物存疑、公平正义遭到腐蚀时，政经生态就会造成破坏。可以说，构建社会信任，是民族最好的无形资产（李嘉诚，2014）。因此，如何建立适应于中国社会长远发展的信任机制，将其与各种正式制度尤其是法律执行安排有机融合，形成促进中国经济可持续发展、构筑突破“中等收入陷阱”的条件与基础，仍然是当下中国必须直面的重大挑战。

1.2 研究的思路及框架

1.2.1 研究思路

本书研究的问题为：把企业的资源配置定义为一企业对其物力、人力和财力的合理安排和搭配，生产出最佳的商品和服务，取得较好的绩效。本研究将非正式制度落脚为一个社会长期发展形成的社会信任水平，将正式制度归结为地区的法律制度效率，影响了企业公司治理（企业组织结构、董事会多样性、企业高管选聘）；企业会计信息传递（企业与市场、企业与金融机构、企业与供应链）；治理后果（负向的环境违规、正向的数字化转型）。

首先，刻画地区间的非正式制度社会信任。根据以往社会信任的研究，社会信任在一个地区经过世代相传而不容易变化。社会信任不仅是一国文化传统的产物，而且代表传统的信仰和价值观，作为非正式制度通过民族、宗教和群体逐代衍传（Guiso et al.，2006，2008；Sapienza et al.，2014）。帕特南（Putnam，1993）认为，社会信任是一种在几个世纪的历史中形成的人们之间在商业和市民活动中“水平联系网络”的习惯。因此本书选取两个社会信任的衡量指标：①社会信任（*Trust*1）。来自 2000 年中国企业家调查系统的全国调查问卷整理。调查涉及全国 31 个省、直辖市和自治区，调查对象主要是一些企业（企业领导人）。针对信任的问题设计是：根据您的经验，您认为哪 5 个地区的企业比较守信用？该调查向 15 000 家企业发出问卷，回收有效问卷 5 000 多份。本研究主要参考张维迎和柯荣住（2002）对企业及企业领导人有关社会信任认识的调查指标（对一个地区被认为是否遵守信用的排位等计算所得）。吴等（Wu et al.，2014）、张敦力等（2012）、刘凤委等（2009）用同样指标进行相关研究。②社会信任（*Trust*2）。2000 年各个省份的总献血数量/每个省份人数。目前，中国没有对自愿献血的相关法律和经济激励，献血仅仅是为了一种社会价值、合作、利他主义和互惠，进一步体现出社会信任。吴等（Wu et al.，2014）也采用相同指标进行了研究。③采用文本分析法来度量信任文化（*Culture*）。数据收集按照如下三个步骤进行：第一步，定义“信任”元素的相关词汇集。通过查阅《现代汉语词典》和《新华字典》，选取“信任、信赖、笃信、信托、置信、坚信、守信、立信、诚信、相信、确信、自信、信誉、坦诚”等为主的词汇。

第二步，定义“信任”元素的检索范围。通过手工搜索公司官网首页、企业文化栏目、公司简介、网页新闻报道、公司董事长或CEO参与采访及年会等活动中新闻报道中的讲话内容以及公司年报和内部控制评价报告中有关企业文化相关的陈述等相关信息源，无论何种途径获取到“信任”文化信息，若企业文化中包含有关上述词汇中的任一个词汇，则认为企业存在“信任”导向的企业文化。本书采用 *Culture* 作为企业信任文化的虚拟变量，如果企业存在信任文化，则 *Culture* 赋值为1，否则为0。第三步，数据收集验证。为确保数据收集的准确性，实行三轮验证：第一轮由收集者在收集完毕后复核一遍；第二轮由不同数据收集者交叉进行复核，发现是否存在收集误差，共同进行校验确认；第三轮由作者对所有收集的数据全部进行复核一遍，确保判定的一致性。④采用社会信用体系建设（*Treat_Post*）作为冲击。为了更好地进行因果识别，本书根据企业所在城市在不同时间进入社会信用体系改革试点设置了虚拟变量 *Treat_Post*，如果企业所在地被列入社会信用体系改革试点，则列入的当年和以后年份取值为1，否则为0。根据《国务院关于印发社会信用体系建设规划纲要（2014—2020年）的通知》有关部署，国家发展改革委和人民银行在2015年和2016年分两批组织了43个城市（城区）创建社会信用体系建设示范城市（城区）来鼓励地方完善社会信用体系建设①。

其次，刻画地区间的正式制度法律执行。主要指一个地区的法律制度的执行效率。本书将樊纲等（2011）提供的地区法律制度环境得分，作为本书法律执行效率的替代指标。其中法律制度环境指数由市场中介组织发育、对生产者合法权益的保护、对知识产权的保护以及对消费者权益的保护等部分组成，该指数越大，表明当地的法律制度环境越好。由于各地区法治水平在不同年度间有一定变动，且法律等制度对企业行为的影响往往具有一定滞后性。因此，我们将樊纲等（2011）报告2000—2009年中的数据予以平均，用均值作为最终法律执行效率指数。此指数被多位学者采用，比如，夏立军和方秩强（2005），孙峥等（2005），方军雄（2006），陈冬华等（2008），罗党论（2009），郑志刚和邓贺斐（2010），肖作平和

---

① 2015年8月，国家发展改革委和中国人民银行联合发文，将沈阳、青岛、南京、无锡、宿迁、杭州、温州、义乌、合肥、芜湖、成都等11个城市列入首批全国创建社会信用体系建设示范城市。2016年4月6日，又批复了包括北京市海淀区，内蒙古自治区呼和浩特市、乌海市，辽宁省大连市、鞍山市、辽阳市，黑龙江省绥芬河市，上海市浦东新区、嘉定区，江苏省苏州市，浙江省台州市，安徽省安庆市、淮北市，福建省福州市、厦门市、莆田市，山东省潍坊市、威海市、德州市、荣成市，河南省郑州市、南阳市，湖北省武汉市、咸宁市、宜昌市、黄石市，广东省广州市、深圳市、珠海市、汕头市、惠州市，四川省泸州市等32个城市（城区）作为全国第二批社会信用体系建设示范城市。

廖理（2012），陈德球等（2013）。

最后，刻画对资源配置的效率。马克思在其著作《资本论》中把资源定义为可供满足人类需求的自然要素和社会要素的总和。并且进一步指出，自然要素即外界自然条件，社会要素即资本、劳动力、已经生产出的劳动产品、技术等。通常在社会经济活动中的资源指社会要素，是能够推动社会经济发展的基本物质条件，主要指的是人力、物力和财力。相对于人的欲望需求而言，资源存在着一定的稀缺性，要求人们能够合理配置有限的可利用资源，学会选择以最终达到最佳目标。经济学家萨缪尔森指出，由于能够生产各种商品的全部资源的有限性，使得人们必须在各种相对稀缺的商品中间进行选择，这种选择过程即是一种配置过程①。因此，资源配置在社会经济活动中就是对社会物质资源的安排和搭配，资源配置得合理，就能节约资源，带来巨大的经济效益；否则，就会造成社会性的资源浪费（罗党论，2010）。基于此，本书把企业的资源配置定义为一企业对其物力、人力和财力的合理安排和搭配，生产出最佳的商品和服务，取得较好的绩效。本研究将非正式制度落脚为一个社会长期发展形成的社会信任水平，将正式制度归结为地区的法律制度效率，影响了企业公司治理（企业组织结构、董事会多样性、企业高管选聘）；企业会计信息传递（企业与市场、企业与金融机构、企业与供应链）；治理后果（负向的环境违规、正向的数字化转型）。

本书共分12章，首尾部分包括研究议题与文献综述（第1章、第2章）和结论与讨论（第12章）。主体部分分为社会信任、法律执行对微观企业公司治理的影响（第3章、第4章、第5章），社会信任、法律执行对企业会计信息传递的影响（第6章、第7章、第8章、第9章），以及社会信任对微观企业治理后果的影响（第10章、第11章）。

1.2.2 本书的研究框架

本书各个章节的主要内容如下：

第1章为绪论。主要阐述本书研究的问题，研究的思路，并对所研究的问题思路进行了分析，进而得出本书的结论及其创新和主要贡献。

第2章为文献综述。主要针对社会信任在不同领域的定义、形成的基础、作用机制以及对经济社会的具体影响后果进行回顾和评述；同时，对法律与经济社会的作用机制，及其经济后果进行了回顾和评述。在总结以

---

① （美）保罗·萨缪尔森：《经济学》（上册），商务印书馆1979年版，第29～34页。

往研究的基础上发掘本书的研究价值。

第3章为社会信任、法律执行与企业组织结构。本章把企业组织结构定义为企业控制权与现金流量权的分离度，及企业组织结构的层级。检验了社会信任、法律执行对企业组织结构直接通道的影响，以及两种制度如何通过相互作用影响着企业的组织结构。

第4章为社会信任、董事会多样性与决策有效性。本章检验了社会信任促进了女性在董事会的决策参与。从女性参与的决策后果来讲，社会信任导致企业更高的ESG评级，且女性决策参与在两者之间发挥部分中介效应。区分董事类型后，我们发现女性执行董事的中介效应更强。并且，我们进行了异质性分析，发现社会信任对女性决策参与的影响在两性平等观念较低、女性受教育程度更高的地区以及董事长为女性的样本中更加显著。

第5章为社会信任、法律执行与企业高管选聘。本章把企业高管选聘定义为企业在总经理更替过程中，控股股东产生总经理或者外部聘任职业经理人①。检验了社会信任、法律执行对企业高管选聘直接通道的影响，以及两种制度如何通过相互作用影响着企业的高管选聘。

第6章为社会信任、法律执行与会计信息治理效应。本章不仅检验了社会信任对股价同步性的影响，而且明确了企业特质信息更容易反映在股价中，股价同步程度较低。为了揭示社会信任影响股价同步性的潜在渠道，我们分析发现社会信任较高地区的公司发生股市崩盘的可能性往往较低。进一步检验了社会信任、法律执行交互作用对上述结果的影响。

第7章为社会信任、法律执行与企业融资违规治理效应。本章考察了社会信任作为一种非正式制度对企业融资违规行为的影响。同时，也检验了社会信任、法律执行交互作用对上述结果的影响。进一步检验了企业的运行情况（融资成本和竞争）、正式的制度环境（市场化程度）和企业的内部治理（内部控制）异质情况下社会信任对融资违规行为的影响。

第8章为社会信任、法律执行与供应链治理效应。本章考察了企业所在地的社会信任度对其客户/供应商稳定性的影响。研究发现，企业所在地区社会信任度越高，其客户/供应商稳定性越强。同时，也检验了社会信任、法律执行交互作用对上述结果的影响。进一步检验了企业所处的行业竞争程度异质性情况下社会信任对其客户/供应商稳定性的影响。

第9章为社会信任、法律执行与供应商分布决策。本章先研究了社会

① 企业高管选聘数据来源于国泰安（CSMAR）数据库，高管更替中的候选选择。本书中筛选了总经理的来源，主要包括控股股东产生总经理与直接选择外部职业经理人。

信任对供应商分布决策的影响。进一步的异质性检验结果表明，在市场竞争激烈、供应商集中度低、制造业企业样本中，信任文化对企业供应商分布决策的影响更为明显。

第 10 章为社会信用体系建设与企业环保失信。本章用国家发展改革委、中国人民银行等国务院部委推动的社会信用体系改革试点为准自然实验，检验社会信用体系建设是否降低了企业环保失信行为。进一步研究了在政府信任、媒体报道和居民的环保意识不同情况下上述结论的差异。

第 11 章为社会信用体系建设与企业数字化转型。本章利用国家发展改革委、中国人民银行等国务院部委推动的社会信用体系改革试点为准自然实验，检验社会信用体系建设是否赋能企业数字化转型。进一步检验了在代理成本较高、员工积极性较差，以及供应链企业信息分享意愿较低的样本中，社会信任对数字化转型的促进作用更为明显。

第 12 章为结论与讨论。主要是对全书进行梳理和总结，强调本书研究的结论并突出研究的意义。

本书的内容框架和结构安排见图 1.1。

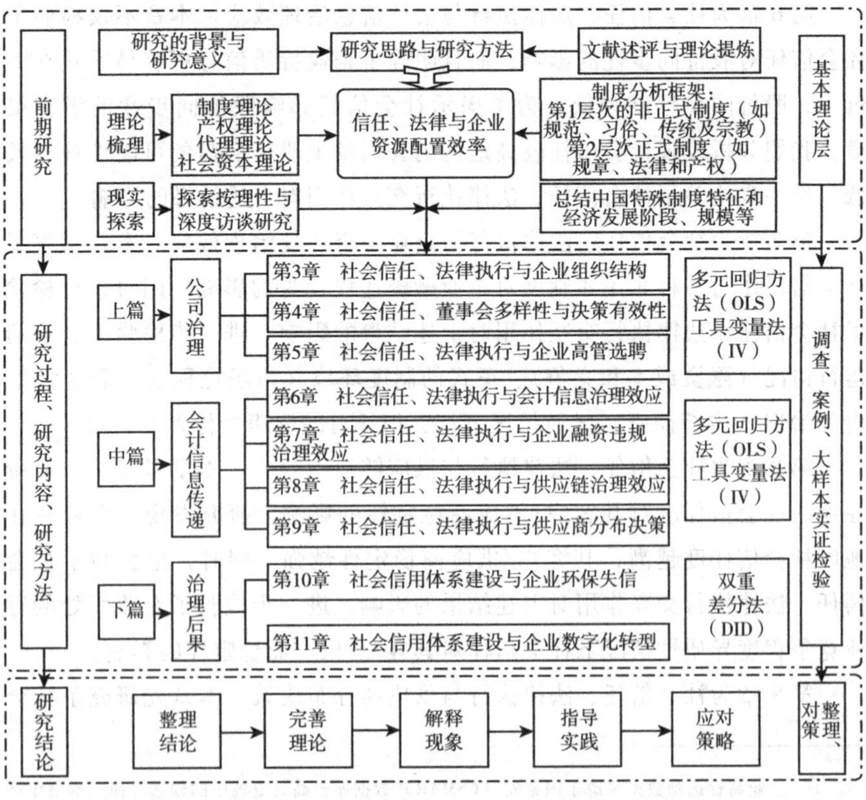

图 1.1 研究框架图

1.3 研究的创新

本书研究的创新性主要在于以下几个方面：

第一，本书的理论分析和实证研究都表明，我国在市场机制不完善的背景下，企业的成长受到诸多限制。尤其在中国经历了粗放快速增长后，面对复杂的国际经济形势和国内增长放缓情况，保证微观企业经济持续健康发展，已成为中国资本市场获得深层次发展并与国际资本市场实现深度、有效对接的重要战略性问题。厘清非正式制度的社会信任和正式制度的法律执行对企业资源配置影响的特征、机制，能够增进对现有制度安排的长处和不足的理解，为现有制度安排提供具体的政策建议。

具体来讲，本书以社会信任和法律执行这两个影响企业资源配置效率的基本制度方面入手，较为系统、深入地分析和检验两者影响企业资源配置通道的机制及其经济后果，能够为我国企业在中国特殊社会经济背景下继续成长提供较为系统的理论和经验依据。比如，通过探讨企业采用不同组织结构安排、企业选聘内外部经理，以应对异质的外在非正式制度环境（社会信任）和异质正式制度安排（法律执行），解决企业在面对制度安排与企业成长之间面临的困惑，为企业可持续成长提供制度保障。

第二，本书拓展了制度与经济影响的研究。从两种制度环境相互作用视角对经济组织效率差异影响展开，正式制度包括政治规则、经济规则及合约，可以减少不确定性，降低交易费用，可以增进非正式制度的有效性，最终可以修正或替代非正式制度。非正式制度主要受诸如文化、道德规范、关系网络，以及历史因素等影响，在正式制度缺失情况下，非正式制度会发挥相应的约束作用，从而可以减少不确定性，同时可以为组织提供稳定的制度环境。

具体来讲，本书首次从非正式制度落脚点社会信任视角及正式制度的落脚点法律执行考察了制度对微观企业财务行为的实现路径，并进一步分析社会信任、法律执行对微观企业财务行为的互补或者替代作用，即通过对“社会信任、法律执行互补或替代作用——影响企业资源配置的渠道——企业资源配置效率”影响路径的研究，不仅弥补现有文献研究社会信任、法律执行和公司资源配置之间关系忽略的作用机制，而且克服了仅从单方面制度视角研究制度对公司治理影响的局限性，从而深化和拓展了公司治理与制度关系的研究。

第三，本书在研究方法上突破了传统社会信任研究的局限。本书综合运用比较研究法、经验总结法以及数量分析法剖析现有可资借鉴的国际研究经验，运用不同国家和地区间信任度差异对资源配置的影响，并通过工具变量法等解决内生性问题；本书也利用国家发展改革委、中国人民银行等国务院部委推动的社会信用体系改革试点为准自然实验，通过试点冲击检验信用对企业资源配置的影响。

具体来讲，本书针对第 1 章、第 2 章、第 12 章采用综合运用比较研究法、经验总结法对国内外文献进行梳理，对研究结论进行总结。第 3 章至第 9 章皆采用大样本实证研究，使用这种方法进行研究一般会遵循如下程序：确定研究问题——文献回顾与理论分析——研究模型设计——确定样本范围并收集数据——进行统计检验和分析——解释与建议。在大样本研究中，本书主要采用省级调研数据度量社会信任（第 3 章、第 4 章、第 5 章、第 6 章、第 7 章、第 8 章），采用文本分析法来度量企业层面的信任文化（第 9 章），通过手工搜索公司官网首页、企业文化栏目、公司简介、网页新闻报道、公司董事长或 CEO 参与采访及年会等活动时新闻报道中的讲话内容以及公司年报和内部控制评价报告中有关企业文化相关的陈述等相关信息源，无论何种途径获取到“信任”文化信息，若企业文化中包含有关上述词汇中的任一个词汇，则认为企业存在“信任”导向的企业文化（第 9 章），并采用工具变量法（IV）、倾向匹配法（PSM）、Heckman 检验等解决内生性问题。第 10 章和第 11 章采用交错双重差分法（Staggered DID），并考虑交错双重差分存在的偏误、遗漏非观测因素、样本选择偏误等的影响。

第四，本书在学术观点方面具有一定的创新性。本研究首次把社会信任形成企业的机理归纳为文化、社会网络和声誉，并进一步促进了交易中的合作。已有制度相关研究主要集中在单方面对企业融资、投资的影响，而系统、全面从正式制度法律效率和非正式制度社会信任研究对公司治理、企业会计信息传递及治理后果行为的影响是一个新的尝试。

具体来讲，在公司治理层面，通过考察社会信任和法律执行对公司股权组织架构、董事会多样性和经理选聘的内生决定机制及经济后果，试图揭开公司治理背后的“黑箱”，一定程度上丰富了公司治理研究文献。在企业会计信息传递层面，信任和法律对企业与其交易对象之间的影响、企业间股票信息联动影响、企业借贷双方的违规概率影响，以及企业与客户/供应商关系稳定性、供应商布局的影响，拓展了制度对经济后果影响的文献。在治理后果层面，本书利用国家发展改革委、中国人民银行等国务院部委推动的社会信用体系改革试点为准自然实验，来研究社会信用体系建设对企业环境违规和企业数字化转型的影响。将社会信用体系改革试点作为一个社会信任冲击事件，确立其与企业环境违规、数字化转型之间的因果关系，进而补充社会信任经济后果的系列文献。

第2章　文献综述

本书将非正式制度落脚为一个社会生态长期演变成的社会信任度，将正式制度归结为地区法律执行效率。本章主要围绕制度、政治与经济发展，社会信任与经济发展，法律执行与经济发展等方面，展开梳理与述评。

2.1　制度、政治与经济发展

传统增长理论强调资源禀赋、人力资本、技术等在增长中的作用，但这并不能很好地解释：类似的禀赋和技术条件，为何不同经济体存在巨大差异（North，1990）。

制度是影响经济绩效的基本要素（North，1994）。制度界定为约束组织行为及其相互关系的规则，由此形成的制度环境差异是导致经济效率差异的重要因素。非正式制度能在正式安排缺失的情况下发挥作用，减少不确定性并为组织提供稳定的制度环境①。正式制度的作用在于降低不确定性，并且能贯彻和增进非正式制度的有效性（North，1990，1994）。霍尔和琼斯（Hall and Jones，1999）提出“社会基础设施假说”，将制度政策

① 诺斯（North，1990）在《制度、制度变迁与经济绩效》第5章解释了为什么研究制度问题要从分析非正式约束开始。他解释，即使在像当代西方国家这样法治比较健全的发达经济体中，正式规则也只是型塑人们社会选择之约束中很小一部分，而人们社会交往和经济交换中的非正式约束则普遍存在。进一步指出，在人类社会诸种文化传统中所逐渐形成的一些非正式约束，包括人们的行事准则、行为规范，以及惯例等，无论是在长期，还是在短期，都会在社会演化中对行为人的选择集合产生重要影响。加之，从文化中衍生出来的非正式约束则会在“制度的渐进演化方面起到重要作用，从而成为了路径依赖的根源”。诺斯（North，1987）在《制度、交易费用与经济增长》一文中也指出，制度分析从根本上来讲并不是研究博弈规则，而是研究个人对这些规则的反应。尽管这些规则可以即时改变，但个人对规则变化的反应却是一个极其复杂和缓慢的适应过程，规则的变化要求规范、惯例和非正式规则的演进。

等构成的发展软环境视为社会基础设施，并纳入增长模型。好的社会基础设施鼓励经济主体将资源配置到“做大蛋糕”上，而不好的社会基础设施则使得经济主体将资源配置到“分割蛋糕”上。斯图尔茨和威廉姆森（Stulz and Williamson，2003）认为，公司治理和经济后果分属于第一层次的非正式制度（规范、习俗、传统以及宗教）和第二层次正式的法律制度；阿西莫格鲁（Acemoglu et al.，2001）实证研究了制度对长期经济表现的作用。制度是调节社会行为和社会关系的刚性法则，其本质是对秩序的需求，以降低社会生活中的摩擦成本（张树华和王阳亮，2022）。良好的制度设计应能实现全社会福利最大化（余明桂等，2022）。学术界一致认同，制度不仅促进经济交往中的可预见性，并防止混乱和任意的行为（柯武刚和史漫飞，2008），并且有效的制度安排通过激励影响人力资本、物质资源、知识和生产组织的投入，同时也可促进产权结构的合理性和产权保护的程度，进而促进资本和知识积累，推动经济长期发展。

传统有关制度与经济的文献，主要集中在正式制度对金融发展与经济增长方面（La Porta et al.，1997，1998，2002；Demirgiuc – Kunt and Maksimovic，1998；Kumar et al.，2007）。他们发现，正式的法律制度不同导致不同国家和地区对私人产权、私人契约、投资者利益等权利的保护和支持不同，由此，不同的国家和地区间的债务融资结构和水平也有所不同，这种差异在企业间表现尤为显著。法律制度完善的国家或地区，企业就更易于获得融资，金融市场进而繁盛发展。但是“新兴”加“转轨”是中国市场的典型特征，法律制度不完善，市场经济发展仍不平衡。根据世界银行公布的投资者法律保护指数（Kaufmann et al.，2010），中国的法律保护水平在全球 195 个国家中仅排名第 95 位，远低于世界上平均水平。基于在法律保护和金融市场发展都不完善情况下中国经济几十年的高速增长，艾伦等（Allen et al.，2005）提出了著名的“中国经济增长之谜”①。为此，本书以期通过寻求企业资源配置效率是否通过非正式制度与正式制度的共同作用，来回答“中国经济增长之谜”。柯武刚和史漫飞（1998）

① Allen, Franklin, Jun Qian, and Meijun Qian (2005), Law, finance, and economic growth in china, Journal of Financial Economics, 77, pp: 57 – 116. 和 Allen, Franklin, Jun Qian, and Chenying Zhang (2011), An alternative view on Law, institutions, finance and growth, Wharton School of the University of Pennsylvania, Working Paper. 两篇论文发现，中国在无论是法律还是金融市场都相对落后的情况下，经济仍然保持了高速增长，对 LLSV 的理论也提出了质疑，基于此提出了“中国增长之谜”。给出可能的解释为，中国基于声誉和关系的非正式融资及公司治理机制成为正式制度的补偿（甚至替代）作用。这也是本书为什么结合非正式制度社会信任与正式制度法律执行对企业财务影响研究的主要出发点。

把内在规则①（非正式制度）归结为习惯、内化规则、习俗与礼貌。诺斯（North，1990）将制度分为非正式制度和正式制度，而非正式制度是指一些非正式约束，形成于人类社会诸种文化传统，对人们行为产生普遍的影响，可以约束人们的行为选择，包括人们的行为规范、行事准则，以及惯例等。正式制度包括政治、司法规则、经济规则和契约。两种制度共同作用决定了经济增长。

根据诺斯（North，1990）对正式制度的定义，政治规则是正式制度的主要内容。梳理有关政治与经济发展相关文献，政治对经济的影响路径有三个阶段。

首先，阿西莫格鲁和罗宾逊（Acemoglu and Robinson，2000）发展了“拥有政治权力者并不一定会选择好的制度，因为好的制度并不一定最大化其收益”的观点。拥有政治权力者当意识到允许经济规则或经济技术改变带来的收益可能无法给自身带来好处，甚至可能威胁其政治地位时，就会抵制先进技术的采用和推广。诺德豪斯（Nordhaus，1975）强调，在位者为在接下来的选举中赢得足够选票而胜出会操纵经济政策，调控经济表现。他假定选民具有后向回顾能力，即基于政府官员过去执政表现来对官员评价。这种假定下，无论政府的执政党派及其官员具有怎样的执政理念，为赢得下次选举，均有动机在选举临近时提振经济表现。

其次，罗格夫和西伯特（Rogoff and Sibert，1988）强调信息不对称在政治对经济影响中的作用。他们假定每个政治参选者具有或高或低的能力，该能力和水平仅为政治家所知而选民不知。选民希望选举出较高能力和水平的政治家执政，具有理性预期的选民根据在位者采取政策的经济后果，推测在位者的能力水平和类型。执行扩张性财政政策对高能政治家具有更低成本，高能在位者有更强动机于选举前，扩张政府开支甚至执行赤字性财政政策，传达自身高能力的信号。在分离均衡下，只有高能在位政治家会扭曲政策和改变经济活动周期表现。

最后，后期政治周期理论强调道德风险的机制，这除了假定政治家能力和水平不为选民所知外，还假定政治家自己在事前也无法观察到自身的能力和水平，无法准确预知自己将来如何处理各种经济社会问题。选民仍然希望在选举中选出最高能力的政治家来发展经济和提供公共服务，他们判断在位政治家能力的依据是观察到的经济活动表现。经济活动表现受到

① 哈耶克曾提出了与非正式制度类似的“内在制度”概念，并把其定义为群体内随着经验而演化的规则。

政治家两类因素的影响，除政治家能力能影响经济活动表现外，政治家还通过施加不可观测的努力来影响经济表现，政治家能力和努力之间具有替代关系。为通过更好的经济活动表现来传达自己的高能力信息，无论在位政治家属于哪种能力类型，都有动机在短期内实行更加扩张和积极的经济政策，施加更多的发展经济和提供选民福利的努力（Shi and Svensson，2003；Persson and Tabellini，2002；Shi and Svensson，2006）。

2.2 法律效率与经济发展

国外研究如何通过法律来完善对经济社会的影响，以及对投资者提供有效保护，这是源于西方20世纪70年代“法与金融学”研究的兴起。“法与金融学”的宗旨在于研究影响世界各国资本市场发展的法律环境因素是什么，以及这些法律因素是如何影响资本市场发展的（La Porta et al.，1997，1998，2002；Shleifer and Wolfezon，2002）。以La Porta等为代表的基于国家层面的研究表明，法律环境及其制度安排是一个国家公司所有权集中度、股利支付、外部融资、会计信息质量及股票股价形成的基础性影响因素。这些研究表明，有效的法律环境与制度安排是投资者利益得以充分保证的重要前提。“法与金融学”研究的一个重要方面是，如何在公司法、证券法与股票交易法等法律中通过对信息披露，尤其是会计准则质量的规范及其执行，来对投资者提供保护（La Porta et al.，1997，1998）。会计审计由此成为投资者保护的基础性环节。一般而言，会计法律法规及会计准则主要规定应如何向投资者提供高质量的投资决策信息，而审计法律法规及审计准则则主要是规定应如何通过适当的审计法律责任安排，激励审计师高质量地执行会计法律法规及会计准则，并以此对会计信息质量进行“最后”把关。关于前者，已有的研究表明，会计准则质量及会计信息透明度确实能够对投资者的法律保护效果产生影响（Leuz et al.，2003；Francis et al.，2001；Hung，2000）；在投资者保护较弱的法律环境里，对公开披露的会计信息需求通常也比较低（Ball et al.，2000）；拥有高质量会计准则的国家，其企业的所有权集中度显著较低，在会计准则得分上每上升20个百分点，可以减少平均约6个百分点的企业所有权集中度（La Porta et al.，1998）。

2.3 社会信任与经济发展

将信任引入经济学研究，最早可以追溯到多伊奇（Deutsch，1958）用博弈论对人际信任在囚徒困境中的实验研究。后续学者在心理学、社会、经济等领域对社会信任从不同层面展开深入研究。

2.3.1 非正式制度视角下社会信任的形成基础

社会信任是凝聚理性社会的一个重要的环节，是润泽社会的“正能量”，构建社会信任是民族最好的无形资产（李嘉诚，2014）。因此，发掘社会信任的形成基础，建立适应于中国社会长远发展的信任软环境，仍然是当下中国必须直面的重大挑战。

社会信任基于社会生态环境而发生。社会生态环境具有很大程度上的不确定性和不可控制性，不确定性造就事件结果的概率，概率允许某种不确定的结果产生，这个过程中信任就变得有意义而重要，不可控制性才能和信任联系起来。如果一个人完全有能力强制执行其所希望的行动，那么就不需要信任。这就形成了基于社会生态环境的共同行为、分享信仰和共同价值观、性情，即社会信任的文化基础。同时，社会信任的结果受信用与能力的影响：为何要信任某个人或抽象角色，是根据其关系远近或交往频率，推及相关内在的经历、头衔、文凭、奖章等声誉。通过声誉对行为人过去的行为形成未来的一种预期，即社会信任的声誉基础。

进一步，社会信任的基础是社会环境中的人及其可能发生的行动。换言之，社会信任的基础是人际信任，人际信任是基于先天的特点或共同点，或者人与人之间在长期交往中后天拓展的信任。其他抽象信任也是从基础的人际信任发展起来的，从家庭成员、朋友、商业伙伴，到更抽象的社会角色、社会机构、系统程序、制度等。费孝通（1948）认为，中国社会是以家族为中心的差序格局，社会关系就是私人联系的增加，私人联系所构成的网络形成社会范围，人们总是依照由亲及疏、由近及远的逻辑行动，存在一个由亲及疏、由近及远、由熟悉到陌生的社会网络。这种网络内形成的一种共享的价值观，可以减少预期的不确定性，即社会信任的社会网络基础。

通过上述分析，我们得出社会信任是基于文化、声誉和关系网络所形成的。而这些基础并非通过具体规章、行政、法律等正式制度确立下来，而是通过长期社会演化中逐渐形成的一种非正式制度。具体文献见表2.1。

表 2.1　　非正式制度视角下社会信任的形成基础

形成基础	具体内容	代表性文献
文化基础	共同行为、分享信仰和共同价值观、性情	Weber，1930；Schama，1987；Piotr. Sztompak，2005；Fukuyama，1995，2003
声誉基础	未来的一种预期，行为人对于其过去的行为的判断	Fama，1979；Roberts et al.，1982；Weigelt and Camerer，1988；Holmstrom，1999；Doney et al.，1997
网络基础	网络内一种共享的价值观，减少预期的不确定性	Granovetter，1973，1985；Lin，1981，1990；Burt，1992；Rose，1995；Michel F，2003

（1）文化作为社会信任的形成基础

亚当·斯密最早研究了文化与经济发展之间的关系，在《道德情操论》中，他认为经济活动依赖于社会道德和习俗，社会主体的交易活动如果离开了社会道德和习俗，交易就难以进行，或者将会受到重大影响。可以说，习惯和道德就是一种信任文化。韦伯（1930）在《新教伦理和资本主义精神》中也提出了经济发展基于文化因素影响的理论，他将一个团体所共同遵守的品性和拥有的价值观归因为一个团体内部的文化因素，从文化到经济绩效的因果机制归纳为，政治文化中的宗教——转变为制度——最终反映到经济绩效。他提出的团体所共同遵守的品性和拥有的价值观，可以理解为一个团体处事时的准则或信任。信任是一种经济伦理和社会伦理，价值观和道德观孕育其中，体现为一种社会文化，成为一种“生活样式”（王若磊，2019）。福山（2003）在《信任：社会美德与创造经济繁荣》中论述了信任对经济发展的重要性，他认为社会信任基于社会文化的根基，直接或者间接影响着社会经济的发展，甚至决定着经济效率，把社会信任对经济效率的作用基础总结为，社会信任（间接作用）——在非直接生产中对私利性活动规模和强度的规避；社会信任（直接作用）——直接影响社会经济实体的组织形式、交易形式、交易范围和经济实体的规模。

可见，社会中的个体及组织的活动依赖于社会道德和习俗行事，这种行事准则经过长久的沉淀形成一种习惯，形成一个地区内组织或个人所共同遵守的品性和拥有的价值观。久而久之，一个地区内个人和组织活动所遵守的共同行为、分享信仰和共同价值观、性情，它一定程度上是产生凝聚力、认知力和共同的意志，即社会信任的文化根基。这不仅可以增进组织成员的努力程度，还能够降低相关的监督成本和交易成本，进而促进组织的效率。

（2）声誉作为社会信任的形成基础

20世纪70年代末，法玛（Fama）将“声誉”概念引入企业理论，提出了著名的“经理市场竞争”的理论。此后，学者借助博弈论对声誉进一步研究。以罗伯茨等（Roberts et al.，1982）的“标准声誉模型”和霍姆斯特姆（Holmstrom，1999）的“代理人市场声誉模型”为代表，研究认为声誉是一种相互作用的机制，声誉的建立是一个长期动态重复博弈的结果。声誉作为一种信号机制，反映了主体信息质量好坏的一种信号。魏格尔特和卡默勒（Weigelt and Camerer，1988）指出，声誉源于企业过去的行为，最终所形成的企业的一组特性。客户形成对企业的诚信、仁爱和正直等的信任感知依赖于企业声誉。如果一个企业在过去的行动中声誉良好，那么客户就会对其产生更强的信任感（Doney et al.，1997）。高维和等（2010）从两个维度研究了企业声誉对于组织间信任的影响关系，研究发现，人际信任和组织间信任不仅受创新声誉和社会责任所影响，也受公平和可信性的影响。赵岩青和何广文（2008）以小额信贷为载体研究了声誉对社会信任的影响，研究发现，小额信贷是否需要抵押担保的情况下取得，得益于贷款者在长期的社会活动中所形成的声誉效应发挥了关键性作用，贷款者的声誉为放贷者提供了较安全的收款预计，如果成员间缺乏基本的信任，那么借贷双方合作行为是不会出现的。

不难发现，声誉的建立是一个长期动态、重复博弈的结果，声誉之所以作为社会信任的基础，是因为作为一种信号机制，组织或个人在声誉的信号机制约束下，基于交易中行为人过去重复的行为，可以形成未来的一种预期，即行为人对于其过去的行为的判断，得到了一种可信任（或者不可信任）的基础。

（3）关系网络作为社会信任的形成基础

有关社会网络研究，从格兰诺维特（Granovetter，1973）将关系区分为强与弱，到林南（Lin，1981，1990）的社会资源论，再到伯特（Burt，1992）的结构洞分析，从中可以得到信任是社会网络内自我规范与自我惩罚的结果。具体来讲：首先，在一定的社会背景下，社会网络中的强弱关系显示出不同的信任状态。渡边（Watanabe S，1985）分析强弱关系在日本与美国所带来不同的结果：日本的中小企业在招收雇员时，经常喜欢使用推荐制度，强关系保证了雇主与雇员之间高度的信任。罗斯（Rose，1995）认为，个体在不同社会网络中的表现，依赖在一个既定处境下影响解决各种问题的激励和限制因素，并把社会网络看作促成合作和信任的普遍化诱因。其次，结构洞理论认为，一个网络中的个体成员之间的相互了解和彼此间关系在持续一段时间后会形成社会信任。米歇尔（Michel F，2003）指出，社会网络可以通过个体成员的经济互动频率和社交关系密度区分出“诚实”和“不诚实”的成员，从而降低道德风险。邹宇春和赵延东（2017）指出，社会网络对信任发生作用的途径很可能通过影响个体行动者可动用的资源和基于个体能够获取有关他者的信任品质信息这两种机制来实现。社会网络之所以作为社会信任形成的基础，是因为社会学家经常称之为人们被社会化或者希望被社会化的“社会组织”，而在同一组织带来竞争优势的位置是处于关系稠密地带之间，而不是之内，某些个体或者组织开拓网络中的结构空洞，把关系稠密地带联接起来，从而自身拥有这种网络的专用性，最终为其带来竞争优势，把关系稠密地带连接起来建立信任。最后，在社会网络中，信任作为一种共享的价值观，会减少预期的不确定性。同时，在同一个社会网络中，通过网络内重复交易，网络内组织或个体在出现不信任活动时，网络内节点会自动断裂，从而形成对网络内成员的惩罚，进而巩固了社会信任的作用。

2.3.2 非正式制度视角下社会信任的理论解释

本书将非正式制度落脚为一个社会生态长期演变成的社会信任度，非正式制度作为制度的一个方面，应在制度理论的分析范畴下进行，同时，社会信任不仅是社会资本的组织部分，也是社会网络有效运行的基础，因此，本书在新制度经济分析框架下，从制度理论、社会资本理论和社会网络理论三个视角分析社会信任对社会效率、经济增长、金融发展、公司并购与融资、企业成长及企业会计信息质量等后果的治理作用，主要文献如表2.2所示。

表2.2 非正式制度视角下社会信任的理论解释

理论解释	具体内容	代表性文献
制度理论	制度安排中的一部分	March and Olsen，1989；North，1990；Immergut，1998；Hall and Taylor，1996；Hall and Jones，1999；Stulz and Williamson，2003
社会资本理论	关系嵌入中的资源	Macneil，1980；Leana and Van Buren，1999；Putnam，1995；Nahapiet and Ghoshal，1998；Bordieu，1986；Coleman，1988；Adler and Kwon，2002；Mesquita and Lazzarini，2008
社会网络理论	纵向和横向网络中的关系	Coleman，1988，1990；Burt，1992；Granovetter，1973；Doeringer and Terkla，1995；Fudenberg et al.，1990；Mesquita and Lazzarini，2008

(1) 制度理论视角的解释

传统增长理论强调资源禀赋、人力资本、技术等在增长中的作用，但这并不能很好地解释类似的禀赋和技术条件，因为不同经济体之间存在着巨大差异（North，1990）。

制度是影响经济绩效的基本要素（North，1994）。制度界定为约束组织行为及其相互关系的规则，由此形成的制度环境差异是导致经济效率差异的重要因素之一。非正式制度能在正式安排缺失的情况下发挥作用，减少不确定性并为组织提供稳定的制度环境。正式制度的作用在于降低不确定性，并且能贯彻和增进非正式制度的有效性（North，1990，1994）。霍尔和琼斯（Hall and Jones，1999）提出"社会基础设施假说"，将制度政策等构成的发展软环境视为社会基础设施，并纳入增长模型。好的社会基础设施鼓励经济主体将资源配置到"做大蛋糕"上，而不好的社会基础设施则使得经济主体将资源配置到"分割蛋糕"上。斯图尔茨和威廉姆森（Stulz and Williamson，2003）提出的制度分析框架认为，公司治理结构及其经济后果应分别置于第一层次的非正式制度（如规范、习俗、传统及宗教）和第二层次正式制度（如规章、法律和产权）下进行分析。企业要想持续健康发展，首先要对一国制度和市场结构有准确的把握（Fan et al.，2002，2013）。

其实，制度能促进经济交往中的可预见性，防止混乱和任意行为，这已成为不争事实。然而，中国转型过程中，正式制度安排仍然不健全（Peng and Zhou，2005）。根据世界银行公布的投资者法律保护指数，中国的法律保护水平在全球195个国家中仅排名第95位，远低于世界平均水平（Kaufmann et al.，2010）。在中国特有元素中，正式制度和金融市场发展不完善背景下，中国经济实现了几十年的高速增长，艾伦（Allen et al.，2005）提出了著名的"中国经济增长之谜"。具体到微观领域，公司治理的优劣受到诸如道德、文化、关系等非正式制度的影响，也会受到诸如法律、政治、媒体等正式制度的影响。具体到中国这样一个法律制度的制定和执行并不完善的转型和新兴市场国家，非正式制度可能占据着更为重要的地位（陈冬华等，2008，2013）。申丹琳和江轩宇（2022）也指出，虽然正式制度和非正式制度都是影响企业行为的重要外部因素，但是正式制度不可能事无巨细地规定所有运行规则，而非正式制度则可以内化成习惯、认知，进而实现自发性约束，因此非正式制度可能发挥着重要作用。作为非正式制度重要组成部分的社会信任环境包含着微观企业用以自律的道德商业内涵，能够起到对正式制度的补充和替代作用（余泳泽等，

2020）。

为此，在中国特殊的社会环境中，通过非正式制度落脚点的社会信任，不仅可以试图回答过去几十年间“中国经济增长之谜”，也可以为中国在未来发展中实现经济管理的优化、进一步促进经济社会发展找到办法。

（2）社会资本理论视角的解释

阿杰·乔希伯尔（Ajay Chhibber，1997）在《社会资本、政府与发展成果》一文中指出，社会资本构成非正式规则和规范，非正式规则和规范与正式规则一起建立了决定经济后果的制度框架。在此之前，科尔曼（Coleman，1990）指出社会资本与其他资本形式不同，社会资本存在于两个或更多参加者之间关系的结构中，这种结构的存在，更加强调了依赖于社会环境信任的责任和预期、社会结构的信息流能力和附有制裁的准则。帕特南（Putnam，1993）通过意大利各地区公民生活研究发现，意大利北部一直比南部富有，人均收入的差距与社会结构上的差异是相对应的，北部普遍是水平结构，而南部则是层级结构，同时，人均收入的差距与市民团体的发展程度、市民的参与性以及政府效率方面的差异也是相关的，得出：包括社会信任、互惠规范与公民参与网络等积累状况的社会资本，很大程度上决定着一个地区公民的公共精神和对政府治理的参与。帕特南（Putnam，1995）认为，社会资本使社会生活（网络、规则和信任）便于为获得共同利益而合作和协调的各种特征，并指出社团中的成员资格加强了政治和经济的效率。福山（Fukuyama，1998）把社会资本定义为促进群体内合作、获得自由的非正式规范，制度安排的效能发挥取决于社会资本，特别是信任的支撑。社会资本是嵌入在社会结构之中并且可以通过有目的行动来获得或流动的资源（Lin Nan，2001）。柯江林等（2007）指出，信任关系被许多研究证实是激发企业资源交换的核心要素，绝大部分社会资本的研究中都使用到信任。良好的诚信水平除了是社会文明的重要特征外，也是经济往来不可或缺的社会资本（戴亦一等，2019）。

从上述研究中可以发现，社会资本不仅是非正式制度的一个重要方面，也是区别人力资本、物质资本嵌入在社会结构中的资源，它对结构内的行动者产生影响，包括信任、规范和网络等。因此，社会结构中行动者之间的相互信任而形成的一种无形的资源即社会资本，这种资源作为一种非正式制度影响着经济管理活动，比如，社会资本研究应用于公司间网络（Baker，1990；Uzzi，1997；Westphal，1999）、价值创造、经济业绩和企业家精神（Baker，1990；Nahapiet and Ghoshal，1998；Larson，1992）、公司内部网络（Tsai and Ghoshal，1998）和家族关系（Coleman，1988）。

（3）社会网络理论视角的解释

现有文献通常把社会网络定义为一组节点以及这些节点间联系的模式。根据网络中的节点的多少可以分为大规模的关系网络和小规模的关系网络。而整个社会是由一个相互交错或平行的网络所构成的大系统。因此有学者把社会结构界定为网络的系统（Wellamn and Berkowitz，1988）。网络中的关系是一种客观存在，也是一种主观的感知和构建，为互动者（也称为节点）之间的物质与非物质资源流动提供中介。通过中介关系流动的客体的不同，决定着这些关系性质的不同（Wasserman and Faust，1994）。这些流动客体可以包括信息和影响（Granovetter，1985），权利、财富和声望（Lan I，2001），权利和影响（Bian and Yanjie，1997）等。和社会资本理论相同，社会网络理论强调社会结构中关系，而维系和发展这种关系，以及通过这种关系所形成的资源的基础是关系中活动者的相互信任。陈叶烽等（2010）也指出，人类社会本质上是在相互信任和合作的基础上建立起来的一个人与人之间的关系网。

为此，社会网络之所以为社会信任提供理论解释。具体原因如下：首先，信任作为社会网络中物质客体（信息、影响权利、财富、声望、权利和影响等）的沟通机制、简化机制和润滑剂等，促进了客体的流通。信任是经济交往的润滑剂（Arrow，2000）；信任能够减少社会生活和社会交往的复杂性，由此信任能够协助社会秩序的构建（Luhumann，1979）。王若磊（2019）指出，信任的功能在于稳定人们对预期的渴望，构筑交往秩序，使得原本杂乱无序、纷繁多变的“社会复杂性”得以“简化”。其次，在同一个社会网络中，信任作为一种共享的价值观，能够减少预期的不确定性。社会信任形成的价值观及规范等促进企业关注与利益相关者的关系及社会利益（Chen and Wan，2020）。巴贝（Barber，1983）指出，信任是对自然的、道德的、秩序的坚持和履行的期望，他从人在社会交往中彼此寄予期望出发，把信任与具体的社会关系和社会秩序联系起来，指出了不同背景的人、组织和机构对两种信任的需求程度是不同的。信任是对一个人或一个系统之可信赖所持有的信心（Giddens，1984）。最后，社会网络是人们相互信任的结果（Dasgupta，1988）。

2.3.3 非正式制度视角下社会信任的作用机制

基于社会信任的形成基础和理论解释，把社会信任影响社会效率、经济增长、金融发展、公司并购与融资、企业成长及企业会计信息质量等后果的机制归结为可以促进一个区域内活动主体的合作、降低交易费用、降低信息不对称，实现资源配置的优化。具体文献见表2.3。

表2.3　　非正式制度视角下社会信任的作用机制

影响机制	具体内容	代表性文献
促进合作	社会信任基础是组织成员共同拥有的规范，在组织之中，每个行动主体对彼此诚实、常态、合作行为的期待就是信任	Banfield，1958；Kreps et al.，1982；Gambetta，1988；Camererand Thaler，1995；Fukuyama，1995；Guiso et al.，2004
降低交易费用	信任通过协调简化、促进合作和监督功能可以降低交易费用	Coase，1937；Luhumann，1979，1988；Barber，1983；Coleman，1988，1990
降低信息不对称	社会信任可以减低交易的一方被对方欺骗的主观概率；可以减少降低信息搜寻成本	Giddens，1991；Guiso et al.，2008；Pinotti，2008；Aghion et al.，2010；Dhananjay and Peter，2013

（1）社会信任促进合作

合作行为具有利他性，合作者自己付出成本却使其他非亲缘成员获益，从而不具有演化上的优势（韦倩等，2019）。但是信任为合作提供了基础作用①，隐含了信任程度低的人与信任程度高的人相比，更难达成合作（Gambetta，1988）。国内最早系统研究信任问题的郑也夫（1993），将关系的持续性作为合作的基础，将信任作为持续关系与合作之间的一个重要环节。吉索（Guiso et al.，2004）也指出，信任和法律一样，对于金融合同的履行同等重要。潘越等（2009）研究发现，社会信任度越高，人们越倾向于合作，越容易促成资金借贷，借贷成本也会越低，借贷期限也会越长。企业的债务融资也会更愿意使用资本成本比较低的，而且管理层也更愿意接受债务约束监督，主动通过使用负债来向外界传递此信号。信任有利于企业间缔约关系，从而有助于形成长期、稳定的双边企业间关系

① 经济学家对于作为合作倾向的信任有两种观点：一种观点是以重复博弈理论为基础，认为信任首先是一种合作的机会，而不是完全理性的，比如，只有在重复的囚徒困境中才针锋相对，在重复的囚徒困境中，这种优先导致了更大的相似性和合作（Kreps et al.，1982）。另外一种观点是以经济实验为基础，认为即使仅有一次交往人们也会采取合作，比如独裁者博弈或者最后通牒博弈（Camerer and Thaler，1995）。这些实验表明人们都期望其对手采取某种公平或合作的行为，即使他们不再愿意遇到这种问题。这两种观点都说明了人们之间的较高信任应该与较高的合作联系起来。这些关于信任的观点隐含着一个共同的重要意思，即为确保在陌生人或不经常见面的人之间形成合作，相对于在经常打交道的人之间形成合作，信任显得更重要。

（余永泽等，2020）。

文献进一步表明，社会信任基础是组织成员共同拥有的规范。在组织之中，每个行动主体对彼此诚实、常态、合作行为的期待就是信任，强调低水平的信任和高水平的信任存在于特定的组织中（Banfield，1958；Fukuyama，1995；Guiso，Sapienza and Zingales，2004；赵磊，2018）。例如，在具有血缘及裙带关系的家庭成员中，即使在低信任水平的社会中，声誉和今后受到惩罚的可能将促进合作的形成。这表明信任对于超越家庭成员的合作是非常重要的。谢等（Xie et al.，2022）的研究也表明，信任通过协作渠道促进企业创新，具体表现为社会信任有助于公司内部或公司之间的研发人员为实现共同目标而贡献他们的努力、资源、知识和能力。

可见，学者通过重复博弈、独裁者博弈，以及最后通牒博弈的实验表明人们都期望其对手采取某种公平或合作的行为，即使他们不再愿意遇到这种问题。这些观点均说明了较高信任应该与较高的合作联系起来，其隐含着一个共同的重要意思，即为确保在陌生人或不经常见面的人之间形成合作，相对于在经常打交道的人之间形成合作，信任显得更重要。

（2）社会信任降低交易费用

科斯（Coase，1937）指出企业之所以在有些情况下存在，是因为其可以节约交易费用。一个企业只能在比其他企业或者市场运行的结构更有效率的时候才能够生存下来。威廉姆森①（1979）认为，交易费用经济学的微观基础是有限理性和行为的机会主义倾向。他认为，在新制度经济学中，已经率先考虑了交易费用的发生、影响和扩展，如果组织经济活动中不计交易费用，那么必然不合理。进而指出，若不计成本，一种组织形式的任何优势都会最终消失。交易费用已成为经济研究中的主要议题。现实生活中，契约客观上无法完备，交易费用势必伴随组织搜索、谈判、签

① 自科斯（1937）提出交易费用概念之后，威廉姆森（1971）在其《生产的纵向一体化：市场失灵的考察》一文就从纵向一体化问题入手，考察了市场失灵的原因：一是在静态市场中进行了专用型投资；二是契约的不完备性；三是由于一方的“败德行为”、价格歧视等造成另一方战略的失误。这三种情况说明，市场谈判环境复杂，如果市场谈判是一次性的或交易发生的频率是很低的话，就会使交易退出市场。从这个角度出发，企业纵向一体化与交易费用是分不开的，并且与社会中信誉好或者信誉差的环境不无关系。威廉姆森（1979）在另外一篇著作《交易费用经济学：契约关系的规制》中试图弥补上一篇论文中认为交易费自由度太大的缺陷，将不确定性、交换频率及资产专用性程度作为描述交易的基本方面，并在经济活动的组织过程中根据交易的特性有区别地使用各种不同的规制结构。

约、监督等产生，而交易费用的存在会降低效率。

进而，我们可以归纳为信任通过协调简化、促进合作和监督功能降低交易费用。具体表现为：首先，由于信任的简化协调功能可以降低交易费用，可以使社会生活和交往变得简单，因此，信任可以协助构建社会秩序（Luhumann，1979，1988）。其次，信任在促进合作机制方面间接减少了谈判、签约等成本。如上文提到的信任作为合作的前提，隐含了信任程度低的人与信任程度高的人相比，人们之间的合作更难。最后，信任作为一种约束机制降低了交易费用。科尔曼（Coleman，1990）从委托—代理视角，构建了信任的理论分析模型，通过对两个或多个行动者之间的信任关系分析，得出信任可以降低交易费用（监督和惩罚的成本）的结论。进一步指出，信任是指对自然和道德秩序的坚持和履行的期望，这种期望成为在特定区域内行动者的行事准则。信任能够确立有效率且低成本的契约执行机制，因而构成了市场经济中一切交易的前提（陈颐，2017）。王艳和李善民（2017）也发现，社会信任能够减少交易双方的机会主义“搭便车”行为，促进诚实、守信行为，降低不确定程度，进而提升企业并购绩效。

（3）社会信任降低信息不对称

威廉·鲍莫尔（William Baumol）较早把信息划分为不完全信息和完全信息①，并通过两者区别分析如何对社会福利的影响。随后，赫伯特·西蒙（Herbert Simon）把市场参与者的决策过程看作是信息收集、评价和选择的过程，把其中的不完全信息归因于市场参与者的有限理性。乔治·阿克洛夫（Akeriof，1970）以“柠檬市场”为例，指出市场上卖方和买方之间所掌握的信息通常是非对称的，买方拥有比卖方少的信息，此种情况下，市场可能会导致效率失灵。在信息不对称理论的基础上，后续经济学家把其应用于保险市场、劳动力市场以及金融市场等领域，并进一步提出了“道德风险”“逆向选择”“委托—代理”等理论［阿罗（Arrow）、赫什雷弗（Hirshleifer）、斯彭斯（Spence）、格罗斯曼（Grossman）、斯蒂格利茨（Stigliz）］。

根据上述研究，把信息不对称定义为在市场交易中，当市场的一方无法获取另一方将要行动的完全信息，无法观测和监督另一方的行为，或观

---

① 在威廉·鲍莫尔之前，亚当·斯密已经提出通过“看不见的手”作用达到需求和供给的平衡，进而达到资源的有效配置，其前提条件是，信息必须是对称的、充分的，即需求和供给双方必须拥有做出正确决策所需的完全信息。其后，哈耶克又提出了，市场中的信息是分散的，而非是充分和对称的。

察和监督另一方的成本高昂时，交易双方掌握的信息所处的不对称状态。吉索（Guiso et al.，2008）将社会信任界定为交易的一方被对方欺骗的主观概率。在高信任度社区中，对个体社员的行为的监督和控制使信任成为不必要（Giddens，1991）。在社会信任度低的地区，会计信息需求者预期到不确定性的增加，可能会产生对会计信息的较高需求（Dhananjay and Peter，2013）。高水平的社会信任度可以增强对会计信息披露的管制干预需求（Pinotti，2008；Aghion et al.，2010）。加勒特等（Garrett et al.，2014）指出，信任可以提高企业内部信息的准确性和可用性，有助于快速识别潜在问题，从而提高财务报表的质量。社会信任较高地区的企业对公司负面信息的隐藏更少，有利于公司将真实信息传递给投资者（Li et al.，2017）。

因此，虽然信息不对称会使信息拥有方在另一方受到损害的情况下，为自己牟取更大的利益，但社会信任可以减少信息搜寻成本，降低观察和监督成本，从而避免这类行为的发生，最终提高了社会资源配置效率。

2.4 文献评述与展望

2.4.1 文献评述

本书把一个地区的非正式制度落脚为社会信任，以社会信任的形成基础为出发点，依据新制度经济学相关理论对社会信任如何影响社会效率、经济增长、金融发展、公司并购与融资、企业成长及企业会计信息质量等后果进行解释，得出社会信任的作用机制。具体结论如下：

第一，本书将社会信任的形成基础归纳为社会文化、关系网络和声誉。具体包括：①社会信任是一种社会文化的主要体现，被看作是共同行为、分享信仰和共同价值观、性情。它一定程度上是产生凝聚力、认知力和共同的意志。这不仅可以增进企业员工的努力程度，还能够降低相关的监督成本和交易成本，进而促进经济效率的提升。②社会信任可以看作是关系网络的集合，是社会学家经常称为人们被社会化或者希望被社会化的“社会组织”。不同企业处于同一社会信任的语境中，知道对方应该有什么样的行为举止，知道对方企业的期望是什么，增进企业间合作的可能性。③社会信任是声誉的一个集合和区分声誉的一种途径。集体声誉体现出企业对市场、消费者、供应商及社会公众承诺的履行状况，声誉机制是企业的产品和服务质量最好的广告，可以提高企业的销售能力，进而影响个体或企业的行为。

第二，本书将社会信任影响社会效率、经济增长、金融发展、公司并购与融资、企业成长及企业会计信息质量等后果的理论基础归纳为制度理论、社会资本理论和网络理论。在制度理论下，社会信任作为非正式制度的落脚点，是制度的重要组成部分；社会信任也是社会资本的组成部分；与社会资本理论相同，社会网络理论强调社会结构中的关系，而维系和发展这种关系，以及通过这种关系形成的资源的基础即关系中活动者的相互信任。

第三，基于上述社会信任的形成基础和理论解释，社会信任可以促进一个区域内活动主体的合作、降低交易费用、减少信息不对称，达到对资源的优化配置作用。具体包括：①社会信任作为建立契约关系的一种重要保障机制，尤其是在签订契约时人们对未来认知有限、对事后不当行为的惩罚能力有限时，这种机制最终促进了经济交易者之间的合作。②信任通过协调简化、促进合作和监督功能可以降低交易费用。③信息治理的关键问题是如何解决在中国特殊的历史、文化、道德规范和关系网络等非正式制度背景下企业内部人和外部投资者之间的信任问题。

2.4.2 研究启示与展望

过去改革开放进程中，对中国软实力构造有重要影响的社会信任，出现严重供给不足，如何建立适应于中国社会长远发展的信任机制，将其与各种正式制度尤其是法律效率安排有机融合，形成促进中国经济可持续发展、构筑突破“中等收入陷阱”的条件与基础，仍然是当下中国必须直面的重大挑战。虽然社会信任看不到、摸不着，但社会信任构成一个地区和社会的意识环境，形成特定的社会生态，从长远看将影响个人或组织的行为方式。无论是从政体改革还是从社会环境优化视角，均影响公司治理及其经济后果。

本书虽然通过系统、认真地研究了非正式制度的社会信任的形成基础、理论解释与作用机制，也得出了一些具有一定创新性的结论，但由于笔者经验不足，受研究能力和学识水平的限制，难免存在着一些局限性，比如：其一，关于社会信任的定义争论中，存在经济学、社会学、政治学等多种理论根源，本研究主要梳理了各种根源的共性。如何协调各种理论来源之间的冲突、通过整合各种理论来源提出新的理论框架，保持分析框架的一致性，则成为后续研究必须直面的重大挑战。其二，制度本身包含了正式制度和非正式制度，本书主要研究了非正式制度社会信任的形成基础与作用结果，并没有进一步结合正式制度的共同作用寻求对经济管理的影响，尤其是我国特有正式制度中政治与社会信任相互作用的治理效应。其三，为了突出社会信任的形成基础与作用机制，本书并没有重点综述社会信任影响的某一具体经济后果，尤其未区分社会信任对个人、企业和社会各个层面的差异性影响。

后续的研究中，笔者将关注如下问题：①进一步挖掘各个理论根源的差异性，寻求差异才可以更清晰地协调各种理论来源之间的冲突，进而保持分析框架的一致性。②进一步挖掘具有中国特色的元素，尤其在正式制度的政治环境背景下，社会信任对社会经济治理的基础与机制。③只有在理顺上述各种研究基础上，我们才可以更清晰地区分社会信任对个人、企业和社会各个层面的影响。

第3章　社会信任、法律执行与企业组织结构

一直以来，作为公司治理研究核心的企业多层股权结构，很大程度上内生于企业所处的制度环境。所谓"企业多层股权结构"，是指公司投票权和现金流量权的配置状况，它决定了所有者和公司之间的权利和利益分配关系，能够让企业层级顶端控制人利用财产权利的优势地位获取超额的剩余权利（La Porta et al.，2002；Fan et al.，2013）。因此，要认识多层股权结构对企业行为及其后果的影响，首要问题是要深入认识企业所处的制度环境。中国作为渐进式改革的市场经济国家，过去经济快速增长是在我国各项制度不够完善的情况下完成的；未来经济发展中，只有厘清制度对经济的作用机制，才能保证经济的持续健康发展。

斯图尔茨和威廉姆森（Stulz and Williamson，2003）提出的制度分析框架认为，公司治理结构及其经济后果应分别置于第一层次的非正式制度（如规范、习俗、传统及宗教）和第二层次正式制度（如规章、法律和产权）下进行分析。公司治理的优劣受到诸如道德、文化、关系等非正式制度的影响，也会受到诸如法律、政治、媒体等正式制度的影响。具体到中国这样一个法律制度的制定和执行并不完善的转型和新兴市场国家，非正式制度可能占据着更为重要的地位（陈冬华等，2013）。

社会信任作为一种重要的非正式制度，不仅是一国软实力形成的内生性资源，也是促进软实力提升的重要因素之一。已有研究表明，社会信任可以促进经济增长与社会效率（Knack and Keefer，1997；La Porta et al.，1997；Karl et al.，2017；李涛等，2008；邹宇春等，2012；李彬等，2015）、金融市场发展（Guiso et al.，2008）、公司并购与融资（Duarte et al.，2012；Chen et al.，2016；张敦力和李四海，2013；贺京同和范若滢，2015；陈兖，2015）、国际贸易与投资（Guiso et al.，2009；潘越等，2009；刘斌等，2011；崔巍，2013；赵家章和池建宇，2014；雷光勇等，2014，Ang et al.，2015）、家族企业治理与成长（储小平和李怀祖，2003；李新春，2002），提

升企业信息质量及其市场反应（Mikhail et al.，2015；潘越和吴超鹏，2010）。可见，社会信任这一非正式制度，可以促进合作，降低信息不对称和交易成本，实现公司治理优化，促进企业健康发展。

值得注意的是，制度环境对企业行为的影响取决于非正式与正式制度变迁方式和速度的差异及两者的互动机制（Pejovich，2006）。基于此，本章考察社会信任（非正式制度）对多层股权结构的影响及其作用机制。研究结果表明：社会信任度高的地区，企业倾向于设置较少的股权层级，并且企业股权层级结构随着地区社会信任程度的提高而减少的这一现象在法制环境较差的地区更加明显。进一步研究发现，社会信任通过债务融资和信用融资两个中介机制影响着企业多层股权结构。

与以往文献不同，本章的主要贡献在于：①基于中国独特的软制度环境，以中国现阶段经济转型面临的来自微观治理的挑战为现实背景，考察了非正式制度之社会信任如何影响企业多层级股权结构及其作用机制，有助于理解社会信任这一非正式制度对微观企业行为的影响，为软制度环境如何影响微观主体决策的文献形成补充并对企业如何适应不同的软制度环境具有一定的启示和实践意义。②通过考察公司股权层级的内生决定机制，试图揭开公司治理背后的“黑箱”，一定程度上丰富和拓展了公司治理研究文献。具体而言，本章发现社会信任有助于减少企业股权层级，并通过债务融资成本与信用融资机制对企业股权层级产生影响。③本章将正式制度与非正式制度同时嵌于企业多层股权结构分析框架，考察了正式制度（法制环境）与非正式制度（社会信任）之间的互动关系对企业多层股权结构的影响。

3.1 理论分析与研究假说

3.1.1 社会信任与企业多层股权结构

企业多层股权结构安排使得股权控制链顶端控制人以较少的财产实现了较多的利益控制。格罗斯曼和哈特（Grossman and Hart，1986）及哈特（Hart，1995）指出，合约在不完全的情况下，将形成两种类型的合约权力（特定权力和剩余权力）。多层股权结构的企业控制人与其他中小股东因财产权利形成了一系列合约，但合约中并不能穷尽所有的可能事项，从而导致控制人利用财产权利的优势地位掠夺中小股东剩余权利的可能。莱文（Levine，2005）认为，对财产权利的保护并不是自然发生的，而是一系列政策选择与社会制度的结果，除了明确的法典和正式执行机构外，一些约束人类互动行为“道德伦理”的非正式规范也影响着产权的形成与保护。社会信任作为社会非正式规范的一种。具体表现形式为，在社会信任度高的社会中，中小股东往往对该地区内企业产生一种内在的、基于社会文化传统判断的高度信任感，进而判断实际控制人不会对其欺诈。

然而，企业经营是一个动态过程，具有很大程度上的不确定性，中小股东和控制人之间不可能在契约里就所有的可能发生事件，事先做出完备的约定，以至于那种无法明确的隐性契约中，往往包含各股东在得失和隐性惩罚方面的默契。隐性契约中建立的默契构成签约者之间的相互信任（雷光勇等，2014）。社会信任是指在一个有限的区域内，区域内的人反复地进行交易或者活动而形成共同的社会规范，这需要区域内所有人共同的参与和维护（Fukuyama，1995）。在同一个社会网络中，信任作为一种共享的价值观，降低了预期的不确定性。在社会信任水平高的地区，控制人更多考虑如何把企业经营得更好，而非通过侵占中小股东以获取短期利益，这就自然失去了配置多层的复杂企业股权结构的动机。威廉姆森（Williamson，1985）认为，代理成本可以看成交易活动之间的“摩擦力”，而信任使交易双方减少交易“摩擦”，如同“润滑剂”，使交易得以顺利进行。社会环境信任程度越高，企业控制人越注重交易的长期持续性以及企业整体交易成本的考量，从而设置较少层级的股权结构。

综上分析，企业股权结构层级的设置，取决于居于股权层级顶端控制人利用财产权利对中小股东、供应商和客户的侵犯动机。而社会信任有助于加强弱势一方的产权保护，在一定程度上可以抑制控制人的谋利动机、简化监督和信息传递机制。基于上述分析，提出以下假说。

H1：在其他条件不变情况下，企业所在地区社会信任度越高，企业股权结构层级越少。

3.1.2　社会信任与企业多层股权结构：法制环境的调节作用

社会信任这一非正式制度与法制环境这一正式制度，构成了影响企业多层股权结构的外部制度环境因素。正式制度与非正式制度的互动机制以及变迁方式和速度上的差异决定了制度环境的有效性和稳定性（Pejovieh，2006）。前已述及，社会信任这一非正式制度对弱势一方的产权具有保护作用，表现为企业所在地区社会信任度越高，企业股权结构层级越少。那么，法制环境作为一种重要的正式制度，势必会影响社会信任与企业多层股权结构之间的关系。

一方面，企业股权结构层级随着地区社会信任程度的提高而减少的这一现象可能会在法制环境较好的地区更明显。这是因为：诺斯（North，1990）将制度定义为一种规则，这种规则可以约束组织行为及其相互关系。在正式制度缺失的情况下，非正式制度将会发挥较大的约束作用，以减少不确定性并为组织提供稳定的制度环境。社会信任和法制环境分别代表非正式制度和正式制度，正式制度的实效则依赖于社会成员对正式制度的信任。社会的公平和正义更需要社会普遍的信任支撑，因此，在正式制度较好（民主、法治、公正）的社会环境中，社会成员间更需要信任，信任规则、法律、政治制度的公平、公正性，信任信息的真实和可靠性，信任社会关系的和谐和稳定性（杨明等，2011）。高水平的信任环境，抑制了控制人的私人收益、简化了监督和信息传递机制，进而使得企业控制人失去了设置复杂层级结构的动机。在法制环境较好的地区，契约参与者将为失信行为付出较大代价，这样很可能增强企业中小股东对控股股东的信任感，因其相信在企业控制人失信的情况下，能借助法律强制弥补因信任缺失可能产生的损失。因此，本章预期，在法制环境较好的地区，企业股权层级结构随着地区社会信任程度的提高而减少的这一现象更加明显。

另一方面，企业股权层级结构随着地区社会信任程度的提高而减少的这一现象可能会在法制环境差的地区更明显。这是因为：良好的法制环境可为原本不相关的陌生参与者提供互相合作和解决争端的基础与底线判断，从而扩大社会信任功能发挥作用的半径与范围。同时，社会信任也隐含着共同的意识形态资本和价值观，确保陌生人或不经常见面的人之间形成合作（Guiso et al.，2008），有助于提高区域内人们对法律制度的认同和维护，进而形成一种共同的社会准则。一个通过规则和法律规范运行的社会，可使人们形成一个预期，预期其他人做出可负责任的行动，使得事前的合约更具可信性。在法制环境较差的地区，企业控制人通过多层级、多链条复杂结构的设置实现现金流量权与控制权的分离，进而通过“掏空”或“防御”手段来获取更多的控制权私利。此时，社会信任这一非正式制度恰好可以弥补法制环境薄弱对产权保护的影响，从而抑制控制人的私人收益（如：掠夺财富、增强话语权），缓解复杂层级股权结构所带来的成本（如：权利分散、代理成本、信息成本等）。因此，本章预期，在法制环境较差的地区，企业股权层级结构随着地区社会信任程度的提高而减少的这一现象更加明显。

基于上述分析，提出以下竞争性假说：

H2a：在其他条件不变情况下，企业股权结构层级随着地区社会信任程度的提高而减少的这一现象可能会在法制环境较好的地区更加明显。

H2b：在其他条件不变情况下，企业股权结构层级随着地区社会信任程度的提高而减少的这一现象可能会在法制环境较差的地区更加明显。

3.1.3 社会信任与企业多层股权结构：融资成本视角的路径识别

社会信任作为一种非正式制度安排，可以促进银行与企业之间的有效合作、减少银行与企业信息不对称和降低企业外源融资过程中的交易费用，为企业提高外源融资效率提供一种保障（Colin，2008）。信任为合作提供了基础作用，意味着信任程度高的人与信任程度低的人相比，人们合作意愿更强（Gambetta，1988）。具有多层级股权结构的企业，在出现融资困难时，往往利用层层交叉担保，以较少的资源获得银行等金融机构较多的贷款。金字塔结构内部资本市场具有融资的替代效应（韩亮亮，2008），金字塔结构的杠杆效应能够放大企业集团的债务融资规模，从而更能适应存在融资约束的金融市场环境（李增泉等，2008），家族企业通过金字塔结构获取较高比例的银行担保借款（陈德球等，2013）。因此，在低社会信任地区，控制人无法在市场上轻易获取资金的情况下，通过设置复杂的层级结构是一种替代的选择；相反，社会信任度高地区，控制人不需要设置较复杂层级结构，从而缓解了融资约束。因此，当一个地区社会信任影响到企业的融资问题时，社会信任自然通过融资问题影响到了企业的股权层级结构。

不可否认的是，企业商业活动往来中不同的商业信用模式正是各种不同契约结构的体现，不同商业信用模式反映了交易成本和风险等差异（刘凤委等，2009）。具体而言，基于供应商视角，企业所在地区信任度越高，企业在得到供应商的商品或者服务时，企业支付给供应商的应付款项越快，从而降低了相应的交易成本；相反，作为最高的一种信用方式，在信任度低的地区，提前支付给供应商的货款或服务款（预付账款），把资金使用权提前交付给对方，产生了较高的交易成本。基于客户视角，企业所在地区信任度越高，会产生一种固有的信任，认为客户不会对自己提供的商品或者服务产生坏账，也就不会急于拿到相应的应收款项；相反，彼此越不信任，交易越需要更多的保障。对企业而言，提前收到客户的款项（预收账款）是一种相对安全的信用方式。因此，当一个地区社会信任影响到企业的商业信用时，社会信任自然通过商业信用模式影响到企业的股权层级结构。基于以上分析，提出以下研究假说：

H3：在其他条件不变情况下，社会信任通过融资成本机制来影响企业多层股权结构。

3.2 研究设计

3.2.1 数据来源

本章选择2007—2013年中国A股上市公司为初始样本，并按照以下原则进行筛选：①剔除金融类公司样本；②剔除当年被ST公司样本及当年上市的公司样本；③剔除相关指标数据缺失的样本；④对主要连续变量进行上下1%的缩尾处理。最终，我们得到11 188个样本观测值。本章使用的主要研究数据来自CSMAR数据库。

3.2.2 变量定义

（1）社会信任（*Trust*1）

社会信任不仅代表着传统的价值观和信仰，而且作为一国文化传统的产物，通过社会群体、民族和宗教逐代衍传，形成一种非正式制度（Guiso et al.，2008）。参照安格（Ang et al.，2015）、张敦力和李四海（2012）、刘凤委等（2009）的研究，以张维迎和柯荣住（2002）对企业及企业领导人有关社会信任认识的调查指标来度量社会信任。

（2）社会信任（*Trust*2）

2000年各个省份的总献血数量/每个省份人数。目前，中国没有对自愿献血进行规范的相关法律和经济激励，献血仅仅是为了一种社会价值、合作、利他主义和互惠，体现出社会信任。安格（Ang et al.，2015）也采用相同指标进行了研究。

（3）多层股权结构

参考拉波特等（La Porta et al.，2002）、范等（Fan et al.，2013）的研究，根据最底端被控制上市公司追溯到最顶层控制人所经历的层级数量（*Layer*）来度量多层股权结构。具体地，以深圳市天健（集团）股份有限公司（图3.1）和孚日集团股份有限公司（图3.2）为例。

在图3.1中，深圳市国有资产监督管理委员会可以直接对上市公司深圳市天健（集团）股份有限公司进行控制，控制层级（*Layer*）为1；控制权为36.35%，现金流量权为36.35%，控制权与现金流量权的分离度（*Wedge*）等于两者之差，为0。

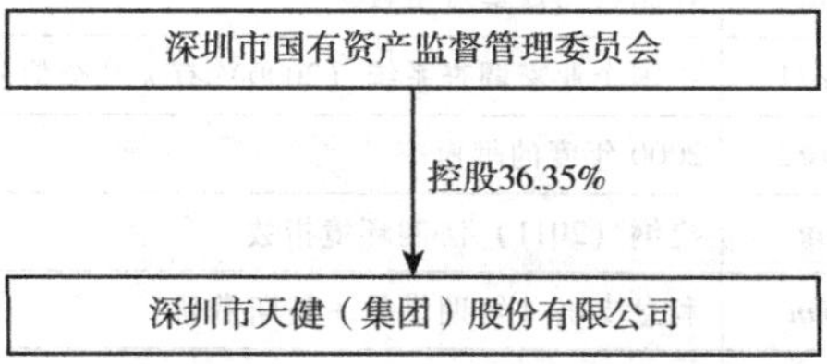

图3.1　深圳市天健（集团）股份有限公司股权层级

在图3.2中，孙日贵控制着山东孚日控股股份有限公司，而山东孚日控股股份有限公司又控制着孚日集团股份有限公司，即最高层级控制人孙日贵通过控制山东孚日控股股份有限公司，最终控制着孚日集团股份有限公司。控制层级（*Layer*）为2，控制权等于21.42%与10.57%之和，为31.99%，现金流量权等于29.36%与21.42%之积，再加上10.57%，结果为16.86%，分离系数（*Wedge*）等于两者之差，为15.13%。

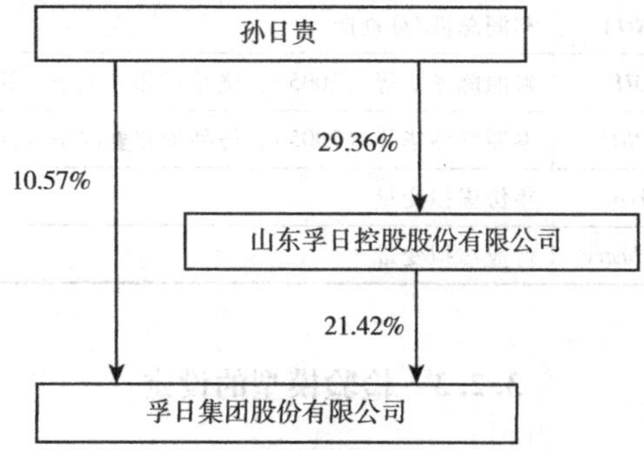

图3.2　孚日集团股份有限公司股权层级

在稳健性检验中，采用控制权与现金流量权之差来度量其分离度（*Wedge*），其中，控制权的度量是最上层控制人到最下层上市公司所经过每条控制链最小所有权比例之和。现金流量权是最上层控制人到最下层上市公司所经过每条控制链所有权乘积之和。随着控制链条的增长、控制链条的增加，现金流量权相对于控制权会逐渐减少，控制权与现金流将发生分离，形成终极控制人对公司的超额控制。

其他相关变量的定义如表3.1所示。

表 3.1 主要变量定义

变量名称	变量符号	定义
股权结构层级	*Layer*	上市公司追溯到层级顶端终极控制人所经历层数的自然对数
两权分离度	*Wedge*	控制权与现金流量权之差
社会信任 1	*Trust*1	中国企业家调查系统（2000）有关社会信任调查
社会信任 2	*Trust*2	2000 年度的献血率
法制环境	*Law*	樊纲（2011）法制环境指数
债务融资成本	*Loan*	利息支出/（短期借款 + 长期借款）
商业信用	*ZYF*	（应付账款 + 应付票据 + 预收账款 - 应收账款 - 应收票据 - 预付账款）/总资产
公司规模	*Size*	总资产取对数
产权性质	*Soe*	国有 =1，非国有 =0
成长性	*MB*	市场价值/账面价值
股权集中度	*Top*1	第一大股东持股比例
总资产周转率	*Sizeros*	营业收入/资产总额
董事会独立性	*Outdir*	独立董事人数与董事总人数之比
投资机会	*Growth*	上期营业收入的增长率
总资产收益率	*ROA*	利润总额/总资产
货币政策	*MP*	参照陈冬华等（2005）、饶品贵和姜国华（2013）的方法确定
管制行业	*PRO*	参照陈冬华等（2005）、饶品贵和姜国华（2013）的方法确定
年度	*Year*	年份虚拟变量
行业	*Industry*	行业虚拟变量

3.2.3 检验模型的设定

为检验 H1 和 H2，本章设定如下模型：

$$Layer = \alpha_0 + \alpha_1 Trust + \alpha_2 Law + \alpha_3 Trust \times Law + \sum_{4}^{k} \alpha_i \times Control_i + \varepsilon_i \quad (3.1)$$

为了识别社会信任与企业多层股权结构的传导机制，本章借鉴了苏泊尔（Sobel，1986）的中介因子检验法。设定路径模型 Path a、Path b and Path c 如下递归方程：

$$\text{Path a}: Layer = \alpha_0 + \alpha_1 Trust + \sum_{2}^{k} \alpha_i \times Control_i + \varepsilon_i \quad (3.2)$$

$$\text{Path b}: Bank\_Loan/ZYF = \alpha_0 + \alpha_1 Trust + \sum_{2}^{k} \alpha_i \times Control_i + \varepsilon_i \quad (3.3)$$

Pathc：$Layer = \alpha_0 + \alpha_1 Trust + \alpha_2 Loan/ZYF + \sum_{2}^{k} \alpha_i \times Control_i + \varepsilon_i$

(3.4)

其中，*Layer* 为多层股权结构，*Trust* 代表社会信任指标，*Loan* 为企业债务融资成本，*ZYF* 为企业的信用融资指标。根据中介效应检验方法，当满足 Path a 和 Path b 的回归系数 α_1 显著，Path c 的回归系数 α_1 和 α_2 同时显著，但 α_1 显著低于 Path a 的回归系数 α_1 时，且 Sobel 检验在统计上显著则表示部分中介效应成立。当满足 Path a 和 Path b 的回归系数 α_1 显著，Path c 的回归系数 α_2 显著和 α_1 系数不显著时，且 Sobel 检验在统计上显著则表示完全中介效应成立。Sobel Z 值的计算公式为：

$$Z_{value} = ab / \sqrt{a^2 s_b^2 + b^2 s_a^2 + s_a^2 s_b^2} \tag{3.5}$$

在公式（3.5）中，a 和 s_a 分别为 Path b 中 α_1 的估计系数和标准误，b 和 s_b 分别为 Path c 中 α_2 的估计系数和标准误。

3.3 实证结果

3.3.1 描述性统计

表 3.2 报告了样本公司企业多层股权结构特征变量的历年描述性统计特征。样本公司结构层级（*Layer*）平均值为 2.250，两权分离度（*Wedge*）为 5.793%。2007—2013 年，公司结构层级和两权分离度呈下降趋势，这表明，随着中国经济改革的深入、市场化进程的加快，企业两权分离产生的代理冲突有所缓解。

表 3.2　企业股权层级结构变量历年均值特征

年份	2007	2008	2009	2010	2011	2012	2013	合计
Obs	1 116	1 246	1 324	1 399	1 762	2 084	2 257	11 188
Layer	2.384	2.380	2.381	2.327	2.213	2.134	2.126	2.250
Wedge	6.389	6.378	6.339	5.829	5.639	5.424	5.294	5.793

图 3.3 显示了我国各省间社会信任指标的差异。福山（Fukuyama，2005）研究证实我国总体的社会信任水平很低。但是有一个事实因素是，中国是 56 个民族融合的大家庭，不同地域之间有着文化传统和习俗惯例等先

天因素的不同，这直接致使不同地域之间的社会信任水平高低不统一。换言之，不同地域的公司先天具有不同的社会信任外在环境条件。从图 3.3 中不难看出，无论我们采用来自中国企业家调查系统 2000 年的全国问卷调查，计算出来的社会信任（*Trust*1），还是采用每个省份的献血率作为社会信任替代指标（*Trust*2）（目前，中国没有对自愿献血的相关法律和经济激励，献血仅仅是为了一种社会价值、合作、利他主义和互惠，进一步所体现出社会信任），各省之间社会信任间差异都很明显。同时，我们也发现，虽然采用两个不同的社会信任指标但在波动趋势上却基本是相同的。

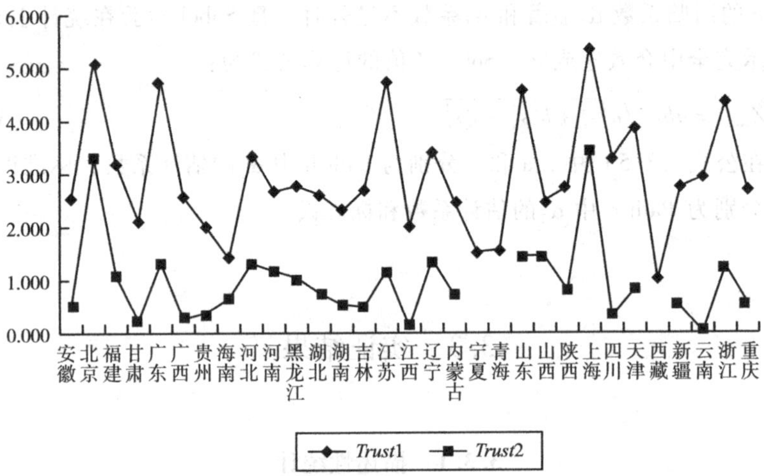

图 3.3　社会信任在各省间的差异

表 3.3 的 Panel A 报告了主要变量的描述性统计结果。在自变量描述性统计结果中，社会信任指标（*Trust*1）均值为 3.832，标准差为 1.136，表明各地区间社会信任指标存在明显差异。社会信任指标（*Trust*2）均值为 1.352，标准差为 0.949。法制环境（*Law*）均值为 7.262，标准差为 3.061，表明各地区之间法制环境差异较大。控制变量方面，企业总资产取对数（*Size*）标准差为 1.222，均值为 21.835，表明企业间规模存在较大差异。企业产权性质（*Soe*）均值为 0.515，标准差为 0.5；公司成长性（*MB*）均值为 2.275，标准差为 1.459；第一大股东持股比例（*Top*1）均值为 36.7%，标准差为 0.157；董事会独立性（*Outdir*），均值为 0.368，独立董事占董事总人数为 36.8%；总资产周转率（*Size*ros）均值为 0.726，标准差为 0.503；投资机会（*Growth*）均值为 0.203，标准差为 0.447；总资产收益率（*ROA*）均值为 0.041，标准差为 0.052；货币政策（*MP*）的均值为 0.584，管制行业（*PRO*）的均值为 0.101；债务融资成本（*Loan*）的均值为 0.053，标准

差为0.044；商业信用（*ZYF*）的均值为0.007，标准差为0.137。

表3.3的Panel B报告了研发投入变量的描述性统计结果。其中，*R&D*/总资产和*R&D*/营业收入的均值分别为0.007和0.013，表明我国A股上市公司研发投入与总资产比例为0.7%，与每年营业收入比例为1.3%，表明我国A股上市公司研发投资比例总体不高，两者的标准差分别为0.013和0.025，企业间研发投入差异也不大。但企业每年的有形资产投资与企业期末总资产比值为0.248，占比为24.8%，进一步说明了我们很多企业的发展主要靠有形资产投资拉动。

表3.3的Panel C报告了经济后果变量的描述性统计结果。其中，托宾Q值（*TobinQ*）均值为1.84，标准差为1.55，表明企业间存在较大差异。资产收益率（*ROA*）均值为0.04，与以往研究一致，标准差为0.05，企业间存在一定差异，但差异不大。在更换公司CEO时个股的累积超额收益率（CAR_3）和（CAR_7）均值为0和0.01，标准差分别为0.05和0.07，个股间存在差异，但差异不大。最大值分别为0.25和0.44，随着窗口的扩大，其差异变大。

表3.3　　　　主要变量描述性统计

Panel A：组织结构变量的描述性统计

变量	观测值	均值	标准差	最小值	中位数	最大值
Wedge	11 188	5.793	8.18	0.000	0.000	29.829
*Trust*1	11 188	3.832	1.14	0.993	4.353	5.389
*Trust*2	11 023	1.352	0.95	0.017	1.259	3.433
Law	11 188	7.262	3.06	2.284	6.002	12.901
Size	11 188	21.835	1.22	19.556	21.669	25.649
Soe	11 188	0.515	0.50	0.000	1.000	1.000
MB	11 188	2.275	1.46	0.811	1.833	8.884
*Top*1	11 188	0.367	0.15	0.091	0.353	0.758
Outdir	11 188	0.368	0.05	0.091	0.333	0.800
Sizeros	11 188	0.726	0.50	0.076	0.608	2.780
Growth	11 188	0.203	0.45	−0.567	0.135	2.969
ROA	11 188	0.041	0.05	−0.153	0.037	0.197
MP	11 188	0.584	0.49	0.000	1.000	1.000
PRO	11 188	0.101	0.30	0.000	0.000	1.000
Loan	11 188	0.053	0.04	0.000	0.052	0.160
ZYF	11 188	0.007	0.14	−0.327	−0.003	0.423

续表

Panel B：研发投入变量的描述性统计						
变量	观测值	标准差	均值	最小值	中位数	最大值
R&D/总资产	11 188	0.01	0.007	0.000	0.000	0.066
R&D/营业收入	11 188	0.03	0.013	0.000	0.001	0.150
有形资产/总资产	11 188	0.18	0.248	0.000	0.213	0.971
Panel C：经济后果变量的描述性统计						
变量	观测值	标准差	均值	最小值	中位数	最大值
Tobin Q	11 188	1.55	1.84	0.14	1.42	10.17
ROA	11 188	0.05	0.04	-0.25	0.04	0.20
CAR_3	873	0.05	0.00	-0.15	0.00	0.25
CAR_7	873	0.07	0.01	-0.24	-0.00	0.44

3.3.2　实证结果与分析

（1）社会信任与多层股权层级的直接效应

表3.4报告了社会信任与企业多层股权结构关系的检验结果，可以发现，社会信任与企业多层股权结构负相关，在1%水平上显著，验证了假说H1，这表明在社会信任度高的地区，控制人更多考虑如何把企业经营得更好，而非通过侵占中小股东获取短期利益；失去采用这种方式获得讨价还价能力的动力；企业控制人自然失去了构建多层级的复杂企业股权结构的动机。同时，设置多层级股权结构导致企业权利分散，增加更多的层级也增加了代理成本、信息成本，使监督更加困难，在高信任水平环境中控制人权衡成本和收益就不需要设置多层股权结构。进一步按照企业性质分组检验发现，社会信任与企业多层股权结构之间的负相关关系在非国有企业中更明显。

表3.4　　　　社会信任与多层股权结构关系的检验结果

变量	(1)	(2)	(3)
	全样本	国有企业	非国有企业
*Trust*1	-0.0423***	0.0081	-0.0527***
	(-12.33)	(0.95)	(-9.39)
Size	0.0600***	-0.0087	0.0950***
	(15.32)	(-0.96)	(13.65)
MB	0.0019	-0.0001	0.0154***
	(0.56)	(-0.01)	(3.21)

续表

变量	(1)	(2)	(3)
	全样本	国有企业	非国有企业
*Top*1	0.2270*** (8.71)	−0.0360 (−0.59)	0.3750*** (9.26)
Outdir	−0.6042*** (−8.63)	−0.5086*** (−3.80)	−0.3211*** (−2.92)
Sizeros	0.1012*** (11.84)	0.0558*** (2.79)	0.0908*** (6.47)
Growth	−0.0339*** (−3.90)	0.0080 (0.85)	−0.0488*** (−3.74)
MP	0.0181 (1.12)	−0.0305** (−2.29)	0.0934*** (3.29)
PRO	−0.0724*** (−3.76)	0.0267 (0.57)	−0.0870*** (−2.60)
ROA	−0.5621*** (−9.46)	−0.2146** (−2.09)	−0.5084*** (−5.37)
年度固定效应	是	是	是
行业固定效应	是	是	是
常数项	−0.5134*** (−5.45)	1.0404*** (5.13)	−1.4324*** (−8.67)
观测值	11 188	5 767	5 421
$Adj-R^2$	0.1261	0.0441	0.2091
F	47.1332	8.6000	41.9295

注：***、**、*分别表示检验在1%、5%、10%水平上显著，括号内为t值，被解释变量为 *Layer*。

（2）社会信任与多层股权结构：法制环境的调节作用

表3.5报告了社会信任、法制环境与企业多层股权结构之间关系的检验结果。列（1）的回归结果显示，法制环境与企业多层股权结构负相关，且在1%水平上显著，这表明在较差的法制环境下，企业控制人通过设立多层级结构实现控制权与现金流量权的分离，进而通过“掏空”或提高话语权来获取更多的控制权私利。而在较好的法制环境下，这种行为的代价却是巨大的。控制人将在对中小股东侵占收益和强法制环境潜在惩罚之间进行权衡。列（2）的回归结果显示，社会信任与法制环境交互项在1%水平上与企业多层股权结构正相关，这意味着在法制环境较差的地区，企业股权结构层级随着地区社会信任程度的提高而减少的这一现象更加明显，验证了假说H2b。

表 3.5　社会信任、法制环境与企业股权层级关系的检验结果

变量	(1)	(2)
*Trust*1	-0.0174 *** (-3.24)	-0.0295 *** (-4.45)
*Trust*1 × *Law*		0.0352 *** (3.10)
Law	-0.0464 *** (-3.77)	-0.0553 *** (-4.37)
Size	0.0366 *** (9.30)	0.0362 *** (9.20)
Soe	0.2005 *** (23.81)	0.1980 *** (23.43)
MB	0.0066 ** (2.02)	0.0060 * (1.83)
*Top*1	0.1651 *** (6.47)	0.1642 *** (6.43)
Outdir	-0.5130 *** (-7.51)	-0.5153 *** (-7.55)
Sizeros	0.0841 *** (10.04)	0.0849 *** (10.14)
Growth	-0.0211 ** (-2.49)	-0.0212 ** (-2.50)
MP	-0.0011 (-0.07)	-0.0013 (-0.08)
PRO	-0.0740 *** (-3.94)	-0.0755 *** (-4.02)
ROA	-0.4221 *** (-7.25)	-0.4171 *** (-7.17)
年度固定效应	是	是
行业固定效应	是	是
常数项	-0.1164 (-1.25)	-0.1120 (-1.20)
观测值	11 187	11 188
$Adj-R^2$	0.1707	0.1713
F	63.2332	61.8690

注：***、**、* 分别表示检验在 1%、5%、10% 水平上显著，括号内为 t 值，被解释变量为 *Layer*。

（3）社会信任与企业多层股权结构：融资成本视角的路径识别

表 3.6 列示了债务融资成本和信用融资的中介效应检验结果，列（1）和列（2）是债务融资成本路径的检验结果，列（1）在路径模型 Path b 中，中介因子债务融资成本（*Loan*）对社会信任（*Trust*1）的回归系数为 -0.0013，且在1%水平上显著，这表明社会信任对企业债务融资成本负相关关系，社会信任度越高的地区企业债务融资成本越低。列（2）在路径模型 Path c 中，当把中介因子债务融资成本加进基本模型后，回归系数 α_1 和 α_2 均显著，但 α_1 低于表 3.4 中的 Path a 的回归系数 α_1，Sobel 检验的 Z 值为 -2.779，在1%水平上统计显著。表明社会信任对多层股权结构在债务融资成本路径上存在部分中介效应。

列（3）和列（4）是信用融资路径的检验结果，列（3）在路径模型 Path b 中，中介因子信用融资（*ZYF*）对社会信任（*Trust*1）的回归系数为 -0.0033，且在1%水平上显著，这表明社会信任对企业信用融资负相关关系，社会信任度越高的地区，企业支付给供应商的应付款项越快，同时企业也不急于催促客户归还应收款项。列（4）在路径模型 Path c 中，当把中介因子企业信用融资加进基本模型后，回归系数 α_1 和 α_2 均显著，但 α_1 低于表 3.4 中的 Path a 的回归系数 α_1，Sobel 检验的 Z 值为 -3.027，在1%水平上统计显著。表明社会信任对股权层级在信用融资路径上存在部分中介效应。

表 3.6　社会信任与企业股权结构：交易成本视角的路径识别

变量	(1)	(2)	(3)	(4)
	Loan	*Layer*	*ZYF*	*Layer*
*Trust*1	-0.0013*** (-3.57)	-0.0326*** (-9.68)	-0.0033*** (-3.23)	-0.0322*** (-9.58)
Loan		0.3978*** (4.60)		
ZYF				0.2841*** (9.16)
Size	0.0039*** (9.01)	0.0356*** (9.03)	0.0246*** (20.53)	0.0301*** (7.56)
Soe	0.0034*** (3.69)	0.2018*** (24.06)	0.0224*** (8.78)	0.1968*** (23.46)
MB	-0.0021*** (-5.90)	0.0076** (2.33)	-0.0041*** (-4.14)	0.0080** (2.44)
*Top*1	-0.0267*** (-9.55)	0.1738*** (6.78)	0.0159** (2.05)	0.1586*** (6.23)

续表

变量	(1)	(2)	(3)	(4)
	Loan	*Layer*	*ZYF*	*Layer*
Outdir	-0.0030 (-0.41)	-0.5158 *** (-7.56)	-0.0884 *** (-4.25)	-0.4919 *** (-7.22)
Sizeros	0.0104 *** (11.37)	0.0786 *** (9.34)	0.0279 *** (10.96)	0.0748 *** (8.92)
Growth	-0.0026 *** (-2.76)	-0.0200 ** (-2.36)	-0.0005 (-0.20)	-0.0209 ** (-2.47)
MP	0.0165 *** (9.59)	-0.0073 (-0.46)	-0.0117 ** (-2.45)	0.0026 (0.17)
PRO	-0.0067 *** (-3.24)	-0.0705 *** (-3.75)	0.0092 (1.61)	-0.0757 *** (-4.05)
ROA	-0.0654 *** (-10.28)	-0.3989 *** (-6.83)	-0.1617 *** (-9.13)	-0.3790 *** (-6.51)
行业固定效应	是	是	是	是
年度固定效应	是	是	是	是
常数项	-0.0410 *** (-4.03)	-0.1299 (-1.40)	-0.4923 *** (-17.40)	-0.0064 (-0.07)
观测值	11 188	11 188	11 188	11 188
$Adj-R^2$	0.1034	0.1712	0.2789	0.1759
F	36.8280	63.4601	121.1903	65.5093

注：***、**、*分别表示检验在1%、5%、10%水平上显著，括号内为t值。

3.4 稳健性检验

为确保结果稳健可靠，本章改变社会信任和股权层级结构度量指标对前文结果进行了重新检验。

3.4.1 改变企业多层股权结构的检验

表3.7用两权分离度替代股权层级重新对所有结果进行了检验，参考拉波特等（La Porta et al.，2002）、范等（Fan et al.，2013）的研究，采用两权分离度（*Wedge*）来衡量企业股权层级。检验结果显示：首先，列（1）回归中，社会信任与企业两权分离度（*Wedge*）显著负相关，显著性为1%，进一步验证了假说H1；其次，列（2）进一步验证在不同法制环

境背景下社会信任对两权分离度的检验，同样验证了假说 H2b。最后，列（3）和列（4）中进一步检验了两种融资中介渠道的结果，两者均满足部分中介变量三个条件，并且 Sobel 检验的 Z（债务融资成本 - 两权分离度）= -1.857，Z（信用融资 - 两权分离度）= -2.773，分别在 10% 与 1% 水平上统计显著，与前文结果基本一致。

表 3.7　　改变多层股权结构测量的检验结果

变量	(1)	(2)	(3)	(4)
*Trust*1	-0.4366*** (-6.42)	-0.3252** (-2.43)	-0.4314*** (-6.34)	-0.4248*** (-6.25)
*Trust*1 × *Law*		0.8051*** (3.51)		
Loan			3.9457** (2.26)	
ZYF				3.5612*** (5.68)
Law		-1.3519*** (-5.30)		
控制变量	是	是	是	是
行业固定效应	是	是	是	是
年度固定效应	是	是	是	是
观测值	11 188	11 188	11 188	11 188
$Adj-R^2$	0.1057	0.1083	0.1060	0.1082
F	37.7322	36.7362	36.8638	37.6857

注：***、**、* 分别表示检验在 1%、5%、10% 水平上显著，括号内为 t 值，被解释变量为 *Wedge*。

3.4.2　用 2000 年献血率替代社会信任指标的检验

表 3.8 用社会信任（*Trust*2）替代（*Trust*1）对企业多层股权结构进行重新检验。检验结果显示：首先，列（1）的回归中，社会信任（*Trust*2）与企业多层股权结构显著负相关，显著性为 1%，进一步验证了假说 H1；其次，列（2）中，进一步验证在不同法制环境下社会信任对两权分离度的检验，同样验证了假说 H2b；最后，列（3）、列（4）、列（5）和列（6）中进一步检验了两种融资中介渠道的结果，两者均满足部分中介变量三个条件，并且 Sobel 检验的 Z（债务融资成本 - 两权分离度）=

-2.418，Z（信用融资 - 两权分离度）= -4.995，均在1%水平上统计显著，与上述结果基本一致。

表3.8　　2000年献血率替代社会信任的检验结果

变量	(1)	(2)	(3)	(4)	(5)	(6)
	Layer	*Layer*	*Loan*	*Layer*	*ZYF*	*Layer*
*Trust*2	-0.0271*** (-6.72)	-0.0516*** (-4.35)	-0.0013*** (-2.88)	-0.0266*** (-6.60)	-0.0074*** (-6.10)	-0.0250*** (-6.22)
*Trust*2 × *Law*		0.0527*** (4.05)				
Loan				0.4141*** (4.73)		
ZYF						0.2774*** (8.81)
Law		-0.0476*** (-4.47)				
控制变量	是	是	是	是	是	是
行业固定效应	是	是	是	是	是	是
年度固定效应	是	是	是	是	是	是
观测值	11 023	11 023	11 023	11 023	11 023	11 023
$Adj-R^2$	0.1666	0.1717	0.1035	0.1683	0.2804	0.1724
F	62.2203	61.1024	36.3310	61.2623	120.2736	63.0583

注：***、**、*分别表示检验在1%、5%、10%水平上显著，括号内为t值。

此外，以2011年各个省份的总献血数量与省份人数之比来度量社会信任重新进行检验（见表3.9），结果未发生变化。

表3.9　　2011年献血率替代社会信任的检验结果

变量	(1)	(2)	(3)	(4)	(5)	(6)
	Layer	*Layer*	*Loan*	*Layer*	*ZYF*	*Layer*
*Trust*3	-0.0166*** (-5.21)	-0.0176* (-1.78)	-0.0009** (-2.48)	-0.0162*** (-5.10)	-0.0045*** (-4.71)	-0.0153*** (-4.82)
*Trust*3 × *Law*		0.0359*** (3.33)				
Loan				0.4187*** (4.82)		

续表

变量	(1)	(2)	(3)	(4)	(5)	(6)
	Layer	*Layer*	*Loan*	*Layer*	*ZYF*	*Layer*
ZYF						0.2799*** (8.97)
Law		−0.1022*** (−9.32)				
控制变量	是	是	是	是	是	是
行业固定效应	是	是	是	是	是	是
年度固定效应	是	是	是	是	是	是
观测值	11 140	11 140	11 140	11 140	11 140	11 140
$Adj-R^2$	0.1652	0.1296	0.1028	0.1669	0.2803	0.1712
F	62.2463	45.8194	36.4682	61.3135	121.4766	63.1698

注：***、**、*分别表示估计系数在0.01、0.05、0.1水平上显著，括号内为t值。

3.4.3 增加市场化指数和GDP的检验

为了考虑宏观经济环境对本章结论的影响，在主效应模型中加入人均GDP和市场化程度指标（见表3.10），检验结果未发生实质性变化。

表3.10 增加市场化指数和GDP之后的检验结果

变量	(1)	(2)	(3)
	Layer	*Layer*	*Layer*
	总样本	国有	非国有
*Trust*1	−0.0254** (−2.53)	0.0141 (1.33)	−0.0342** (−1.97)
控制变量	是	是	是
行业固定效应	是	是	是
年度固定效应	是	是	是
观测值	11 188	5 767	5 421
$Adj-R^2$	0.1311	0.0450	0.2112
F	15.5042	7.2356	16.1294

注：***、**、*分别表示估计系数在0.01、0.05、0.1水平上显著，括号内为t值。

3.5 进一步分析

3.5.1 社会信任/法律执行、企业组织结构与企业研发支出

表 3.11 通过直接通道检验了社会信任和法律执行与企业 *R&D* 投资的 OLS 回归结果。被解释变量分别为 *R&D* 与期末总资产比值、有形资产投资与期末总资产比值，采用这两个指标不仅能反映外部的非正式制度和正式制度对企业研发投入的影响，也可以鲜明地看出制度环境对研发投入和有形资产投资影响的比较结果。检验结果为，回归（1）和回归（3）中发现社会信任（*Trust*1）与 *R&D* 投资显著正相关，显著水平为 0.01，而与有形资产投资在 0.01 水平上显著负相关。在回归（2）和回归（4）中，法律执行与 *R&D* 投资在 0.01 水平上显著正相关，与有形资产投资在 0.01 水平上显著负相关。可能的解释为，较高的社会信任和法律执行弥补了 *R&D* 投资周期长、无抵押等特定性结果的不确定性和未来回报（收益）的不可观测性等缺陷，较高的社会信任和高效的执行法律减少了 *R&D* 投资的信息不对称，减轻公司的外部融资约束，也即验证了假说 H1 和假说 H2。较高的社会信任和法律执行促进了企业的 *R&D* 投资。

表 3.11　社会信任、法律执行对企业研发支出直接通道的检验

变量	*R&D*/总资产		有形资产/总资产	
	(1)	(2)	(3)	(4)
	R&D	*R&D*	*PPE*	*PPE*
*Trust*1	0.0008*** (0.009)		−0.0095*** (0.000)	
Law		0.0004*** (0.002)		−0.0047*** (0.000)
控制变量	是	是	是	是
行业固定效应	是	是	是	是
年度固定效应	是	是	是	是
观测值	11 188	11 188	11 188	11 188
$Adj-R^2$	0.3380	0.3402	0.3938	0.3965

注：***、**、* 分别表示估计系数在 0.01、0.05、0.1 水平上显著，括号内为 p 检验值。

表3.12检验了社会信任和法律执行通过控制权和现金流量权分离度效应与企业 *R&D* 投资的 OLS 回归结果。结果发现，回归（1）中，社会信任（*Trust*1）与 *R&D* 投资系数为正，我们把控制权与现金流量权分离度（*Wedge*）大于中位数定义为（*HighWedge*），与 *R&D* 投资在0.1水平上显著为负，两者的交互项（*Trust*1_*HighWedge*）与 *R&D* 投资在0.05水平上正相关；在回归（2）中，法律执行（*Law*）与 *R&D* 投资系数为正，在0.01水平上显著，较高的两权分离度（*HighWedge*）系数为负，在0.05水平上显著，法律执行与两权分离度两者的交互项（*Trust*1_*HighWedge*）与 *R&D* 投资在0.01水平上正相关。可能的解释为，较高的社会信任和法律执行抑制了企业控制权和现金流量权高度分离对企业 *R&D* 投资负效应。

在回归（3）和回归（4）中，发现社会信任（*Trust*1）和法律执行（*Law*）分别在0.01水平上与有形资产投资负相关，较高的两权分离度（*HighWedge*）也分别与有形资产投资在0.05水平和0.01水平上负相关。但是两者交互项（*Trust*1_*HighWedge*）与企业 *R&D* 投资系数虽然为负，但未得到显著性的证据。

表3.12　社会信任/法律执行、企业组织结构与企业研发支出的检验结果

变量	*R&D*/总资产		有形资产/总资产	
	(1)	(2)	(3)	(4)
	R&D	*R&D*	*PPE*	*PPE*
*Trust*1	0.0001 (0.379)		-0.0087*** (0.000)	
Law		0.0001*** (0.001)		-0.0044*** (0.000)
HighWedge	-0.0029* (0.050)	-0.0019** (0.031)	-0.0161** (0.015)	-0.0172*** (0.006)
*Trust*1_*HighWedge*	0.0008** (0.028)		-0.0009 (0.422)	
*Law*_*HighWedge*		0.0003*** (0.009)		-0.0003 (0.479)
控制变量	是	是	是	是
行业固定效应	是	是	是	是
年度固定效应	是	是	是	是
观测值	11 188	11 188	11 188	11 188
R^2	0.3383	0.3404	0.3942	0.3968

注：***、**、*分别表示估计系数在0.01、0.05、0.1水平上显著，括号内为p检验值。

3.5.2 社会信任/法律执行、企业组织结构与企业绩效

表 3.13 通过直接通道检验了社会信任和法律执行与企业经济后果的 OLS 回归结果。经济后果分别用托宾 Q 值（*TobinQ*）和总资产收益率（*ROA*）来衡量，采用这两个指标不仅反映了企业的经营状况，同时也反映了股东对企业的价值预期。检验结果为，回归（1）和回归（3）中发现社会信任（*Trust*1）与两个经济后果变量（*TobinQ*）和（*ROA*）显著正相关，显著水平分别为 0.01 和 0.1，也即验证了假说 1，社会信任成为企业内部和外部联系合作中不确定性和风险的担保机制，以及合作者对未来预期的基本底线保证，从而促进了企业的经济繁荣。在回归（2）和回归（4）中，法律执行（*HighLaw*）与两个经济后果变量（*TobinQ*）和（*ROA*）显著正相关，显著水平分别为 0.05 和 0. 01。也即验证了假说 2，良好的法律环境不仅可以保护投资者的财产权益，让资金或者资源配置到最需要的地方，而且好的法律环境也为企业经营提供了安全保障，从而促进了企业的经济发展。

表 3.13　　社会信任、法律执行与企业绩效的直接检验结果

变量	公司价值		公司绩效	
	(1)	(2)	(3)	(4)
	TobinQa	*TobinQa*	*ROAa*	*ROAa*
*Trust*1	0.0057*** (0.003)		0.0006* (0.062)	
HighLaw		0.0059** (0.021)		0.0020*** (0.007)
控制变量	是	是	是	是
行业固定效应	是	是	是	是
年度固定效应	是	是	是	是
观测值	11 188	11 188	11 188	11 188
R^2	0.4728	0.4256	0.3655	0.3657

注：***、**、* 分别表示估计系数在 0.01、0.05、0.1 水平上显著，括号内为 p 检验值。

表 3.14 检验了社会信任和法律执行通过控制权和现金流量权分离度效应与企业经济后果的 OLS 回归结果。结果发现，回归（1）中，社会信任（*Trust*1）与经济后果变量（*TobinQ*）在 0.05 水平上显著正相关，控制权与现金流量权分离度（*Wedge*）与经济后果变量（*TobinQ*）在 0.05 水

平上显著负相关，而两者交互项（*Trust*1_*Wedge*）与经济后果变量（*TobinQ*）在0.1水平上正相关；在回归（3）中，社会信任（*Trust*1）和两权分离度（*Wedge*）都得了类似回归（1）的结果，虽然交互项（*Trust*1_*Wedge*）与经济后果变量（*ROA*）在0.1水平上显著。通过回归（1）和回归（3），验证了社会信任抑制了两权分离度对经济后果的负效应。

在回归（2）中，法律执行（*HighLaw*）与经济后果变量（*TobinQ*）在0.1水平上显著正相关，控制权与现金流量权分离度（*Wedge*）与经济后果变量（*TobinQ*）在0.01水平上显著负相关，而两者交互项（*Trust*1_*Wedge*）与经济后果变量（*TobinQ*）在0.01水平上正相关；回归（4）中，社会信任（*Trust*1）和两权分离度（*Wedge*）与经济后果变量（*ROA*）分别在0.01水平上正相关和负相关，交互项（*Trust*1_*Wedge*）与经济后果变量（*ROA*）也在0.01水平上正相关，验证了在较高的法律执行环境中，抑制了两权分离度对企业经济后果的负作用。

表3.14　社会信任/法律执行、企业组织结构与企业绩效的直接检验结果

变量	公司价值		公司绩效	
	(1)	(2)	(3)	(4)
	TobinQ	*TobinQ*	*ROA*	*ROA*
*Trust*1	0.0043** (0.015)		0.0011* (0.083)	
HighLaw		0.0006* (0.051)		0.0042*** (0.002)
Wedge	-0.0015** (0.018)	-0.0012*** (0.002)	-0.0006* (0.067)	-0.0005*** (0.000)
*Trust*1_*Wedge*	0.0002* (0.061)		0.0001* (0.083)	
*HighLaw*_*Wedge*		0.0010*** (0.006)		0.0004*** (0.001)
控制变量	是	是	是	是
行业固定效应	是	是	是	是
年度固定效应	是	是	是	是
观测值	11 188	11 188	11 188	11 188
R^2	0.4753	0.4221	0.3675	0.3682

注：***、**、*分别表示估计系数在0.01、0.05、0.1水平上显著，括号内为p检验值。

3.6 研究结论

改革开放以来，中国经济的快速发展不仅受到诸如法律、政治、政府、媒体等正式制度安排的影响，也受到诸如文化、道德、关系网络等非正式制度安排的影响。本章将非正式制度落脚为一个社会长期发展形成的社会信任水平，基于新制度经济学理论视角，以2007—2013年中国沪深A股公司为样本，考察了社会信任对企业多层股权结构的影响。研究结果表明：

第一，企业所在地区社会信任度越高，所在地区的企业股权层级结构越低，企业的控制权和现金流量权分离越小。我们采用不同的社会信任和两种不同度量企业组织结构指标，检验了社会信任与企业组织结构之间关系的影响，结果发现，在高信任度地区，其控制人遵循高信任社会准则，不通过设置较高的企业组织层级对中小股东进行侵占。即社会信任程度越高，所在地区的企业组织结构层级越低，企业的控制权和现金流量权分离越小。

第二，企业股权层级结构随着地区社会信任程度的提高而减少的这一现象可能会在法制环境较差的地区更加明显。企业控制人通过设置较高的组织层级，以较少的现金流量权对目标企业实现倍增的权力控制，在较弱的投资者保护环境下，控股股东通过设立“金字塔”可以实现控制权与现金流量权的分离，进而通过“掏空”或“防御”来获取更多的控制权私利。而在高效率的法律执行环境中，这种后果的代价却是巨大的。控制人将在其对中小股东侵占收益和强法律执行后果之间进行权衡。

第三，社会信任通过债务融资成本和信用融资两条路径影响企业多层股权结构。在低社会信任地区，控制人在无法从市场上轻易获取资金情况下，通过设置复杂的层级结构是一种替代的选择；相反，社会信任度高地区，控制人不需要设置较复杂层级结构缓解融资约束。因此，当一个地区社会信任影响到企业的融资问题时，社会信任自然通过融资问题影响到了企业的股权层级结构。

第四，我们采用不同的社会信任和法律执行与企业*R&D*投资指标，检验了社会信任、法律执行与企业*R&D*投资之间关系的直接通道，结果发现，地区的高信任度和高法律执行，弥补了企业*R&D*投资的天然的投资缺陷，这有别于有形资产投资看得见、周期短、收益稳定的特性，即在高度信任或者高效法律环境中促进了企业的 *R&D* 投资。在对社会信任、法律执行与 *R&D* 投资的直接通道检验的基础上，我们考察了社会信任、法律执行是否能抑制企业控制权与现金流量权分离对 *R&D* 投资的负面效应。研究发现，无论是高度社会信任还是高度法律执行，都有效地抑制了两权分离度对 *R&D* 投资的负效应。

第五，我们不仅仅发现了社会信任、法律执行对企业绩效的直接效应，进一步，我们发现，社会信任和法律执行都有效地抑制了企业因两权分离导致的绩效负作用。但是，我们并没有发现社会信任和法律执行都有效地抑制了企业因选聘内部经理对企业的绩效的负作用。

第4章　社会信任、董事会多样性与决策有效性

近年来，女性对平等社会地位、权利和正义的诉求逐渐蔓延至企业，上市公司的女性高管和董事人数不断增加（Terjesen et al.，2009）。2017年的胡润全球富豪榜中，女性人数占比15%。而在152位白手起家女富豪中，121人来自中国，占比79.6%。福布斯中国发布《2020最杰出商界女性排行榜》，65岁的格力电器董事长董明珠再次问鼎榜首，“芯片女皇”的华为董事、海思总裁何庭波，GE中国总裁兼首席执行官段小缨也在榜单中。然而据媒体调查发现，2021年发生在中国徐州丰县的“被铁链囚禁的女人”事件，在该地区并非偶然事件，这引起了人们对该地区社会文明的质疑，也引发了对女性地位在地区间不平衡的思索。基于此，本章关注的是，在中国，是什么动力推动了女性打破固有的男女分工结构，并推动了女性走入公司决策层？同时，地区之间这种差异又是如何发生的，其背后的逻辑是什么？

企业决策机制作为公司治理的核心，在很大程度上内生于企业所处的环境。企业决策机制的一个重要方面是人员配置，其决定了企业各利益方的利益及企业战略的执行情况（La Porta et al.，2002；Fan et al.，2013）。因此，对于女性决策参与的理解应当深入企业所处的制度环境。中国传统社会形成了“男主外、女主内”的劳动性别分工模式。但在1949年之后，女性开始走出家庭生活范畴，并参与社会性活动。这在很大程度上打破了传统的性别分工观念。而随着更多的女性进入企业决策层，将与男性共同承担决策制定的任务，推动现代性别分工观念形成。但是，女性脱离家庭并进入企业决策层使得两性承担角色的行为比以前更不可预测，角色期待的不确定性会导致作为社会关系形式的信任越发重要（Seligmanz，1997）。

现有研究提供了大量关于女性参与决策的决定因素的证据。一些学者发现，企业规模、网络联系和战略定位、董事会规模、家族所有权（Hillman et al.，2007；Grosvold and Brammer，2011；Nekhili and Gatfaoui，

2013；Martín - Ugedo and Minguez - Vera，2014；Saeed et al.，2019；Oliveira and Zhang，2022）、董事长领导效能和董事会开放性（Kanadli et al.，2018）、女性高管（Guldiken et al.，2019）、CEO 权力（Brodmann et al.，2022）等组织层面的因素在一定程度上影响女性决策参与。另一些研究则关注外部正式制度环境是如何促进或阻碍女性进入决策层的。其发现在那些拥有促进两性平等意识和女性就业的正式制度安排（Terjesen et al.，2015；Grosvold et al.，2015；Grosvold et al.，2016；Brieger et al.，2019；Lewellyn and Muller Kahle，2020）以及拥有女性维权的政策保障（Thams et al.，2018）的经济体中，有更高比例的女性决策参与。仅有少量学者从非正式制度角度，如儒家文化（Du et al.，2016）、社会资本（Afzali et al.，2021；Oyotode - Adebile and U. Ujah，2019）、国家文化（Carrasco et al.，2015）等，解释了女性决策参与的潜在影响因素。

为了揭示社会信任对女性进入企业决策层的深层逻辑，本章主要从三个方面进行分析：首先，社会信任好的地方，更容易打破中国固有的男女分工结构，给女性提供更多家庭之外的就业机会。在中国传统的男女社会分工中，在核心领域及重要岗位男性长期占据着主导地位，女性从传统家务中脱离出来进入企业决策层，这不仅是对固有男性主导的权力结构的挑战，也是对社会观念的冲击。社会的观念和人的行为，又常常内化于存在的文化环境。社会信任作为文化的核心要素，在信任度高的地区，给女性提供了更多进入企业决策层的机会。其次，社会信任能够减弱性别多元化决策团体之间的冲突，促进女性参与决策，从而形成新的男女分工格局。女性进入企业决策层，男女决策者形成了新的分工，决策层的多元化在企业决策中带来了成员之间的信任问题。决策群体之间的不信任往往引发决策冲突，而社会信任作为合作的“润滑剂”，可以缓解这种冲突。最后，社会信任更有利于女性在亲密社会环境中发挥决策优势，进一步增加推动女性进入企业决策层的概率。

本章以 2007—2020 年沪深 A 股公司为样本，研究地区社会信任对女性是否参与决策，以及女性如何参与决策的影响。结果发现，地区社会信任促进了女性决策参与，且主要是通过打破传统性别分工观念以及降低现代性别分工中的不确定性来实现的。这一结论在替代女性决策参与和社会信任的衡量方式、控制地区其他社会规范的影响，以及排除“玻璃悬崖效应”和家族企业的影响后依然成立。为了确立地区社会信任对女性决策参与影响的因果关系，我们一方面以地区方言多样性作为工具变量进行 2SLS 回归，另一方面利用企业搬迁形成的社会信任冲击构建多期 DID 模型来缓解内生性问题。进一步研究表明，社会信任均能促进女性担任执行董事和非执行董事职位，但对非执行董事的影响更大。从女性参与的决策后果来讲，社会信任导致企业更高的 ESG 评级，且女性决策参与在两者之间发挥部分中介效应。区分董事类型后，我们发现女性执行董事的中介效应更强。最后，我们进行了异质性分析，发现社会信任对女性决策参与的影响在两性平等观念较低、女性受教育程度更高的地区以及董事长为女性的样本中更加显著。

阿夫扎利等（Afzali et al.，2021）主要从制度理论出发，揭示了美国社会背景下，社会规范和社会网络所形成的社会资本对董事会性别多样性的影响。有别于阿夫扎利等（Afzali et al.，2021）研究，本章以法律、经济、文化等发展不平衡的中国为实验场景，从分工理论出发，揭示社会信任是否促进了女性进入公司决策层，以及女性进入决策层后对决策后果的影响。本章主要有三个贡献：第一，之前的文献认为社会信任可以减少信息不对称、缓解代理问题及减少交易成本。本章主要基于分工理论，结果发现地区社会信任促进了女性决策参与，且主要是通过打破传统性别分工观念以及降低现代性别分工中的不确定性来实现的。我们从分工理论视角分析了社会信任影响企业女性决策参与的机制，对于理解企业决策层性别多样化提供了新的思路。第二，我们推进了关于社会信任对企业活动影响的文献。除了避税、股价崩盘风险、商业信用和更好地抵御经济逆境的能力外，社会信任还可以提高女性的决策参与度。第三，以往研究发现女性决策参与有利于提高企业社会责任绩效，而本章在此类文献基础上进一步发现，女性决策参与在社会信任影响企业 ESG 评级中发挥中介效应，丰富了地区文化影响企业社会责任的逻辑链条。

4.1　理论分析与研究假说

4.1.1　分工理论与中国女性发展

亚当·斯密（1776）在《国富论》中指出："劳动生产力上最大的增进，以及运用劳动时所表现出的更大的熟练、技巧和判断力，似乎都是分工的结果。"在斯密看来，导致经济增长的最根本的原因是社会分工的日益深化和不断演进。马克思和恩格斯第一次站在唯物辩证主义和历史唯物主义的立场上对分工做了系统的考察。根据其对社会分工的结论并结合当今社会中的现实分工问题，可以认为分工是指分别从事各种不同而又相互补充的工作，其实质就是一种协作性的社会活动过程。

唯物史观的分工理论认为，人类社会存在着两种生产，性别分工是匹配于两性现实差异与人类自身再生产特殊规律的最古老分工。性别分工就是指男性和女性在劳动中分别从事各种不同而又互相补充的工作，也是一种协作性社会活动。在氏族时期，性别分工纯粹是自然产生的，男女分别是自己活动领域的主人（男主外，女主内）。它没有破坏两性劳动的同质性，也并未造成两性不平等的社会状况。但随着生产力的不断发展，由于性别特征差异，男性逐渐进入经济价值较大的社会生产中去，而女性在家庭中的经济贡献被认为没有价值，传统性别分工逐渐形成为等级制。中国传统的儒家文化更是进一步加重了女性的弱势地位。在家长作风和儒家文化的长期影响下，女性扮演的是从属的角色。例如，儒家文化提出的“三从四德”中的“三从”，未嫁从父、出嫁从夫、夫死从子（丁鼎，2003），以及“以父为纲”和“以夫为纲”等价值规范，导致女性一生扮演的角色很难超出家庭生活的范畴（游五岳和姚洋，2020）。

然而，中国女性的社会地位随着新中国的成立得到了明显的改善，女性成为劳动力的一个重要组成部分。早在 1958 年毛泽东就提出“妇女能顶半边天”的口号，中央和地方政府，以及专门用于连接政府与妇女群众的妇联，通过各项政策的制定来建设男女平等的社会环境。女性在社会地位上与男性的差距正在缩小，传统的“男主外，女主内”劳动分工格局已有很大突破。女性开始逐渐参与社会生产，进入传统上被认为是男性主导的生产生活中。但是，两性之间确实存在着一些亘古不变的现实差异。现代性别分工观念应当是在尊重性别差异的基础上，以两性的人格独立、地位平等为前提，以均衡容纳双方自由意志为尺度，从而促进两性之间优势互补与合作共赢。

4.1.2 社会信任

社会信任是文明社会功能的一个重要组成部分。社会信任是一个在社会关系和社会系统中产生并维持团结的整合机制（Barber，1983），在市民社会中，信任构成了秩序的基础（Silver，1985）。任何建构社会秩序和互动的社会架构的连续性的长期努力都必须建立在社会行动者之间相互信任的稳定关系的发展基础上（Seligman，1997）。

社会信任是指在公平与合作的期望下，对社区或区域内其他成员的信任（Putnam，1995；Fukuyama，1995；Ang et al.，2015）。作为社会资本的重要组成部分，社会信任是社会交往中固有的（Stanley et al.，2011）。信任的作用在于，它可以唤起责任、回报的义务，并提高参与者的可信性。社会信任促进了地区良好社会规范和道德约束形成的道德密度（Cladis，1992）、社会资本（Putnam，1995a，1995b，1995c）、自发社交（Fukuyama，1995）、公民参与（Almond and Verba，1965），并鼓励共享的价值观（Beugelsdijk and Klasing，2016）和遵守公众默认的行为（Stanley et al.，2011），从而建立区域内对诚实行为的预期。

目前，社会信任的经济后果研究已取得较大进展。例如，现有研究发现，社会信任能够显著提高经济运行效率、降低了经济主体的交易成本、影响企业内部的代理问题等。从宏观层面来看，社会信任能够显著提高经济运行效率（张维迎和柯荣住，2002；吕朝凤等，2019；计小青等，2020）。从微观角度来看，一方面，地区社会信任降低了经济主体的交易成本，进而影响企业的投融资决策（Wu et al.，2014；Ang et al.，2015；曹春方等，2019；杨国超和盘宇章，2019）和供应链决策等（程博等，2021）。另一方面，企业管理者也会将地区社会信任倡导的道德观念内化在其行为决策上，这有利于降低企业内部的代理问题。研究发现，社会信任能够降低在职消费（Dong et al.，2021）、减少坏消息隐藏（Cao et al.，2016；Qiu et al.，2020）以及抑制企业盈余管理（Chen et al.，2021）。因此，位于社会信任较高地区的企业不需要设计相应的治理机制来约束管理者的机会主义行为（Kanagaretnam et al.，2018b；邱保印和程博，2021；Liu et al.，2022）。此外，基于社会信任的道德内涵，一些研究发现社会信任在减少企业违规方面发挥重要作用，如减少与披露相关的不当行为和与非披露相关的不当行为（Dong et al.，2018）、抑制企业逃税（Kanagaretnam et al.，2018a）和融资违规（Qiu et al.，2021）等。

4.1.3 社会信任与女性决策参与

在过去几千年的传统中国社会，“以父为纲”和“以夫为纲”是女性最基本的操守，她们一生所扮演的角色很难超出家庭生活的范畴（游五岳和姚洋，2020）。在1949年之后，女性才逐渐走出家庭生活范畴，参与一些家庭生活范畴之外的政治、经济活动。近年来，越来越多的女性步入社会经济中的重要岗位，包括进入了公司决策层。然而，女性对经济活动的参与在我国并不平衡，一些地区至今仍保持着“男主外，女主内”的传统。在中国，是什么力量推动了女性打破固有的男女分工结构，助推女性走入公司决策层的呢？同时，地区之间这种差异又是如何发生的，其背后的逻辑又是什么？

第一，社会信任好的地方，更容易打破中国固有的男女分工结构，给女性提供更多家庭之外的就业机会；在中国传统的男女社会分工中，在核心领域及重要岗位男性长期占据着主导地位，女性从传统家务中脱离出来进入企业决策层。这不仅是对固有男性主导的权力结构的挑战，也是对社会观念的冲击。社会的观念和人的行为，又常常内化于现存的文化环境。社会成员对于女性和男性的角色期望具有基于文化的认知结构（Bem，1981），男性和女性应当在特定社会中扮演适当的角色（Lemons and Parzinger，2007）。男女分工出现的新挑战，引起了男性及社会公众对企业管理层不确定性的预期。社会信任作为区域文化的核心变量，可以减少预期的不确定性（Guiso et al.，2008）。也就是说，由于社会信任的存在，长达几千年的我国“男主外，女主内”的结构容易被打破，在信任度高的地区，给女性提供了更多进入企业决策层的机会。

第二，社会信任能够减缓性别多元化决策团体之间的冲突，促进女性决策参与，从而形成新的男女分工格局。女性进入企业决策层，男女决策者形成了新的分工，决策层的多元化在企业决策中带来了成员之间的信任问题。决策层多元化导致更难以预测的决策行为（Giannetti and Zhao，2019）。同质群体是为了寻求信任而建立的，而这些群体之外的人被视为威胁（Kanter，1977）。因此，当一个男性占主导地位的群体中进入一些女性时，会对群体之间的信任产生影响（Chattopadhyay et al.，2018）。与群内成员相比，群外成员在获得奖励和积极评价方面处于显著劣势（Bodenhausen et al.，2012），群外成员所提供的信息被认为是不相关，且不可信的。决策群体之间的不信任往往引发决策冲突，决策团体中的不同性别的决策者无法按照自身的性别角色优势制定决策。当性别分工无法在决策层产生协同效果时，就会导致决策预期的不确定性。而社会信任恰好是不稳定预期的保证。信任释放和调动人的能动性，释放对他人创造的、不受抑制的、革新的、企业家式的积极精神（Luhmann，1979）。因此，决策群体之间的不信任往往引发决策冲突，社会信任作为合作的“润滑剂”，可以缓解这种冲突。

第三，社会信任更有利于女性在亲社会环境中发挥决策优势，进一步增加了女性进入企业决策层的概率。性别角色理论认为，女性和男性的性格差异导致其在领导行为上表现不同（Eagly and Johnson，1990；Eagly et al.，2003）。相比于女性，男性的自我意识较强，具有果断、进取、独立、自信、大胆和好胜的性格特征。而女性的性格特征往往与善良、温柔、共情、对人际关系敏感有关。因此，在展现领导力方面，男性更加强调权力导向、竞争性、效率和经济价值。而女性比男性更能响应利益相关者的需求，并做出更广泛、更具社会效益的决策（Eagley and Crowley，1986；Falk and Hermle，2018）。人们之间的信任来自社团内部个体之间的互动，正是这些社团推动了人们之间的合作并促使信任的形成（Putnam，1993；福山，2001）。因此，复杂的决策可以通过更好的分工来实现，女性具有亲社会角色的性格特征，社会信任促进了女性在亲社会环境中发挥决策优势。

综上所述，女性进入传统上由男性主导的决策层会带来性别角色预期的不确定性以及决策团队的不稳定性，这会成为女性决策参与的阻力。而社会信任，一方面能够使男性突破传统的女性角色承担认知，打破传统的性别分工观念；另一方面，社会信任更有利于女性在亲社会环境中发挥决策优势，也进一步促进了女性进去企业决策层的可能性。据此我们提出以下研究假说。

假说：社会信任促进了企业女性决策参与。

4.2 研究设计

4.2.1 样本选择

我们的初始样本包括 2007—2020 年在上海和深圳证券交易所上市的所有 A 股中国公司。我们的样本从 2007 年开始，当时修订后的企业会计准则和基本准则于 2007 年 1 月 1 日生效。我们使用以下标准选择我们的样本。①由于金融特征不同，我们剔除了金融行业公司（例如银行、保险公司和投资信托）。②我们排除了交易状态为特殊处理（ST）的公司。③我们删除了对控制变量的缺失观察。应用上述选择标准会产生 16 695 个公司年度观测值的最终样本。所有连续变量都在顶部和底部 1% 处进行缩尾处理。我们从中国股票市场与会计研究（CSMAR）数据库中获得了几乎所有的数据。

4.2.2 变量选取

（1）自变量选取

董事会可以塑造公司的战略，而关键决策被广泛认为是其主要职责

（Adams et al. ，2015；Bailey and Peck，2013）。因此，我们关注女性董事在董事会的决策参与。首先，根据之前的文献（Grosvold and Brammer，2011；Du et al. ，2016；Thams et al. ，2018；Afzali et al. ，2021；Brodmann et al. ，2022），董事会多样性（*Female_Ratio*），采用董事会中女性董事的百分比，主要代表董事会决策过程中的性别异质性，女性管理者的比例越高，越多样化。本章衡量女性参与决策的第二个指标是性别指数（*Blau*），采用哈里森和克莱茵（Harrison and Klein，2007）的性别指数测量方法。其次，对于董事会性别多样性，性别指数可以从 0（当董事会只有一种性别时）到 0.50（当男性和女性人数相等时）。最后，根据临界质量理论，克莱默（Kramer et al. ，2007）提出，当董事会中有 3 名或更多时，女性董事被认为更有权力，并且 1 名女性董事的参与是象征性的，2 名是在场，3 名或更多是发言权。因此，我们采用"临界质量"（*Female3*）进一步对女性参与进行了定义，即公司有 3 名或更多女性董事，则为 1，否则为 0。在我们的稳健性测试中，我们通过扩大和缩小决策者的范围来重建女性决策参与的衡量标准。

（2）因变量选取

社会信任可以被认为是一个社会普遍接受的一套信念、价值观或规范，它促进和加强了社区成员之间的合作（Fukuyama，1997；GaMBetta，1988；Rousseau et al. ，1998）。为了构建我们的社会信任测度，我们遵循先前的研究（Wu et al. ，2014；Ang et al. ，2015；Cao et al. ，2016；Li et al. ，2019；Qiu et al. ，2020），采用 2000 年通过中国企业调查系统（CESS）进行的一项调查，该系统已被广泛用于中国的社会信任研究。这项调查的目的是调查位于中国 31 个省份的企业的省级信任度。本次信任调查的主要问题是："根据您的经验，哪 5 个省份的企业最值得信赖？"调查问卷分发给了 31 个省的 1.5 万多名公司经理，收到了 5 000 多份有效回复。我们的信任指标（*Trust*）是由信任某一区域的人在总样本中的比例决定的。在稳健性检验中，我们使用 2011 年人均无偿献血率（*Trust*1）、非政府组织数量（*Trust*2）和中国城市商业信用环境指数（*CEI*）（*Trust*3）作为社会信任的另外 3 个衡量指标。

（3）控制变量

根据泰耶森等（Terjesen et al. ，2009）、奈克利和盖特珐优（Nekhili and Gatfaoui，2013）、杜等（Du et al. ，2016）和阿夫扎利等（Afzali et al. ，2021）研究，本章使用了一系列与董事会和公司财务特征相关的控制变量，这些财务特征已被证明对女性的决策参与有影响，包括公司规模（*SIZE*）、杠杆（*LEV*）、盈利能力（*ROA*）、增长机会（*Tobin'Q*）、股票回报（*Return*）、董事会规模（*Board*）、董事长和总经理合一（*DUAL*）和前三位董事的薪酬总额（*PAY3*）。同时，我们还控制了公司治理变量，如第一大股东持股比例（*First*）、分析师覆盖率（*Analyst*）、机构投资者持股比例（*Institution*）、管理层持股比例（*ExeShare*）。同一行业的女性董事数量可能会影响女性董事的任命，所以我们控制着同一行业女性参与决策的水平（*Female_Ind*）。省级社会信任可能与其他省级因素相关，所以我们本章也控制了3个省级变量：男女比例（*Sex_Ratio*）、教育程度（*education*）和交通便利程度（*traffic*）。不同行业的女性董事数量差异较大（Brammer et al.，2007），所以我们还控制了行业固定效应（*IndustryFE*）、年固定效应（*YearFE*）。由于社会信任是一个时不变变量，我们无法应用省份固定效应，所有控制变量见表4.1中定义。

表4.1 变量定义

变量	衡量方法
女性决策参与	
Female_Ratio	董事会中女性董事的百分比
Blau	1－董事会中女性董事的百分比^2－(1－董事会中女性董事的百分比)^2
Female3	(01)变量，如果公司有3名或更多女性董事，则为1，否则为0
Female_ED	董事会中女性执行董事的百分比
Female_NED	董事会中女性非执行董事的百分比
Female_Independ	董事会中女性独立董事的百分比
Female_Exe	董事会、监事会和高管中女性的比例
Blau_Exe	1－董事会、监事会和高管中女性的比例^2－(1－董事会、监事会和高管中女性的比例)^2
Female_Exe1	女性高管的比例
Blau_Exe1	1－女性高管的比例^2－(1－女性高管的比例)^2
社会信任	
Trust	省级企业诚信度，根据“中国企业调查系统”2000年对中国企业诚信度进行的一项调查，指数值越高，表明省内企业商业社区的诚信度越高
Trust1	省级公民信任度，即2011年某省纯自愿献血毫升数除以该省人口
Trust2	来自中国城市商业信用环境指数（*CEI*）的市级公民诚信度
Trust3	一个省的非政府组织数量除以百万人口

续表

变量	衡量方法
控制变量	
First	第一大股东持股比例
ExeShare	公司最高管理层拥有的流通股的百分比
Board	董事人数的自然对数
DUAL	(01)变量，如果公司的CEO是董事会主席，则为1，否则为0
PAY3	前三名董事薪酬总额的自然对数
Analyst	跟踪该公司的分析师数量的自然对数
Institution	机构投资者拥有的流通股的百分比
SIZE	总资产的自然对数
LEV	所有负债的账面价值按资产的账面价值计算
ROA	非常项目前的收入除以总资产
Tobin'Q	普通股的市值除以总资产的账面价值的比率
Return	年度公司股票回报（现金股息再投资）
Female_Ind	同行业女性董事比例
Sex_Ratio	来自第六次人口普查的省级男女比例
Traffic	各省每年货运总量的自然对数
Education	全省高等教育人口占全省总人口的比例
其他变量	
Diversity	方言多样性，由徐等（2015）年计算所得
ESG	我们从Wind数据库中获得了公司的ESG评分
Chair	(01)变量，如果主席是女性则等于1，否则为0
Education	各省女性文盲与男性文盲比率
Confucian	明清各市学校数量的自然对数
Religion	公司所在地100公里范围内寺庙数量的自然对数
Clan	各城市家谱数的自然对数

4.2.3 模型构建

为了检验社会信任与女性决策参与之间的关系，我们估计普通最小二乘回归模型如下：

$$Female_{i,t} = \alpha_0 + \alpha_1 Trust_{i,t} + \sum Controls_{i,t} + \sum Year + \sum Industry + \varepsilon_{i,t} \quad (4.1)$$

其中因变量是女性的决策参与（*Female_Ratio*，*Blau*，*Female3*），主要自变量是社会信任（*Trust*）。回归模型控制了董事会和公司属性、公司治理变量、省级变量以及行业和年份的固定效应。

4.3 实证结果

4.3.1 描述性统计

表 4.2 的 Panel A 提供了描述性统计数据结果，包括所有变量的均值、标准差、最小值、第 25 个百分位数、中位数、第 75 个百分位数和最大值。董事会中女性董事比例的平均值和中值分别约为 13.4% 和 11.1%。事实上，与美国相比，中国董事会中女性的比例仍然较低。美国财富 500 强公司董事会中女性的比例在 2014 年为 19.2%（Catalyst，2014），更不用说与那些实施女性董事配额的国家相比（即挪威、瑞典、芬兰董事会中女性董事的比例分别为 36.1%、27% 和 26.8%，GMI，2013）。我们还可以看到，16% 的公司董事会中至少有 3 名女性，这表明只有十分之一的公司女性董事有发言权。以上说明女性参与决策的程度还不够。同时，由于社会信任的标准差较大，我国各省社会资本水平存在较大差异，这为我们的实证检验提供了条件。

表 4.2 的 Panel B 显示了不同行业中女性董事的分布情况。布拉默等（Brammer et al.，2007）研究发现不同行业的女性董事人数差异很大，在卫生和社会工作、农林牧副业和渔业、批发和零售、科学研究和技术服务、教育、水利、环境和公共设施管理等行业，女性董事比例超过 14%。毫不奇怪，在采矿、建筑和运输、仓储和邮政服务行业，女性董事的比例很低。这一现象表明，横向性别差异确实存在。

表 4.2 的 Panel C 显示了单变量分析的结果。根据社会信任水平将样本分为两组：给定年份的顶部和底部三分位数。然后，我们进行单变量分析，揭示与假说一致的结果。例如，我们发现总部位于高社会信任地区的公司具有更高的性别多样性，但我们在低社会信任地区没有发现这种结果。

表 4.2　　描述性统计和单变量分析

Panel A：描述性统计								
变量	样本	均值	标准差	最小值	p25	p50	p75	最大值
Female_Ratio	16 695	0. 134	0. 12	0. 000	0. 000	0. 111	0. 214	0. 500
Blau	16 695	0. 204	0. 15	0. 000	0. 000	0. 198	0. 337	0. 494
Female3	16 695	0. 160	0. 37	0. 000	0. 000	0. 000	0. 000	1. 000
Trust	16 695	3. 983	1. 09	1. 411	2. 747	4. 353	4. 777	5. 389
First	16 695	0. 355	0. 15	0. 088	0. 235	0. 338	0. 458	0. 749
ExeShare	16 695	0. 068	0. 14	0. 000	0. 000	0. 001	0. 056	0. 617
Board	16 695	2. 386	0. 22	1. 792	2. 303	2. 398	2. 485	2. 944
DUAL	16 695	0. 257	0. 44	0. 000	0. 000	0. 000	1. 000	1. 000
PAY3	16 695	0. 140	0. 02	0. 000	0. 137	0. 142	0. 147	0. 162
Analyst	16 695	2. 002	0. 91	0. 693	1. 099	1. 946	2. 708	3. 807
Institution	16 695	0. 076	0. 08	0. 000	0. 018	0. 053	0. 110	0. 336
SIZE	16 695	22. 307	1. 28	19. 621	21. 381	22. 139	23. 052	26. 053
LEV	16 695	0. 435	0. 20	0. 051	0. 276	0. 434	0. 589	0. 896
ROA	16 695	0. 046	0. 06	−0. 276	0. 020	0. 043	0. 072	0. 200
TobinQ	16 695	1. 895	1. 07	0. 872	1. 222	1. 558	2. 179	8. 550
Return	16 695	0. 156	0. 70	−0. 703	−0. 290	−0. 040	0. 360	3. 105
Female_Ind	16 695	0. 137	0. 03	0. 060	0. 117	0. 138	0. 159	0. 218
Sex_Ratio	16 695	0. 969	0. 05	0. 847	0. 940	0. 977	1. 005	1. 065
Traffic	16 695	11. 845	0. 85	9. 823	11. 440	12. 128	12. 453	12. 939
Education	16 695	0. 133	0. 03	0. 066	0. 109	0. 128	0. 152	0. 253

Panel B：分行业女性董事比例			
农林牧副业和渔业	0. 162	0. 233	0. 243
矿业	0. 075	0. 123	0. 060
制造业	0. 136	0. 207	0. 159
电力、热力、燃气和水的生产和供应业	0. 121	0. 191	0. 159
建筑业	0. 096	0. 150	0. 102
批发零售	0. 176	0. 255	0. 271
运输、仓储和邮政服务	0. 102	0. 163	0. 105
住宿和餐饮	0. 131	0. 215	0. 151
信息传输、软件和信息技术服务	0. 134	0. 205	0. 149

续表

Panel B：分行业女性董事比例			
房地产	0.133	0.200	0.126
租赁和商业服务	0.139	0.211	0.179
科研与技术服务	0.162	0.236	0.261
水利、环境与公共设施管理	0.146	0.218	0.239
住宅服务、维修和其他服务	0.101	0.171	0.000
教育	0.164	0.245	0.286
健康和社会工作	0.215	0.310	0.325
文体娱乐	0.148	0.221	0.157
公共行政、社会保障和社会组织	0.109	0.174	0.145
总计	0.134	0.204	0.160

Panel C：单变量分析

变量	*HighTrust*	*LowTrust*	*Difference*
Female_Ratio	0.133	0.125	0.007 ***
Blau	0.204	0.191	0.013 ***
Female3	0.151	0.154	-0.003

注：面板 A 呈现样本的描述性统计数据。面板 B 显示了不同行业中女性董事的分布。面板 C 显示单变量分析。***、** 和 * 分别表示 1%、5% 和 10% 的显著性。

4.3.2 实证结果与分析

我们采用模型（4.1）对上述假说进行了实证检验，表 4.3 显示了检验结果，其中，在第（1）列中，我们只加入了社会信任，并控制了行业固定效应和年份固定效应；第（2）列进一步增加了董事会特征和公司治理变量，第（3）列进一步加入公司特征和财务变量，第（4）列进一步加入区域特征变量，可以看出，在逐步添加控制变量的情况下，核心解释变量的统计性质是高度稳健的。在控制所有变量的情况下，第（4）列采用 *Female_Ratio*，第（5）列采用 *Blau* 指数和第（6）列中采用 *Female3* 的检验结果表明，*Trust* 的系数分别为 0.0029、0.0048 和 0.0283，并且至少在 5% 的水平上显著，验证了本章的假说，即区域社会信任促进了女性的参与企业的决策。女性的决策参与与社会信任之间的正相关关系在经济上也很重要。在其他条件不变的情况下，如果企业所在地的社会信任度增加一个标准差，那么女性参与决策的标准差增加 2.68%、3.40% 和 8.41%。我们还确定管理层持股、双重性、前三名董事薪酬总额、机构投资者持股、盈利能力和同行业女性董事比例更有利于女性决策参与，虽然较大的董事会规模和公司规模、较高的成长机会和区域教育水平不利于女性参与决策。

虽然我们的研究结果表明，社会信任是影响女性决策参与的重要因素。然而，以往的研究表明，企业特征可以更直接地影响女性的决策参与。因此，您可能会质疑，社会信任对女性决策参与的影响似乎不那么重要。通过分解调整后的 R^2，我们比较了社会信任和16个控制变量对女性决策参与的解释力。我们发现社会信任的解释排在第9位，处于中等水平。结果表明，与某些董事会特征、公司治理变量和区域特征相比，社会信任对女性决策参与的影响更为重要。

表4.3　　　　　　　社会信任与女性决策参与

变量	*Female_Ratio*	*Female_Ratio*	*Female_Ratio*	*Female_Ratio*	*Blau*	*Female3*
	(1)	(2)	(3)	(4)	(5)	(6)
Trust	0.0026*** (4.59)	0.0015** (2.14)	0.0019** (2.51)	0.0029*** (3.05)	0.0048*** (3.86)	0.0283** (2.11)
First		-0.0064 (-1.22)	0.0005 (0.09)	0.0011 (0.17)	0.0013 (0.16)	-0.2147** (-2.35)
ExeShare		0.0627*** (9.52)	0.0364*** (4.78)	0.0334*** (3.92)	0.0434*** (4.06)	0.1520 (1.39)
Board		-0.0278*** (-7.60)	-0.0140*** (-3.62)	-0.0129*** (-2.95)	0.0055 (0.99)	1.4611*** (23.27)
DUAL		0.0138*** (6.89)	0.0144*** (6.74)	0.0149*** (6.15)	0.0194*** (6.27)	0.1567*** (4.92)
PAY3		0.1213*** (3.19)	0.1436*** (3.72)	0.1517*** (3.52)	0.2390*** (3.86)	2.1789** (2.25)
Analyst		-0.0066*** (-6.79)	-0.0018 (-1.53)	-0.0015 (-1.16)	-0.0024 (-1.37)	-0.0314* (-1.70)
Institution		0.0249** (2.08)	0.0470*** (3.64)	0.0495*** (3.42)	0.0566*** (3.02)	0.8575*** (4.31)
Size			-0.0134*** (-13.61)	-0.0133*** (-11.81)	-0.0184*** (-12.40)	-0.1567*** (-9.01)
Lev			0.0090 (1.63)	0.0072 (1.15)	0.0113 (1.38)	-0.0819 (-0.92)

续表

变量	*Female_Ratio*	*Female_Ratio*	*Female_Ratio*	*Female_Ratio*	*Blau*	*Female3*
	(1)	(2)	(3)	(4)	(5)	(6)
ROA			0.0355 ** (2.04)	0.0326 (1.63)	0.0500 * (1.91)	0.1744 (0.64)
TobinQ			-0.0024 *** (-2.75)	-0.0033 *** (-2.96)	-0.0050 *** (-3.42)	-0.0282 * (-1.83)
Return			0.0016 (0.88)	-0.0019 (-0.91)	-0.0018 (-0.65)	0.0050 (0.16)
Female_Ind			0.9016 *** (13.03)	0.9237 *** (11.90)	1.1144 *** (10.87)	12.5967 *** (10.37)
Sex_Ratio				0.0337 * (1.73)	0.0362 (1.43)	0.2051 (0.75)
Traffic				-0.0005 (-0.43)	0.0006 (0.40)	-0.0244 (-1.57)
Education				-0.0756 ** (-2.15)	-0.0873 * (-1.85)	-2.0701 *** (-3.74)
常数项	0.1179 *** (18.29)	0.1791 *** (13.94)	0.2987 *** (12.68)	0.2817 *** (7.43)	0.3553 *** (7.09)	-2.8938 *** (-5.15)
年度固定效应	是	是	是	是	是	是
行业固定效应	是	是	是	是	是	是
观测值	35 576	24 216	21 596	16 695	16 695	16 695
Adj R^2/Pseudo R^2	0.064	0.081	0.100	0.100	0.097	0.107

注：①表中给出了社会信任对女性决策参与的影响结果。②括号中报告了 t 统计量。③ *** 、** 和 * 分别表示 1% 、5% 和 10% 的显著性。

4.4 稳健性检验

4.4.1 内生性问题的解决

(1) 工具变量方法

像任何实证研究一样，本研究可能受到内生性问题的影响。本章采用工具变量（IV）方法来解决遗失变量或反向因果关系的干扰。

本章选取区域方言多样性（*Diversity*）作为工具变量。语言是人与人之间交流的“桥梁”，是地域文化的载体。在中国，由于社会、历史、地理等因素，在不同地区形成了独特的方言。方言是划分特定地区民族群体和社会身份的重要维度（Pendakur and Pendakur，2002）。当一个地区的方言多样性较低时，群体的相似性较强。当忽略方言在区分群体中的作用时，人们之间就会产生更高水平的社会信任。相反，方言的高度多样性可能导致社会碎片化和社会对抗。人们会不自觉地把方言作为衡量贸易伙伴是否值得信赖的标准。这种基于地域的关系信任显然会降低一个地区的总体信任水平。因此，方言多样性与社会信任呈负相关。我们使用徐等人（2015）开发的方言区分指数（*Diversity*）来衡量方言多样性。该值越大，方言越多样化。

选取方言作为本章的工具变量，因为它同时满足包含限制（即方言多样性与社会信任相关）和排除限制（即方言多样性不太可能直接影响女性的决策参与）。为了进一步验证工具变量的质量，我们提供了弱工具测试。如表4.4所示，方言多样性与社会信任显著负相关。F值大于10，排除工具弱的可能性。同时，第二阶段回归结果表明，社会信任拟合值与女性决策参与正相关。总体而言，工具变量回归表明，社会信任对女性的决策参与有正向影响。

表4.4　　　　工具变量检验

Panel A：第二阶段			
变量	*Female_Ratio*	*Blau*	*Female3*
	(1)	(2)	(3)
Trust	0.0141 ** (2.30)	0.0200 ** (2.48)	0.0037 (0.19)
控制变量	是	是	是
行业固定效应	是	是	是
年度固定效应	是	是	是
观测值	15 452	15 452	15 452
Wald Chi^2	1 863.16 ***	1 800.23 ***	1 535.42 ***
R^2	0.101	0.097	0.090

续表

Panel B：第一阶段	
变量	*Trust*
Diversity	-0.7761 *** (-20.56)
Observations	15 452
F value	102.11 ***
Adj R^2	0.3233

注：①表中展示了社会信任和女性决策参与的两阶段最小二乘（2sls）检验。②我们使用区域方言多样性（*Diversity*）作为我们的工具变量。③方言区分指数（*Diversity*）来自徐等（2015）。④面板 A 报告第二阶段回归的结果，面板 B 报告第一阶段回归的结果。⑤z 统计量报告在面板 A 的括号中。⑥t 统计量报告在面板 B 的括号中。⑦ ***、** 和 * 表示 1%、5% 和分别为 10% 的显著性。

（2）双重差分方法（DID）

接下来，采用双重差分方法（DID）对社会信任对女性决策参与的影响进行因果解释。随着时间推移的总部搬迁可能会受到社会信任水平的影响。

我们收集有关所有公司办公地址的信息，将最近两年办公地址信息发生变化（从一个省到另一个省）的公司识别为办公地址变化样本。考虑到企业受当地社会信任影响的时间较长，我们将时间跨度设置为搬迁前至少两年和搬迁后两年。因此，我们删除了 2007 年、2008 年、2019 年和 2020 年地址信息发生变化的样本。同时，一些公司在样本期间多次更改了办公地址，我们以第一次搬迁是有效的样本。此外，我们还排除了 3 年内连续两次更换办公地址的样本，因为他们在短时间内受当地社会信任的影响较小。经过上述处理步骤，我们最终获得了 139 个办公地址变更样本，包括从低社会信任区域迁移到高社会信任区域的公司和从高社会信任区域迁移到低社会信任区域的样本。根据公司办公地址的变化信息设置虚拟变量 *Treat-post*。如果公司从社会信任度低的地区转移到社会信任度高的地区，则变更当年及以后年份的 *Treat-post* 值为 1，否则为 0。我们将公司办公地址的变更作为一个准自然实验，并构建以下多期双重差分模型进行实证检验：

$$Female_{i,t} = \beta_0 + \beta_1 Treat-post_{i,t} + \sum Controls_{i,t} + \mu_{i,t} + \lambda_{i,t} + \varepsilon_{i,t} \tag{4.2}$$

其中，*Treat-post* 是公司办公室地址更改的虚拟变量。λ_t 是年份固定效应，u_i是公司固定效应，$\varepsilon_{i,t}$是误差项，预测 *Treat-post* 的系数显著为正。

表4.5显示了办公地址变化的准自然实验结果。列（1）和列（2）的 *Treat-post* 系数显著为正，说明当企业从社会信任度低的地区转移到社会信任度高的地区时，女性的决策参与程度会显著提高，即社会信任与女性决策参与呈正相关关系。由于3名或3名以上女性董事的参与度较高，企业搬迁后可能很难在短时间内改变女性决策参与的质量，因此，列（3）*Treat-post* 系数并未达到显著性水平。

表4.5　　　　办公地址变更的准自然实验

变量	*Female_Ratio*	*Blau*	*Female3*
	(1)	(2)	(3)
Treat-post	0.0156* (1.79)	0.0219* (1.92)	-0.0170 (-0.53)
控制变量	是	是	是
行业固定效应	是	是	是
年度固定效应	是	是	是
观测值	1 409	1 409	1 409
R^2	0.182	0.188	0.192

注：①表中为社会信任与女性决策参与的多期差值结果。②我们根据公司办公地址的变化信息设置虚拟变量 *Treat-post*。③如果企业从社会信任度低的区域转移到社会信任度高的区域，则变化年份及后续年份的处理后值为1，否则为0。④括号中报告了t统计量。⑤***、**和*分别表示1%、5%和10%的显著性。

4.4.2　替换女性决策参与衡量方法的检验结果

董事会是一个重要的决策部门，上文定义了董事会中女性参与决策的比例。事实上，决策涉及一个复杂的过程。在本节中，我们试图通过扩大和缩小决策部门的范围来进一步验证结论的稳健性。一方面，我们扩大了决策部门的范围，重新定义董事会、监事会和高管为决策部门，并采用董事会、监事会和高管中的女性比例作为女性参与决策的替代指标（*Female_Exe*）；基于 *Female_Exe* 的定义方法，也重新定义了 *Blau_Exe*。另一方面，我们缩小了决策范围，将最高管理者定义为决策部门。我们采用女性董事在高管中的比例作为另一个替代指标（*Female_Exe1*）；类似地，也重新定义 *Blau_Exe1*。在替换了女性决策参与的指标后，社会信任系数仍然基本显著为正，说明替换了女性决策参与衡量方法后，结果仍然是稳健的，如表 4.6 所示。

表 4.6　　　　替换女性参与决策的变量检验

变量	*Female_Exe*	*Blau_Exe*	*Female_Exe1*	*Blau_Exe1*
	(1)	(2)	(3)	(4)
Trust	0.0054*** (6.48)	0.0098*** (6.88)	0.0081*** (6.57)	0.0081*** (8.05)
控制变量	是	是	是	是
行业固定效应	是	是	是	是
年度固定效应	是	是	是	是
观测值	16 695	16 695	16 695	16 695
Adj R^2/*Pseudo* R^2	0.191	0.110	0.113	0.194

注：①表中显示了女性决策参与的替代测量结果。②*Female_Exe* 被定义为董事会、监事会和高管中女性的比例。③*Blau_Exe* 基于 *Female_Exe*，*Female_Exe1* 被定义为女性在高层管理人员中的比例，*Blau_Exe1* 基于 *Female_Exe1*。④括号中报告了 t 统计量。⑤ *** 、** 和 * 分别表示 1%、5% 和 10% 的显著性。

4.4.3　替换社会信任衡量方法的检验结果

为了确保我们检验结果的稳健性，根据先前的研究（Wu et al.，2014；Ang et al.，2015；Qiu et al.，2021），我们使用三种替代指标来衡量社会信任水平：人均自愿献血率（*Trust*1）、非政府组织数量（*Trust*2）、市级可信度（*Trust*3）。在中国，自愿献血不存在任何法律和经济激励措施。献血反映了人们的社会价值、合作、利他和互惠，是塑造社会信任的要素，社会信任（*Trust*1）定义为 2011 年各省献血总量与全省总人口的比值。直观上，一个省的人越积极参与各种社会组织，就越能认识到人际关系管理方法的重要性，如互助、合作、友谊、共识和公益。在协调相互关系和促进社会福利的过程中，这种认可构成了社会信任的核心特征（Bellah et al.，1985）。社会信任（*Trust*2）定义为使用 2005—2008 年各省非政府组织的平均数量作为社会信任的另一个指标。最后，我们使用中国城市商业信用环境指数（*CEI*）的公民信任数据来衡量社会信任（*Trust*3）。使用替代社会信任措施的结果如表 4.7 所示，在替换了三种社会信任衡量方法后，我们结论仍然是稳健的。

表 4.7　　　　　　　　改变社会信任指标的检验

变量	*Female_Ratio*	*Blau*	*Female3*
	(1)	(2)	(3)
Panel A：*Trust*1			
*Trust*1	0.0037 *	0.0041 ***	0.0210
	(1.87)	(2.70)	(1.58)
控制变量	是	是	是
行业固定效应	是	是	是
年度固定效应	是	是	是
观测值	16 695	16 695	16 695
Adj R^2 / *Pseudo* R^2	0.191	0.066	0.083
Panel B：*Trust*2			
*Trust*2	0.0035 **	0.0034 ***	0.0131
	(2.34)	(2.92)	(1.29)
控制变量	是	是	是
行业固定效应	是	是	是
年度固定效应	是	是	是
观测值	16 695	16 695	16 695
Adj R^2 / *Pseudo* R^2	0.192	0.065	0.083
Panel C：*Trust*3			
*Trust*3	0.0020 ***	0.0008 ***	0.0117 ***
	(5.11)	(2.65)	(4.34)
控制变量	是	是	是
行业固定效应	是	是	是
年度固定效应	是	是	是
观测值	13 455	13 455	13 455
Adj R^2 / *Pseudo* R^2	0.182	0.052	0.073

注：①表中显示社会信任的替代指标的结果。②面板 A 中*Trust*1定义为 2011 年各省献血总量与全省总人口之比，面板 B 中*Trust*2定义为 2005—2008 年各省非政府组织的平均数量，面板 C 中*Trust*3 定义为中国商业信用环境指数（*CEI*）。③括号中报告了 t 统计量。④ *** 、** 和 * 分别表示 1% 、5% 和 10% 的显著性。

4.4.4 地方社会规范的影响结果

以往的研究表明，宗教信仰、儒家文化也是影响女性决策参与的重要因素（Grosvold et al.，2016；Du et al.，2016）。同时，宗族是中国独特的传统文化。血缘关系形成的氏族文化强调群体成员之间的互惠互利和资源共享，这可能会形成强大的内部信任，降低外部信任。考虑到社会信任的内涵可能与儒家文化、宗教信仰和宗族文化有关，在研究社会信任与女性决策参与之间的关系时，我们认为对这些社会规范的控制是很重要的。我们将儒家文化定义为明清时期各城市学校数量的自然对数（儒家）。我们用公司所在地 100 公里内的寺庙数量的自然对数来衡量宗教信仰（*Religion*），用每个城市的家谱数量的自然对数来衡量宗族文化（*Clan*）。如表 4.8 所示，信任系数仍然显著为正，没有发生实质性变化。

表 4.8　　　　地方社会规范的影响

变量	*Female_Ratio*	*Blau*	*Female3*
	(1)	(2)	(3)
Trust	0.0026** (2.40)	0.0045*** (3.17)	0.0175 (1.15)
控制变量	是	是	是
行业固定效应	是	是	是
年度固定效应	是	是	是
观测值	15 227	15 227	15 227
Adj R^2/*Pseudo* R^2	0.103	0.100	0.106

注：①表中显示了控制其他社会规范影响的结果。②我们将儒家文化定义为明清时期各城市学校数量的自然对数（*Confucian*），我们用公司所在地 100 公里范围内的寺庙数量的自然对数来衡量宗教信仰（*Religion*），我们用每个城市的家谱数量的自然对数来衡量宗族文化（*Clan*）。③括号中报告了 t 统计量。④ ***、** 和 * 分别表示 1%、5% 和 10% 的显著性。

4.4.5 排除“玻璃悬崖”效应的结果

“玻璃悬崖”，被定义为组织更愿意在危机中任命女性担任高级职位（Ryan and Haslam，2007）。与传统的性别观念（男性主导核心地位）相比，当公司业绩不佳时，女性可能具有“领导优势”（女人在危机中具有更强的处理问题的弹性，Eagly and Carli，2003）。在危机情况下，阳刚之气和有效领导力之间的联系被削弱了。女性感知到的社区性可能会导致“玻璃悬崖”效应，因为这一属性被认为主要在危机时期具有相关性

(Ryan et al.，2011)。“玻璃悬崖”打破了女性参与决策的传统路线，是女性参与决策过程的一种特殊方式。社会信任对女性决策参与的影响在日常运作中逐渐显现。因此，为了防止我们的结果被偶然的“玻璃悬崖”所驱动，我们排除了处于危机中的样本。根据奥特曼（Altman，1968）提出的财务预警模型识别处于危机中的公司。剔除财务困境企业样本后的回归结果如表 4.9 所示，剔除“玻璃悬崖”的影响后，我们的结论仍然成立。

表 4.9　　　　“玻璃悬崖”效应

变量	*Female_Ratio*	*Blau*	*Female3*
	(1)	(2)	(3)
Trust	0.0029**	0.0052***	0.0341*
	(2.14)	(2.94)	(1.89)
控制变量	是	是	是
行业固定效应	是	是	是
年度固定效应	是	是	是
观测值	9 271	9 271	9 271
Adj R^2/*Pseudo* R^2	0.085	0.083	0.107

注：①表中为剔除陷入财务困境的企业样本后的结果。②我们根据奥特曼（Altman，1968）提出的财务预警模型识别处于危机中的公司。③当 Z 值小于 1.8 时，企业陷入财务困境的可能性增加，即发生危机。④括号中报告了 t 统计量。⑤ ***、** 和 * 分别表示 1%、5% 和 10% 的显著性。

4.4.6　考虑家族企业的影响结果

与美国相比，中国有大量的家族企业。现有研究发现，女性的决策参与和家庭所有权有关（Nekhili and Gatfaoui，2013；Martín - ugedo and Minguez Vera，2014；Saeed et al.，2019）。家族企业可以为女性成员提供进入董事会、参与企业管理的机会，从而避免“玻璃天花板”。当前，中国正处于家族企业代际传承的高峰期。让第二代子女加入董事会和高管团队，是交接的保障。因此，女性参与家族企业的决策可能受区域社会信任的影响较小。显然，家族企业可能会削弱我们结果的有效性。我们将整个样本分为家族企业和非家族企业，重新进行回归分析。结果如表 4.10 所示，在非家族企业中，信任系数显著为正，与基准结果相比，该系数显著增加。而在家族企业中，信任系数不再显著，验证了我们的猜想。

表 4.10　　考虑家族企业的影响

Panel A：家族企业

变量	*Female_Ratio*	*Blau*	*Female3*
	(1)	(2)	(3)
Trust	-0.0024 (-1.60)	-0.0018 (-0.98)	-0.0262 (-1.48)
控制变量	是	是	是
行业固定效应	是	是	是
年度固定效应	是	是	是
观测值	9 391	9 391	9 376
$Adj\ R^2/Pseudo\ R^2$	0.071	0.066	0.097

Panel B：非家族企业

变量	*Female_Ratio*	*Blau*	*Female3*
	(1)	(2)	(3)
Trust	0.0068*** (5.56)	0.0093*** (5.44)	0.0798*** (3.71)
控制变量	是	是	是
行业固定效应	是	是	是
年度固定效应	是	是	是
观测值	7 304	7 304	7 272
$Adj\ R^2/Pseudo\ R^2$	0.099	0.100	0.146

注：①表中显示了考虑家族企业影响的结果。②面板 A 报告了家族企业的回归结果，面板 B 报告了非家族企业的回归结果。③我们按照以下标准定义家族企业：（Ⅰ）最终控制权可以追溯到自然人或血缘、婚姻关系的家庭；（Ⅱ）自然人或者家庭直接或者间接是上市公司的第一大股东；（Ⅲ）至少两个或两个以上的家庭成员在上市公司或关联公司持有股份或职位。④括号中报告了 t 统计量。⑤ ***、** 和 * 分别表示 1%、5% 和 10% 的显著性。

4.5　进一步分析

4.5.1　社会信任与地区强奸案

法律环境好坏对于女性集体一个直接的反应就是针对女性犯罪事件的数量多少，而强奸是一种性别指向明显的犯罪行为，尤其是对女性的伤害巨大。因此本章节选择了地区强奸案作为因变量对女性董事决策参与进行回归。表4.11中列（1）、列（2）、列（3）的回归结果显示，地区强奸案（*Rape*）回归系数显著为正，即地区强奸案能够促进女性在董事层的决策参与。强奸案数量越大越反映该地区对于女性的法律保护，这也印证了良好的法律环境有助于女性参与企业决策。

表4.11　　地区强奸案刑事案件与女性董事决策参与

变量	*Female_Ratio*	*Blau*	*Female3*
	(1)	(2)	(3)
Rape	0.0039** (2.25)	0.0038* (1.72)	0.1432*** (3.38)
控制变量	是	是	是
行业固定效应	是	是	是
年度固定效应	是	是	是
观测值	11 006	11 006	11 006
$Adj\ R^2/Pseudo\ R^2$	0.078	0.074	0.092

注：①表中给出了地区强奸刑事案对女性决策参与的影响结果。②强奸案数据来源于中国裁判文书网，用当年立案总数加1取自然对数（*Rape*）。③强奸案立案越多，意味着当地越重视对女性权益的保护。④括号中报告了t统计量。⑤***、**和*分别表示1%、5%和10%的显著性。

但是，在另一方面，对于强奸案的立案总是晚于强奸案的发生，因此，如果一个地区强奸案发生的数量很大，则说明该地区对女性权益的保护总是滞后的，也从某种程度上反映了该地区并不具有良好的法律环境和社会信任。在加入 *Trust* 和 *Trust_Rape* 回归项后，表4.12的回归结果表明显著性下降，甚至社会信任对女性董事决策参与产生了负效应。

表4.12　　地区强奸案、社会信任与女性董事决策参与

变量	*Female_Ratio*	*Blau*	*Female3*
	(1)	(2)	(3)
Trust	-0.0035 (-0.84)	-0.0074 (-1.30)	-0.0635 (-0.57)
Trust_Rape	0.0010 (1.52)	0.0019** (2.12)	0.0157 (0.91)

续表

变量	*Female_Ratio*	*Blau*	*Female3*
	(1)	(2)	(3)
Rape	-0.0007 (-0.21)	-0.0046 (-1.08)	0.0726 (0.90)
控制变量	是	是	是
行业固定效应	是	是	是
年度固定效应	是	是	是
观测值	11 006	11 006	11 006
Adj R^2/*Pseudo* R^2	0.078	0.075	0.092

注：①表中给出了地区强奸刑事案和社会信任交乘项对女性决策参与的影响结果。②强奸案数据来源于中国裁判文书网，用当年立案总数加 1 取自然对数（*Rape*）。③强奸案立案越多，意味着当地越重视对女性权益的保护。④括号中报告了 t 统计量。⑤ ***、** 和 * 分别表示 1%、5% 和 10% 的显著性。

一个地区的文明发展状况总是相关于该地区的经济发展状况，因此社会信任环境对女性董事决策参与的作用很可能会受到地区市场化进程的影响。表 4.13 表明，地区市场化进程对女性董事决策参与具有显著的正向作用。

表 4.13　　　　地区市场化指数与女性董事决策参与

变量	*Female_Ratio*	*Blau*	*Female3*
	(1)	(2)	(3)
Market_Index	0.0023*** (3.48)	0.0033*** (3.89)	0.0377** (2.26)
控制变量	是	是	是
行业固定效应	是	是	是
年度固定效应	是	是	是
观测值	16 447	16 447	16 447
Adj R^2/*Pseudo* R^2	0.100	0.098	0.106

注：①表中给出了地区市场化指数对女性决策参与的影响结果。②括号中报告了 t 统计量。③ ***、** 和 * 分别表示 1%、5% 和 10% 的显著性。

在加入 *Trust* 和 *Trust_Market_Index* 回归项后，表 4.14 的回归结果表明显著性下降。

表 4.14　市场化进程、社会信任与女性董事决策参与

变量	*Female_Ratio*	*Blau*	*Female3*
	(1)	(2)	(3)
Trust	0.0038 (0.82)	0.0055 (0.89)	0.0239 (0.18)
Trust_Market_Index	-0.0003 (-0.59)	-0.0003 (-0.40)	-0.0018 (-0.12)
Market_Index	0.0027 (1.32)	0.0027 (0.96)	0.0391 (0.74)
控制变量	是	是	是
行业固定效应	是	是	是
年度固定效应	是	是	是
观测值	16 447	16 447	16 447
Adj R^2/*Pseudo* R^2	0.100	0.098	0.106

注：①表中给出了地区市场进程和社会信任交乘项对女性决策参与的影响结果。②括号中报告了 t 统计量。③ *** 、** 和 * 分别表示 1% 、5% 和 10% 的显著性。

4.5.2　社会信任与女性参与不同类型董事的作用

在上述分析中，我们将女性董事会成员视为同质群体。然而，之前的研究表明，女性获得执行董事职位比非执行董事更难（O'Reilly and Main，2012）。执行董事的职位通常从高层管理人员中选出，高层管理人员以男性为主，女性不易取代，这使得非执行职位成为让更多女性进入董事会的途径（Adam and Flynn，2005）。这种现象被称为“双层玻璃天花板”（Nekhili and Gataoui，2013）。

考虑到女性在中国需要兼顾家庭和工作，因此，通过职业路径晋升到执行董事的位置是相当困难的。我们预计社会信任对女性非执行董事决策参与的影响大于女性执行董事，进一步计算女性执行董事的比例（*Female_ED*）和女性非执行董事的比例（*Female_NED*）。表 4.15 的第（1）列和第（2）列是回归结果，社会信任对女性非执行董事的影响大于对女性执行董事的影响（0.0016 >0.0008），与我们的预期一致。非执行董事包括独立董事和非独立董事，独立董事的任命与专业、技能、经验和社交网络有关，女性在这方面可能具有弱势地位，这可能会降低社会信任的影响。进一步计算独立董事的比例（*Feamle_Independ*），社会信任对女性独立董事影响的回归结果见第（3）列，发现社会信任与女性独立董事之间的关系

并不显著。这一发现与阿夫扎利（Afzali et al.，2021）不同。阿夫扎利（Afzali et al.，2021）发现社会资本促进女性参与董事委员会，而董事委员会主要由独立董事担任。但是，我们发现在中国社会信任并不会导致女性参与中国的董事委员会。

上述结果表明，女性参与决策的比例仍然很低。虽然社会信任可以促进女性的决策参与，但女性未能进入关键决策岗位（执行董事），也没有担任更专业的独立董事职位。原因可能是，女性在中国仍然需要兼顾家庭和工作，家务占据了她们大部分的时间，这阻碍了她们在决策角色中获得应有的专业性和技能，家务社会化或许是解放女性的一种方式。

表 4.15　　社会信任与女性参与不同类型董事的作用

变量	*Female_ED*	*Female_NED*	*Feamle_Independ*
	(1)	(2)	(3)
Trust	0.0008*	0.0016**	−0.0006
	(1.73)	(2.09)	(−1.07)
控制变量	是	是	是
行业固定效应	是	是	是
年度固定效应	是	是	是
观测值	16 695	16 695	16 695
Adj R^2/*Pseudo* R^2	0.078	0.059	0.044

注：①表中给出了社会信任对女性参与不同类型董事的影响结果。②括号中报告了 t 统计量。③ ***、** 和 * 分别表示 1%、5% 和 10% 的显著性。

4.5.3　社会信任与女性董事参与亲社会行为

我们根据分工理论，分析了社会信任促进女性决策参与的机制。由于女性通常与同情心、关心他人和对社区重要关系感兴趣等特质相联系。女性应当在团队决策中承担亲社会决策的职能。如果社会信任能够促进决策层内部良好协作关系的形成，我们应当观察到社会信任促进女性做出响应利益相关者需求的决策。考虑到更注重环保、更愿意承担社会责任以及公司治理更优秀的企业具有更多的亲社会行为，我们用企业的 *ESG* 实践来衡量女性决策参与的经济后果。我们从 WIND 数据库获得了企业的 *ESG* 评分（*ESG*）。借鉴拜仁和肯尼（Baron and Kenny，1986）的三步法来研究女性决策参与是否在社会信任影响企业 *ESG* 评价中发挥中介效应。

表 4.16 中列（1）的回归结果显示，*Trust* 回归系数显著为正，即社

会信任能够促进企业更多的亲社会行为。在列（2）中加入女性决策参与这一变量后，*Trust* 和 *Female_Ratio* 的回归系数均显著为正，即女性决策参与在社会信任影响企业亲社会行为中发挥了部分中介效应。区分不同的董事类型后，我们发现，社会信任对企业亲社会行为的影响主要是通过任命更多女性担任执行董事实现的，即只有任命女性到关键职位才有利于亲社会做出决策。

表 4.16　　社会信任、女性决策参与对亲社会行为的影响

变量	ESG				
	(1)	(2)	(3)	(4)	(5)
Trust	0.0661*** (4.85)	0.0654*** (4.80)	0.0663*** (4.75)	0.0662*** (4.86)	0.0661*** (4.85)
Female_Ratio		0.0833* (1.65)			
Female_ED			0.5324*** (2.69)		
Female_NED				−0.0429 (−0.37)	
Female_Independ					−0.0810 (−0.51)
控制变量	是	是	是	是	是
行业固定效应	是	是	是	是	是
年度固定效应	是	是	是	是	是
观测值	22 647	22 647	22 647	22 647	22 647
Adj R^2	0.064	0.064	0.064	0.064	0.064

注：①表中给出了社会信任、女性决策参与对亲社会行为的影响结果。②括号中报告了 t 统计量。③ ***、** 和 * 分别表示 1%、5% 和 10% 的显著性。

4.5.4　社会信任与其他可能因素

本节我们研究社会信任对女性决策参与影响的其他各种调节因素。

（1）性别歧视的调节作用

我们认为，社会信任能够影响男性对女性角色预期的不确定性，从而打破传统性别观念，促进女性决策参与。如果对性别角色的稳定预期是社会信任影响女性决策参与的一个机制，那么应当观察到，在那些性别观念更加传统的地区，社会信任对女性决策的影响更大。这是因为在性别观念传统的地区，男性可能更加担心女性角色承担转变带来的不确定性，从而阻碍女性参与社会。我们根据地区男女出生比例来衡量地区性别歧视。因为在中国传统观念中，男性承担“传宗接代、延续香火”的角色，这种思想强化了“男尊女卑”的价值观念。一些地区在新生儿出生时就有很强的性别选择倾向。我们根据地区新生儿中男女性别比例的中位数，将全样本分为性别歧视严重地区与不严重地区。回归结果如表 4.17 所示，社会信任对女性决策参与的影响在性别歧视更加严重的地区更显著，即社会信任能够减缓传统性别观念对女性决策参与的阻碍作用。

表 4.17　　社会信任、性别歧视对女性决策参与的影响

变量	性别歧视严重的地区			性别歧视不严重的地区		
	Female_Ratio	*Blau*	*Female3*	*Female_Ratio*	*Blau*	*Female3*
	(1)	(2)	(3)	(4)	(5)	(6)
Trust	0.0053*** (3.56)	0.0085*** (4.32)	0.0746*** (3.44)	-0.0021 (-1.28)	-0.0009 (-0.42)	-0.0325 (-1.49)
控制变量	是	是	是	是	是	是
行业固定效应	是	是	是	是	是	是
年度固定效应	是	是	是	是	是	是
观测值	8 430	8 430	8 430	8 265	8 265	8 265
Adj R^2	0.100	0.097	0.134	0.122	0.117	0.113

注：①表中给出了社会信任与性别歧视对女性决策参与的影响结果。②括号中报告了 t 统计量。③ *** 、** 和 * 分别表示 1% 、5% 和 10% 的显著性。

（2）女性董事长的调节作用

我们认为，社会信任影响女性决策参与的第二个机制是增强决策团体内部男性和女性的互信，从而降低决策结果的不确定性。这一假说前提是男性占据决策层的绝大多数席位，并且在决策中发挥着重要作用。董事长被认为是促进董事参与董事会流程和任务的关键（Bailey and Peck，2013；Roberts et al.，2005）。当决策团体的领导者由女性担任时，决策团体将可能降低对女性的刻板印象，增进男性和女性之间的信任程度。同时，女性担任董事长，使得整个决策结果将不会由于其他女性的加入而变得不可预知，因为董事长的决策思维可能与其他女性决策者保持一致。从这个角度看，女性董事长的存在能够起到减少决策冲突发生，从而削弱社会信任的作用。但是，目前中国女性董事长比例很低，在研究样本中仅有 5%，再加上整体女性决策参与比例较低（13.4%），这可能导致对女性决策参与的影响有限。此时，在社会信任与女性董事长任职之间可能产生互相强化作用。本章定义了女性董事长虚拟变量（*Chair*），如果企业的董事长由女性担任，则取值为1，否则为0。回归结果如表4.18所示，可以看到，女性董事长强化了社会信任对女性决策参与的促进作用，也验证了第二种猜想。

表4.18　　社会信任、女性董事长对女性决策参与的影响

变量	*Female_Ratio*	*Blau*	*Female3*
	(1)	(2)	(3)
Trust	0.0025***	0.0043***	0.0245*
	(2.61)	(3.35)	(1.80)
Trust_Female_Chair	0.0059*	0.0082*	0.0646
	(1.66)	(1.78)	(1.33)
Female_Chair	-0.0174	-0.0249	-0.2107
	(-1.18)	(-1.30)	(-1.04)
控制变量	是	是	是
行业固定效应	是	是	是
年度固定效应	是	是	是
观测值	16 695	16 695	16 695
Adj R^2	0.100	0.098	0.107

注：①表中给出了社会信任和女性董事长对女性决策参与的影响结果。②括号中报告了t统计量。③***、**和*分别表示1%、5%和10%的显著性。

（3）教育水平的调节作用

在前文回归结果中，我们发现社会信任虽然促进了女性决策参与，但并没有导致女性占据核心地位，比如执行董事和独立董事。原因可能是，女性需要在家庭和工作中取得平衡。女性对自己性别传统的遵守导致其花费大量的时间投入家务劳动，而在家庭上投入过多可能挤占女性在职业晋升中学习专业技能的时间。高等教育被认为是女性职业成功和最终获得决策层任命的重要驱动力。学校教育被普遍假定为会导致更平等、自由的性别角色观念。而且随着女性进入大学，其获得专业技能教育的机会更大。一些研究发现，女性倾向于用正规教育来弥补她们缺乏的决策经验，拥有MBA学位和国际经验的女性在董事会更受欢迎（Singh et al.，2008；Dunn，2012）。当女性拥有较高的技能时，男性也会更加相信女性拥有做出正确决策的能力，这最终有利于促进女性进入决策层。我们根据地区女性文盲与男性文盲的比例来衡量一个地区对女性的教育水平（*Education*）。

女性教育对社会信任与女性决策参与的调节效应分析如表 4.19 所示，可以看到女性教育显著促进了社会信任对女性决策参与的影响。

表 4.19　　社会信任、女性教育对女性决策参与的影响

变量	*Female_Ratio*	*Blau*	*Female3*
	(1)	(2)	(3)
Trust	-0.0052 (-1.15)	-0.0093 (-1.53)	0.0497 (0.73)
Trust_Equality	0.0259** (2.35)	0.0418*** (2.86)	0.0140 (0.09)
Equality	-0.0313 (-0.66)	-0.0815 (-1.29)	0.7912 (1.12)
控制变量	是	是	是
行业固定效应	是	是	是
年度固定效应	是	是	是
观测值	16 695	16 695	16 695
Adj R^2	0.101	0.099	0.108

注：①表中给出了社会信任、女性教育对女性决策参与的影响结果。②括号中报告了 t 统计量。③ ***、** 和 * 分别表示 1%、5% 和 10% 的显著性。

4.6　本章小结

在本章中，我们发现，地区社会信任促进了女性决策参与。区分不同董事类型后发现，社会信任能促进女性担任执行董事和非执行董事职位，且对非执行董事的影响更大。但是，社会信任并未显著促进女性担任独立董事。从性别分工的经济后果看，女性决策参与在社会信任影响企业 ESG 评级中发挥部分中介效应。区分董事会类型后，发现仅有女性执行董事的中介效应存在。最后，我们进行了几个截面异质性分析，发现社会信任对女性决策参与的影响在两性平等观念较低、女性受教育程度更高的地区，以及董事长为女性的样本中更显著。

(1) 我们的研究结果为理论、政策和实践提供了启示

首先，突破传统上采用代理理论、资源依赖理论和性别角色理论来研究女性决策参与的文献，我们首次将分工理论应用于女性决策参与，并从社会信任降低分工中不确定性的角度来展开我们的分析，为理解女性决策

参与提供了新的理论解释。同时已有文献认为社会信任可以减少信息不对称，缓解代理问题，降低交易成本。而本章认为社会信任能够降低性别分工中的不确定性，也丰富了社会信任的理论研究。

其次，我们的研究为政策制定者以及女性如何突破“玻璃天花板”提供了启示。中国政府应当进一步加快当前社会信用体系的建设进程，彻底打破传统的性别观念，从而促进女性投入社会大生产、充分提高两性分工的生产效率。同时，政府部门应当加强性别观念教育，加大男女平等思想的传播。通过立法引导男女平等价值观的形成，只有这样，才能使女性突破传统的角色定位，投入社会分工中。女性就业者虽然在一定程度上受益于社会信任制度的建设，但是女性也应当提高自身的技能和专业性。这些“硬核”素质能够重新确立男性对其性别角色定位，使男性相信女性在社会中能够做出巨大贡献，从而打破“玻璃天花板”。

（2）我们承认，我们的研究存在一些局限性，并提出了解决这些问题的未来研究方向

首先，社会信任在整个样本期内缺乏变异，可能存在严重的内生性问题。虽然我们采用了企业搬迁的准自然实验来缓解内生担忧，但搬迁的选择也可能受到其他因素的影响，缺乏随机性，从而削弱了准自然实验的效果。目前，中国政府开展了社会信用体系建设，旨在营造全社会互信的氛围。这为研究社会信任的经济后果提供了一个准自然的实验。遗憾的是，目前社会信用体系建设实施的时间很短，而社会信任的重建需要很长时间才能实现。因此，未能在现有的研究中应用这种变化，希望未来的学者能够在更长时期内研究社会信任的后果，从而更大程度地缓解内生性。

其次，我们从女性是否进入决策部门的角度研究区域社会信任对女性决策参与的影响。由于数据的可获得性，我们不关注女性是否积极参与决策讨论，以及是否对重大问题提出建议。我们只是从企业社会责任的角度间接证明了女性执行董事的作用。这可能低估了社会信任对女性决策参与的经济影响。因此，一方面，未来的学者可以尝试通过问卷调查来了解女性参与决策的过程；另一方面，他们可以研究社会信任促进女性参与决策的更多后果，如安全生产、环境保护、战略转型等。

再次，除了解决这些限制的未来研究之外，一些有可能的路径也值得我们思考，一是更加关注中国社会信任的动态变化。与西方社会相比，中国社会信任具有明显的“关系”特征。传统的社会信任不是基于群体内的交流，而是基于特定的“关系网络”。然而，社会结构的转变、经济的不断发展和人口流动性的增加正在推动熟人社会向陌生人社会推进，对陌生

人的信任需求不断增加，倒逼着社会信任的重构。目前，我国社会信用体系建设是以信用活动参与者的信用记录为基础的，需要逐步形成鼓励守信、惩戒失信的机制。因此，在中国，社会信任正在从“关系”信任向“制度化”信任转变。这种变化将对公司治理或决策产生什么影响，也需要更多关注。

最后，在新经济时代，女性参与决策的研究需要进一步扩大。数字经济的到来，显然为女性职业发展带来了新生态、新机遇。除了缓解身体上的劣势，女性自身灵活的沟通优势和多角色平衡优势也得到了更好的发挥。女性在日常家务中平衡角色的能力可以帮助她们在数字时代应对多任务处理。女性的同理心也可以满足数字社会的协作需求。这可能会打破原有的性别分工。因此，未来的研究应该采用新的视角来研究女性参与决策的决定因素和后果。

第5章　社会信任、法律执行与企业高管选聘

现有文献表明，影响企业高管选聘因素主要集中于企业创始人特征、所有者家族内部结构和企业业绩等（Bennedsen et al.，2007；Bertrand et al.，2008）。然而，少有证据发现外部环境因素能否决定企业高管更换过程中继承人选问题。企业所有者把企业委托给内部人管理还是引入职业经理人，这需要所有者对继承者可信度的主观评价和继承者个体特征综合评估，所有者的主观评价和继承者行为表现往往取决于外部环境。更具体来讲，本章将外部环境的非正式制度落脚为一个社会生态长期演变成的社会信任度，将正式制度归结为一个地区的法律执行效率，研究外部制度环境对企业高管选聘的决定作用。我们认为，企业所有者在选择企业委托人时，主要是要在与职业经理人之间代理问题和内部人能力之间进行权衡。而代理问题的本质在于契约参与者之间的信任程度。契约参与者之间的有效合作是解决代理问题的根源，而陌生人之间的相互信任，恰好是契约关系建立和履行的关键。签订契约时，由于参与者事后对对方不当行为施加惩罚的能力有限，参与者对未来的认知有限，契约双方相互之间的信任就显得尤为重要。因此，在不同信任度的社会环境中，基于信任的履约作用分析，企业所有者与职业经理人之间可以直接产生不同程度的信任，即造成了所有者对企业继承人的不同选择。同时，一个公正实施的法治环境，可为企业所有者和职业经理人提供互相合作和解决争端的依据和保障，使得企业所有者与职业经理人的相互信任程度依赖于法律制度的执行效率。

本章主要考察企业所在地区社会信任特征是否对企业高管选聘产生影响。社团成员共同拥有的规范就是信任基础，社团成员之间对彼此常态、诚实、合作行为的期待就是社会信任，低水平的信任和高水平的信任存在于特定的组织中（Banfield，1958；Fukuyama，1995；Guiso，Sapienza and Zingales，2004）。低水平的信任组织通常表现为交易更强烈依赖狭窄的小集团，他们往往建立在私人关系和家族或准家族关系之上，常以血缘性社

区为基础，信任对象只包括那些有血缘或裙带关系的人，而高水平的信任组织自然超越血缘或裙带圈子并走向开放市场。因此，在社会信任较高地区，企业所有者更可能选择具有经营才能的职业经理人。相反，在社会信任水平比较低的地区，企业所有者更可能选择家庭或裙带关系继承人管理企业。

法律执行作为正式制度的核心内容，同样可能对企业的高管选聘产生影响。法律执行效率，不仅从正式制度角度构成企业成长的外部环境，而且法律通过事前的威慑性、事后的惩罚性影响企业具体行为，成为解决代理争端的基础性手段。中国社会改革与转型过程中，各种制度虽然在不断完善，但正式制度仍然不健全（Peng and Zhou，2005）。尽管中国有详细的法律条文，但地区间差异明显，尤其是法律执行力度（樊纲等，2011）、法律执行效果存在巨大差异。因此，企业所有者处在不同的法律制度背景下，可能会做出不同的选择，而企业所有者选聘外部职业经理人的唯一障碍就是代理问题。既然在高法律执行环境中，可以找到解决这种代理问题的终端机制，企业所有者可能就会更倾向招聘外部职业经理人。

当然，一个地区的社会信任水平和法律执行效率并不会孤立存在，两者相互作用可能决定企业高管选聘。制度和信任之间存在两个截然不同的因果关系——制度既是信任的对象，又是信任的基础（房莉杰，2009）。法律制度的有效性减少社会运行的不稳定性，也可以减少不确定性，但却不能完全消灭不确定性，即使再完善与细致的制度，都要靠基本信任来履行（罗家德、李智超，2012）。换句话说，社会信任可以使建立在制度基础上的心理预期更稳定，尤其是对于自上而下实施的外在制度。而对于以实施这些制度为目的的正式组织而言，人们需要判断是否信任制度本身，这反映了社会信任对正式制度的作用。基于社会信任与法律制度这种复杂的关系，考察两者相互替代或者互补作用于企业的高管选聘时，我们仍然需要实证来解决。

5.1 理论分析与研究假说

5.1.1 社会信任与企业高管选聘

经济学家对于作为合作倾向的信任有两种观点：一种观点以重复博弈理论为基础，认为信任首先是一种合作的机会，而不是完全理性的，比如，只有在重复的囚徒困境中才针锋相对。在重复的囚徒困境中，这种优先导致了更大的相似性和合作（Kreps et al.，1982）。另外一种观点以经济实验为基础，认为即使仅有一次交往，人们也会采取合作，比如独裁者博弈或者最后通牒博弈（Camerer and Thaler，1995）。这些实验表明，即使人们不再愿意遇到这种问题，他们都期望其对手采取某种公平或合作的行为。这两种观点都说明了人们之间的较高信任应该与较高的合作联系起来。这些关于信任的观点隐含着一个共同的重要结论，即为确保在陌生人或不经常见面的人之间形成合作，相对于在经常打交道的人之间形成合作，信任显得更为重要。例如，在不具有血缘及裙带关系的家庭成员中，即使在低信任水平的社会中，声誉和今后受到惩罚的可能将促进合作的形成。这表明信任对于超越家庭成员的合作是非常重要的。因此，企业所在地社会信任越高，企业越可能选聘外部职业经理人，而不仅仅局限于控制人内部成员。

这种观点在我国国有企业和民营企业中并不能一概而论。虽然自20世纪90年代，我国企业进行了一系列改革，引入了现代化公司治理模式，这在某种程度上意味着股份制会成为占主导地位的治理模式，并且在部分公司由职业经理人来管理，比如，1985年张瑞敏被任命为海尔总经理，2001年金国志接手青岛啤酒等，但这并不是真正意义上的职业经理人的选聘，而是由政府任命的国家干部。这一时间的国有企业从表面看，和其他企业并无明显区别，但其所有权和经营权天然难以分离，一些经理是政府官员，或者由官员任命的具有行政级别的管理人员，而不是企业家。他们也许有一定企业经营能力，但却没有真正的动力去成为企业家。中国企业联合会于2012年发布的《中国职业经理人调查报告（2011）》显示，国有企业职业经理人选聘存在的问题主要是行政机制掩盖了市场机制和政治素质掩盖了职业素质。这也说明，在过去很长一段时间，我国国有企业CEO的选择较少受外部环境的影响，更多来自我国政府的委派，这严重地导致我国国有企业运行效率低下的问题，于是2013年党的十八届三中全会出台的《中共中央关于全面深化改革若干重大问题的决定》提出，国企要建立职业经理人制度，合理增加市场化选聘比例，更好地发挥企业家的作用。可以说，这次改革突破了以往国有企业经理既是企业领导者又是政府官员的困局，为国有企业深化人事改革寻找到了突破口，打造出符合现代化企业要求的国企职业经理人队伍。随后多个省份出台了具体的相关政策。比如，山东省于2015年下发的《关于开展企业高级管理人员契约化管理的试点工作的通知》中已明确在试点单位授权董事会选聘职业经理人。2015年上海的《政府工作报告》中也明确提出，要探索建立职业经理人制度，完善国有企业法人治理结构，统筹推进企业领导人员薪酬制度改革，实现任期契约管理全覆盖。但这些工作才刚刚起步，在我们研究的样本年份中，政府委派仍然占据了国有企业经理人市场的重心，而较少受到企业外部环境，尤其是非正式制度社会信任的影响。

与国有企业相比，在高管选聘中民营企业受到政府的干预要少很多。但引入外部职业经理人所引发的代理问题，仍然是企业所有者最大的顾虑。早期山西票号中普遍实行“东掌关系”制即由“东家”出资聘请“大掌柜”，是职业经理人制度在中国早期的实践。在“东家”聘请“大掌柜”时，“忠诚”“信誉”“仁厚”被称为“标尺”，来度量与聘用人才。但中国转型过程中，信任缺失是一个普遍的现象。首先，根据社科院《中国社会心态研究报告（2012—2013）》指出，中国社会信任度已跌破60分的底线，七成国人不信任陌生人。这种低信任情况，增加了企业所有者与外部职业经理人合作的顾虑。当然，地区信任度不同，企业主选聘外部经理人的情况也可能是存在差异的。其次，中国人一直以来奉行差序格局信任。费孝通（1985）认为中国社会是一种以家族为中心的差序格局，社会关系是私人联系的增加，在社会交往和日常生活中，人们总是依照由近及远、由亲及疏的逻辑行动。因而，民营企业在家族内部和外部选聘中也势必受到这种差序格局的信任影响。基于以上分析，提出以下假说：

假说1：企业所在地社会信任度越高，企业越可能选聘外部职业经理人，与国有企业相比，民营企业这种倾向更加明显。

5.1.2 法律执行与企业高管选聘

法院判决的执行能力可以反映一个法律制度的有效性和可信赖性。一个致力于提倡财产权和合同执行的法律，不仅为经济交易中的伙伴提供了一种可以相互信任的基础，还使得人们信赖这样的法律执行部门。法院本身也可以被信赖，能够公平地执行判决，并履行其协约职责。法律执行较高环境中，除了事后的法律惩罚作用，事前的威慑作用更具经济性。为了在对方不履行约定的情况下保护当事人，交易合同通常会设有没收性救济的规定，如担保或惩罚条款。这些都只能通过法院执行实施，而不是自我执行机制。在相互关系尚未破裂时，当事人之间就会进行沟通并威胁执行这些没收性合同条款，包括可能提起诉讼。在一般情况下问题都会获得解决，因为与诉讼相比这更为经济。即在高效的法律环境下，法律执行不仅为交易双方当事人提供了解决争端的基础保障，同时更可能为交易双方节约更多的交易成本。而在法律执行较低环境中，情况则相反，由于商业运作的法律还不成熟，经理们有机会逃避责任，只追求自身的利益（Lau，1998）。由于腐败行为的存在，经理们追求自身利益情形变得更加复杂，结果导致国家资产的流失加剧（Lin and Cai，1999）。因此，处在不同的法律制度背景下的企业所有者，在选聘企业经理时可能会做出不同的选择。企业所有者是否选聘外部职业经理人，由此产生的代理问题是企业的最大的顾虑。既然在高效法律执行环境中，无论是事前法律的威慑作用，还是事后法律的惩罚作用，都为解决这种代理问题寻找到一种可行的终端机制，企业所有者可能就会更倾向招聘外部职业经理人。

但是，法律作为解决企业所有者和外部职业经理人代理问题的终端机制，在我国并不是一剂“万能药”。我国虽然早在1995年修订的劳动法规中，规定包括国有企业里的所有员工都应该遵守雇佣合同的法规，并在国有企业中也开始引入具有能力的职业经理人管理企业，但大量的国有企业仍坚持传统的做法，国有企业CEO的选择较少受外部环境的影响，仍然由我国各级政府委派。制度理论认为企业在短期内难以改变传统的雇佣形式，因为它们都是因循历史和路径依赖的。就很容易认为沿袭这些形式是理所当然的（徐淑英等，2004）。然而，和国有企业相比，民营企业所面临环境更复杂多变，业绩压力更大。因此，如前所述，在选聘合适继任人时，民营企业在面对的不同法律环境下会做出与国有企业不同的反应。基于以上分析，提出以下假说：

假说2：企业所在地法律执行越高，企业越可能选聘外部职业经理人，与国有企业相比，民营企业这种倾向更加明显。

5.1.3 社会信任和法律执行交互作用与企业高管选聘

根据前文分析，作为非正式制度安排的社会信任，可能对企业高管选聘产生重要影响，但不能就此认为社会信任是影响企业高管选聘的唯一因素，法律执行效率作为正式制度的重要方面可能潜在影响社会信任与企业高管选聘之间的关系。研究表明，法律执行通过事前的威慑、事后的惩罚作用影响到企业行为（La Porta et al.，1998，2002；Dyck and Zingales，2004；Chen et al.，2009；王鹏，2008；肖作平，2012）。法院执法效率的好坏，直接影响到人们对司法公正的整体信心，更重要的会对人们预期产生影响，进一步影响到社会成员的精神面貌、进而影响到社会风气的好坏，最终也会影响到经济行为（冯旭南等，2011）。因此，法律执行效率就社会信任对企业高管选聘的影响来说，可能产生两种截然不同的结果。

一方面，社会信任与法律执行可能形成有效的互补，影响着企业的高管选聘。有效的法律制度通过降低非正规执行机制的成本，也能够对社会信任形成补充，如此可以协调当事人之间的平衡，有益于遵守规则。法律制度之所以能够如此，是因为它能够提供值得信赖的诉讼执行，执行纠纷解决机制的处理结果，在这方面，一个有效的法律制度会引导法院，而事实上只有有限的纠纷真正需要司法干预。在社会信任水平较低时，交易双方主要是因为长期的互相交往，形成相互信任并履行各自的合同义务。这种关系是以私人信任为基础的，而不是精于计算的结果（Williamson, 1993）。如果出现问题，交易双方当事人可以诉诸法律解决彼此的争端，或者以法律为基础进行有效协商。同时，法律制度的薄弱强化了当事人对非正规方式的需要，社会规范能够保证法律被一般的公民所遵循，即在缺乏清晰的可执行的法律规则的情况下，人们会用清晰和可执行的习俗与规范取而代之。社会信任不仅代表着传统的价值观和信仰，而且是一国传统文化的产物，作为非正式制度通过社会群体、宗教和民族逐代衍传（Guiso et al.，2006，2008；Sapienza et al.，2014）。

另一方面，社会信任与法律执行可能形成有效的替代，影响着企业的高管选聘。制度环境被视为建立契约关系的一种重要保障机制。现代企业理论提出了企业是一系列不完备契约的有机结合，但企业经营具有很大程度的不确定性，是个动态过程，企业各利益关系人不可能在契约里就所有的可能事件，事先做出完备的明确规定。因此企业利益关系者之间仍然存在着种种代理问题，其中，股东与管理者代理冲突问题尤为显著（Berle and Means，1932；Jensen and Meckling，1976；Easterbrook，1984；Chrisostomos，2008）。因此，那种不能用条文固化的隐性契约中，往往包含了各种默认的利益得失和隐性惩罚。这种默认的利益得失和隐性惩罚构成了利益关系人之间的相互信任。即便如此，隐含的或明确的契约建立起来的只有一定程度的可预见性，并不能涵盖所有意外事件所能遵循的规则，那种普适性、非特定方式条款只能是某种强有力的法律规范。不间断的关系及不确定性在很大程度上，取决于各种使协议双方产生依赖的法律执行效率。基于上述分析，提出以下竞争假说：

假说3a：社会信任与法律执行可互为补充影响着企业的高管选聘，与国有企业相比，民营企业这种倾向更加明显。

假说3b：社会信任与法律执行可互为替代影响着企业的高管选聘，与国有企业相比，民营企业这种倾向更加明显。

5.2 研究设计

5.2.1 样本选择与数据来源

本章选择2007—2013年中国A股上市公司CEO更替样本为初始样本，并按照以下原则进行了筛选：①一些上市公司一年可能进行多次CEO的更替，本研究仅仅保留本年度内最后一次更替样本；②剔除金融类公司样本，因为金融类上市公司独特的财务状况异于一般性上市公司；③剔除当年被ST公司样本及当年上市的公司样本，因为ST公司本身就代表了一种数据异常，当年上市公司财务数据可能导致以偏概全；④剔除相关指标数据缺失的样本，因为数据缺失可能导致分析过程中误导现象；⑤对本章使用到的主要连续变量进行上下1%的缩尾处理，以消除极端值在分析中导致的偏差，最终有效样本数为873个。其他公司治理和财务数据来自国泰安（CSMAR）数据库。数据处理和统计分析采用STATA13.0。

5.2.2 主要变量定义

（1）高管选聘（*Succession*）

根据CSMAR数据库总经理变更文件中，继任来源包括内部和外部两种情况，当继任来源为内部时为1，来源为外部时为0。

（2）控制变量

在前面章节控制变量之外，本章控制了董事长的年龄。本研究认为，上市公司的董事长多来自控股股东，董事长的年龄（*Director_age*）可能对CEO的选聘产生影响。本章也控制了董事长的学历（*Director_edu*）（1=中专及中专以下，2=大专，3=本科，4=硕士研究生，5=博士研究生，6=其他）。一个人的教育背景代表了其修养和见识。Guiso et al.（2008）认为教育背景能影响到一个人对其他人的信任问题。以往的研究认为，企业的绩效（ROA_{-1}）也是影响高管选聘的重要因素，因此我们在本章中也控制了企业上一年度的绩效。

（3）研发投资（*R&D*）

为了剔除规模因素的影响，我们采用公司研发投入与期末总资产的比值来衡量公司研发投资。为了使结构更加稳健，本章还采用了公司研发投入与营业收入的比值作为替代变量进行了检验。

(4) 有形资产投资（*PPE*）

为了与研发投入形成比较，我们构建了有形资产与期末总资产的比值来衡量公司的有形资产投资。

(5) 总资产收益率（*ROA*）

定义为净利润与总资产平均余额之比，其中总资产平均余额=(资产合计期末余额+资产合计期初余额)/2。

(6) 托宾Q值（*TobinQ*）

定义为（股权市值+净债务市值）与期末总资产之比，其中非流通股权市值用净资产代替计算。

(7) 市场反应（CAR_i）的度量

被解释变量为市场反应，用累积超额收益来表示。本章借鉴鲍尔和布朗（Ball and Brown，1968）使用非正常收益率检验会计事件信息含量的研究思路，采用以下步骤计算CAR_i值：

$$AR_{it} = R_{it} - R_t$$

式中，AR_{it}为股票i在第t日的非正常收益率；R_{it}为股票i在第t天的考虑现金红利再投资的实际收益率；R_t代表股票第t日考虑现金红利再投资的综合日市场正常收益率。

最后，估计个股的累积超额收益率。比如CAR_3是指（-1，1）共3天的企业累积超额收益，CAR_7是指（-3，3）共7天的企业累积超额收益。

$$CAR_i(t_1 t_2) = \sum_{t_1}^{t_2} AR_i$$

5.2.3 检验模型的设定

为检验假说1，我们设定如下模型：

$$Succession = \alpha_0 + \alpha_1 \times Trust + \sum_{2}^{k} \alpha_i \times Control_i + \varepsilon_i \tag{5.1}$$

模型（5.1）中，企业高管选聘受非正式制度社会信任的影响，我们预期社会信任度高的地区，更倾向于广阔的范围内筛选企业的CEO，而不仅仅局限于内部的CEO，因此在此模型中预计社会信任（*Trust*）α_1系数为负数。

为检验假说2，我们设定如下模型：

$$Succession = \alpha_0 + \alpha_1 \times Highlaw + \sum_{2}^{k} \alpha_i \times Control_i + \varepsilon_i \tag{5.2}$$

模型（5.2）中，用来检验法律执行对企业高管选聘的影响，我们预期法律执行较高的地区，法律执行作为解决争端的基础工具，缓解了选聘外部经理导致代理问题，因此在此模型中预计高的法律执行（*HighLaw*）α_1系数为负数。

为检验假说3，我们设定如下模型：

$$Succession = \alpha_0 + \alpha_1 \times Trust + \alpha_2 \times Highlaw + \alpha_3 \times Trust \times Highlaw + \sum_{4}^{k} \alpha_i \times Control_i + \varepsilon_i \tag{5.3}$$

模型（5.3）中，用来检验社会信任与法律执行交互作用对企业高管选聘的影响，基于前文分析正式制度的法律执行可能会潜在地影响着社会信任与企业高管选聘的关系，这种关系既可能是互补的，也可能是替代的。因此，在此模型中我们不能确定α_3的系数。

为了进一步检验假说，我们设定如下模型：

$$R\&D/PPE = \alpha_0 + \alpha_1 \times Trust/Highlaw + \alpha_2 \times Succession + \alpha_3 \times Trust/Highlaw \times Succession + \sum_{4}^{k} \alpha_i \times Control_i + \varepsilon_i \tag{5.4}$$

模型（5.4）中，用来检验社会信任和法律执行是否缓解了高管选聘中选聘外部经理人员对 *R&D* 投资的副作用，我们预期社会信任和法律执行高的地区，抑制了因选聘外部经理人员对企业 *R&D* 投资的副作用，因此在此模型中当被解释变量为企业 *R&D* 投资，预计交叉项系数α_3为正数。

为进一步检验假说，我们设定如下模型：

$$TobinQ/ROA = \alpha_0 + \alpha_1 \times Trust/Highlaw + \alpha_2 \times Wedge + \alpha_3 \times Trust/Highlaw \times Wedge + \sum_{4}^{k} \alpha_i \times Control_i + \varepsilon_i \tag{5.5}$$

模型（5.5）中，用来检验社会信任和法律执行是否缓解了两权分离度对企业绩效的副作用，因此在此模型中预计交叉项系数α_3为正数。

5.3 实证结果

5.3.1 描述性统计

表5.1报告了样本公司在高管更替时继任 CEO 来源统计特征。全样

本873个CEO更替公司中，选聘内部经理人员为156人，占比18%。与选聘内部经理人相比，总体上，更倾向于选聘职业经理人，选聘职业经理人为717人，占比82%。国有企业选聘内部CEO为59人，占比13%；民营企业97人，占比23%。虽然两个子样本选聘外部CEO比例都比较多，但两者仍存在较大区别。从内外选聘比例来看，与之前研究类似，布伦和松德（Bjuggren and Sund，2001）研究发现把管理权传递给家族成员到第三代的仅仅占比14%，以往研究把这种现象出现的原因归结为家族成员缺乏管理能力和企业控制人后代缺乏管理企业的热情。

表5.1　　　　企业在高管更换时继任来源统计情况

	样本数量	内部CEO	占比	外部CEO	占比
全样本	873	156	18%	717	82%
国有企业	452	59	13%	393	87%
民营企业	421	97	23%	324	77%

表5.2的Panel A报告了主要变量的描述性统计结果。其中，自变量描述性结果中，社会信任指标（*Trust*1）均值为3.709，标准差为1.152，表明中国地区间采用两个社会信任指标都存在差异。社会信任（*Trust*2），由于青海省、宁夏回族自治区和西藏自治区数据缺失，样本量为854个，均值为1.288，标准差为0.895，各省之间仍然存在差异。法律执行（*Law*）均值为7.022，标准差为3.052，表明各省之间法律执行指标差异较大。

控制变量为，企业总资产取对数（*Size*）均值21.909，标准差为1.300，表明企业规模存在较大差异。企业资产负债率（*Lev*）均值为0.468，标准差为0.206，与以往研究基本一致。上市年龄（*Age*）均值8.867，标准差5.669，上市公司年数最高为22，自从上海和深圳证券交易所于20世纪90年代初期成立以来，本研究样本基本包括了所有年份上市的公司，且上市年数存在较大差异。公司成长性*MB*均值为2.152，标准差为1.401，说明样本公司成长性之间差异较大；第一大股东持股比例（*Top*1）均值为0.372，标准差为0.177，这与之前研究我国企业主要集中在少数股东手中，单个企业间差异不明显；董事会独立性（*Outdir*），均值为0.371，独立董事占董事总人数为37.1%，满足我国上市公司独立董事占比1/3以上有关规定，标准差0.055，企业间差异不明显；总资产周转率（*Sizeros*）均值为0.677，标准差为0.490，企业间存在一定差异，但不明显。投资机会（*Growth*）均值为0.253，标准差为0.611，企业间差异较小。企业前一年度的总资产收益率（ROA_{-1}）均值为0.043，表明样本公司平均总资产收益率为4.3%，公司董事长年龄（*Director_age*）平均年龄为51岁，公司董事长受教育水平（*Director_edu*）平均为3.551，基本都受过本科及其以上教育。

表5.2的Panel B报告了研发投入变量的描述性统计结果。其中，*R&D/*总资产和*R&D/*营业收入的均值分别为0.007和0.013，表明我国A股上市公司研发投入与总资产比例为0.7%，与每年营业收入比例为1.3%，表明我国A股上市公司研发投资比例总体不高，两者的标准差分别为0.013和0.025，企业间研发投入差异也不大。但企业每年的有形资产投资于企业期末总资产比值为0.248，占比为24.8%，进一步说明了我们很多企业的发展主要靠有形资产投资拉动。

表5.2的Panel C报告了经济后果变量的描述性统计结果。其中，托宾Q值（*TobinQ*）均值为1.84，标准差为1.55，表明企业间存在较大差异。资产收益率（*ROA*）均值为0.04，与以往研究一致，标准差为0.05，企业间存在一定差异，但差异不大。在更换公司CEO时个股的累积超额收益率（CAR_3）和（CAR_7）均值为0和0.01，标准差分别为0.05和0.07，个股间存在差异，但差异不大。最大值分别为0.25和0.44，随着窗口的扩大，其差异变大。

表5.2　　　　主要变量描述性统计

Panel A：高管选聘变量的描述性统计

变量	观测值	标准差	均值	最小值	中位数	最大值
Succession	873	0.38	0.179	0	0	1
*Trust*1	873	1.15	3.709	0.993	3.469	5.389
*Trust*2	854	0.90	1.288	0.017	1.179	3.433
Law	873	3.05	7.022	2.284	5.9	12.901
Size	873	1.30	21.909	19.556	21.734	25.649
Lev	873	0.21	0.468	0.114	0.48	0.798
Age	873	5.67	8.867	1	9	22
MB	873	1.40	2.152	0.811	1.741	8.884
Outdir	873	0.06	0.371	0.222	0.333	0.667
*Top*1	873	0.18	0.372	0.091	0.349	0.758
Sizeros	873	0.49	0.677	0.076	0.557	2.78
Growth	873	0.61	0.253	-0.567	0.133	2.969

续表

Panel A：高管选聘变量的描述性统计						
变量	观测值	标准差	均值	最小值	中位数	最大值
ROA - 1	873	0.05	0.043	-0.055	0.042	0.134
Director_Age	873	6.60	50.593	26	50	71
Director_Edu	873	0.88	3.551	1	4	6
Panel B：研发投入变量的描述性统计						
变量	观测值	标准差	均值	最小值	中位数	最大值
R&D/总资产	11 188	0.01	0.007	0	0	0.066
R&D/营业收入	11 188	0.03	0.013	0	0.001	0.15
有形资产/总资产	11 188	0.18	0.248	0	0.213	0.971
Panel C：经济后果变量的描述性统计						
变量	观测值	标准差	均值	最小值	中位数	最大值
TobinQ	11 188	1.55	1.84	0.14	1.42	10.17
ROA	11 188	0.05	0.04	-0.25	0.04	0.2
*CAR*3	873	0.05	0	-0.15	0	0.25
*CAR*7	873	0.07	0.01	-0.24	0	0.44

5.3.2 实证结果与分析

（1）社会信任与企业高管选聘

表5.3分不同样本对社会信任与企业高管选聘进行了Logit回归分析，检验结果发现，在全样本（1）和国有企业样本（2）的回归中，未发现社会信任对企业选聘高管影响的证据。但在民营企业样本（3）回归中，我们得到证据显示，社会信任（*Trust*1）与高管选聘（*Succession*）在0.01水平上负相关。在社会信任度越高的地区，民营企业在更换CEO时，越倾向于选聘外部职业经理人。也即验证了假说1。可能的解释为，对于国有企业高管选聘更大地受到行政机制的影响，而非市场机制。这也符合了中国企业联合会于2012年发布的《中国职业经理人调查报告2011》，国有企业职业经理人选聘问题主要是行政机制掩盖了市场机制和政治素质掩盖了职业素质。也说明，在过去很长一段时期，我国国有企业CEO的选择很少受外部环境的影响，更多来自我国的政府委派。虽然民营企业在高管选聘中受到政府的干预要少得多，但引入外部职业经理人所引发的代理问题，是民营企业所有者不得不考虑的问题，而较高的社会信任缓解了这种代理冲突，所以更倾向于选聘职业经理人。

表 5.3　社会信任与企业高管选聘的检验结果

变量	全样本	国有企业	民营企业
	(1)	(2)	(3)
	Succession	*Succession*	*Succession*
*Trust*1	-0.0668 (0.407)	0.0955 (0.443)	-0.331*** (0.008)
Size	-0.059*** (0.000)	-0.220*** (0.000)	-0.029*** (0.000)
Lev	0.505 (0.400)	-0.101 (0.920)	1.688** (0.048)
Age	-0.015** (0.015)	-0.052* (0.098)	-0.014** (0.031)
MB	0.0220 (0.774)	-0.221 (0.253)	0.113 (0.221)
Outdir	1.839 (0.247)	-0.467 (0.858)	1.536 (0.483)
*Top*1	1.247** (0.039)	2.232** (0.027)	1.434* (0.076)
Sizeros	0.176 (0.330)	0.315 (0.224)	0.138 (0.598)
Growth	0.0638 (0.655)	-0.348 (0.226)	0.155 (0.413)
ROA_1	-0.015* (0.095)	-3.992* (0.073)	-3.597* (0.055)
Director_Age	0.00469 (0.746)	-0.0255 (0.380)	0.0222 (0.201)
Director_Edu	-0.413*** (0.000)	-0.386* (0.060)	-0.301** (0.020)
常数项	-3.097 (0.114)	-5.392* (0.082)	-1.948 (0.603)
观测值	873	452	421
pseudo R^2	0.0339	0.0800	0.0643

注：***、**、*分别表示估计系数在0.01、0.05、0.1水平上显著，括号内为p检验值，本章下同。

在以下所有的回归中，我们控制了这些变量：资产规模（*Size*）、资产负债率（*Lev*）、上市年数（*Age*）、企业成长性（*Lev*）、第一大股东持股比例（*Top*1）、总资产周转率（*Sizeros*）、投资机会（*Growth*）、上一年度的总资产收益率（ROA_{-1}）、董事长的年龄（*Director_Age*）和董事长的教育背景（*Director_Edu*）。

（2）法律执行与企业高管选聘

表 5.4 分不同样本对法律执行与企业高管选聘进行了 Logit 回归分析，检验结果发现，在全样本（1）和国有企业样本（2）的回归中，未发现社会信任对企业选聘高管影响的证据。但在民营企业样本（3）回归中，我们得到证据显示，法律执行（*HighLaw*）与高管选聘（*Succession*）在 0.05 水平上负相关。在法律执行越高的地区，民营企业在更换 CEO 时，越倾向于选聘外部职业经理人，也即验证了假说 2。如前所述，可能的解释为国有企业 CEO 的选择很少受外部环境的影响，仍然由我国各级政府委派。制度理论认为企业在短期内难以改变传统的雇佣形式。因为它们都是因循历史和路径依赖的，很容易认为沿袭这些形式是理所当然的（徐淑英等，2004）。然而，与国有企业相比，民营企业所面临环境更复杂多变、业绩压力更大。因此，在选聘合适继任人时，高效的法律环境缓解了民营企业在选聘职业经理人时对代理冲突的顾虑，更可能选聘外部的职业经理人。

表 5.4　　　　法律执行与企业高管选聘的检验结果

变量	全样本	国有企业	民营企业
	(1)	(2)	(3)
	Succession	*Succession*	*Succession*
HighLaw	-0.139 (0.457)	0.159 (0.595)	-0.552** (0.033)
Size	-0.058*** (0.000)	-0.225*** (0.000)	-0.044*** (0.000)
Lev	0.519 (0.386)	-0.152 (0.881)	1.673** (0.049)
Age	-0.015** (0.010)	-0.053* (0.088)	-0.021* (0.096)
MB	0.0240 (0.755)	-0.220 (0.254)	0.120 (0.192)

续表

变量	全样本	国有企业	民营企业
	(1)	(2)	(3)
	Succession	*Succession*	*Succession*
Outdir	1.843 (0.246)	-0.450 (0.863)	1.404 (0.519)
Top1	1.245** (0.039)	2.229** (0.027)	1.367* (0.088)
Sizeros	0.173 (0.338)	0.320 (0.216)	0.143 (0.586)
Growth	0.0650 (0.649)	-0.345 (0.229)	0.176 (0.351)
ROA_1	-0.023* (0.092)	-4.038* (0.068)	-3.424* (0.079)
Director_Age	0.00410 (0.777)	-0.0239 (0.409)	0.0209 (0.231)
Director_Edu	-0.419*** (0.000)	-0.374* (0.067)	-0.308** (0.018)
常数项	-3.219* (0.100)	-5.369* (0.086)	-2.482 (0.504)
观测值	873	452	421
pseudo R^2	0.0337	0.0791	0.0586

（3）社会信任、法律执行的交互作用与企业高管选聘

表5.5检验了社会信任和法律执行的交互作用与企业高管选聘的Logit回归结果。可以发现，在全样本（1）和国有企业样本（2）的回归中，未发现社会信任、法律执行相互作用影响企业选聘高管的证据。但在民营企业样本（3）回归中，证据显示，社会信任（*Trust*1）与高管选聘（*Succession*）在0.05水平上负相关，法律执行（*HighLaw*）与高管选聘（*Succession*）在0.1水平上负相关，而两者的交互项（*Trust*1_*HighLaw*）与高管选聘（*Succession*）在0.05水平上正相关，说明了社会信任（*Trust*1）与法律执行（*HighLaw*）对企业高管选聘（*Succession*）具有替代作用，也即验证了假说3b。也即验证了前文所分析的，我国现阶段社会信任度不高，人与人之间，尤其陌生人之间的高度信任难以实现；同时，法律效率不够完善，基于此，在高管选聘问题上，隐性契约和明文的法律

条文会起到替代作用。这种默认的利益得失和隐性惩罚构成了利益关系人之间的相互信任。但是隐含契约建立起来的只是一定程度的可预见性，并不能涵盖所有意外事件所能遵循的规则，那种普适性、非特定方式的所能遵循的条款只能是某种强有力的法律规范。

表5.5　社会信任与法律执行交互作用对企业高管选聘的检验结果

变量	全样本	国有企业	民营企业
	(1)	(2)	(3)
	Succession	*Succession*	*Succession*
*Trust*1	-0.284 (0.118)	-0.0226 (0.937)	-0.845*** (0.004)
HighLaw	-1.910** (0.036)	-2.471 (0.314)	-2.492** (0.020)
*Trust*1_*HighLaw*	0.500** (0.024)	0.555 (0.317)	0.758*** (0.008)
Size	-0.029*** (0.000)	-0.183*** (0.000)	-0.076*** (0.000)
Lev	0.616 (0.307)	0.0173 (0.986)	2.058** (0.020)
Age	-0.014** (0.037)	-0.050*** (0.009)	-0.011* (0.065)
MB	0.00669 (0.931)	-0.245 (0.211)	0.0925 (0.325)
Outdir	1.782 (0.264)	-0.497 (0.848)	1.615 (0.467)
*Top*1	1.358** (0.026)	2.282** (0.025)	1.709** (0.037)
Sizeros	0.187 (0.305)	0.331 (0.208)	0.0942 (0.725)
Growth	0.0749 (0.603)	-0.367 (0.206)	0.201 (0.301)
*ROA*_1	-0.122* (0.057)	-3.703** (0.011)	-4.143** (0.020)
Director_Age	0.00509 (0.728)	-0.0231 (0.432)	0.0231 (0.194)

续表

变量	全样本	国有企业	民营企业
	(1)	(2)	(3)
	Succession	*Succession*	*Succession*
Director_Edu	-0.429*** (0.000)	-0.377* (0.069)	-0.331** (0.013)
常数项	-1.872 (0.360)	-4.423 (0.182)	0.276 (0.943)
观测值	873	452	421
pseudo R^2	0.0367	0.0832	0.0840

5.4 稳健性检验

为了使上述检验更加稳健，表5.6和表5.7中，替换了社会信任（*Trust*2）对上述回归进行了重新检验，结果发现，表5.6中，在全样本（1）的回归中，未发现社会信任（*Trust*2）对企业选聘高管影响的证据、在国有企业样本（2）的回归中，发现微弱证据表明，在社会信任度越高地区，越可能选择企业内部的CEO。但在民营企业样本（3）回归中，我们得到证据，社会信任（*Trust*1）与高管选聘（*Succession*）在0.01水平上负相关。在社会信任度越高的地区，民营企业在更换CEO时，更倾向于选聘外部职业经理人。进一步验证了假说1。

表5.6　　替换社会信任指标与企业高管选聘的检验结果

变量	全样本	国有企业	民营企业
	(1)	(2)	(3)
	Succession	*Succession*	*Succession*
*Trust*2	-0.120 (0.276)	0.248* (0.097)	-0.724*** (0.001)
控制变量	是	是	是
观测值	854	437	417
pseudo R^2	0.0330	0.0841	0.0749

表5.7替换社会信任指标，检验了社会信任（*Trust*2）和法律执行的交互作用与企业高管选聘的Logit回归结果。可以发现，在全样本（1）

中，社会信任（*Trust*2）系数为负，在 0.01 水平上显著，法律执行（*HighLaw*）系数为负，在 0.05 水平上显著，两者的交互项（*Trust*2_*HighLaw*）系数为正，在 0.01 水平上显著，验证了社会信任与法律执行对高管选聘的替代效应。在国有企业样本（2）的回归中，未发现社会信任、法律执行相互作用对企业选聘高管影响的证据。但在民营企业样本（3）回归中，我们得到证据显示，社会信任（*Trust*2）与高管选聘（*Succession*）在 0.01 水平上负相关，法律执行（*HighLaw*）与高管选聘（*Succession*）在 0.1 水平上负相关，而两者的交互项（*Trust*2_*HighLaw*）与高管选聘（*Succession*）在 0.05 水平上正相关，说明了社会信任（*Trust*2）与法律执行（*HighLaw*）对企业高管选聘（*Succession*）具有替代作用。即验证了假说 3b。

表 5.7　替换社会信任与法律执行交互作用对企业高管选聘的检验结果

变量	全样本	国有企业	民营企业
	(1)	(2)	(3)
	Succession	*Succession*	*Succession*
*Trust*2	-0.632*** (0.009)	-0.0678 (0.879)	-1.262*** (0.000)
HighLaw	-0.644** (0.042)	-0.846 (0.217)	-0.734* (0.075)
*Trust*2_*HighLaw*	0.656*** (0.008)	0.503 (0.312)	0.776** (0.019)
控制变量	是	是	是
观测值	854	437	417
pseudo R^2	0.0425	0.0886	0.0896

5.5　进一步分析

5.5.1　社会信任/法律执行、企业高管选聘与企业研发支出

表 5.8 通过直接通道检验了社会信任和法律执行与企业 *R&D* 投资的 OLS 回归结果。被解释变量分别为 *R&D* 与期末总资产比值、有形资产投资与期末总资产比值，采用这两个指标不仅能反映外部的非正式制度和正式制度对企业研发投入的影响，也可以鲜明地看出制度环境对研发投入和

有形资产投资影响的比较结果。检验结果为，回归（1）和回归（3）中发现社会信任（*Trust*1）与 *R&D* 投资显著正相关，显著水平分别为0.01，而与有形资产投资在0.01水平上显著负相关。在回归（2）和回归（4）中，法律执行与 *R&D* 投资在0.01水平上显著正相关，与有形资产投资在0.01水平上显著负相关。可能的解释为，较高的社会信任和法律执行弥补了 *R&D* 投资周期长、无抵押等特定性结果的不确定性和未来回报（收益）的不可观测性等缺陷，较高的社会信任和高效的执行法律减少了 *R&D* 投资的信息不对称，减轻公司的外部融资约束。也即验证了假说1和假说2，较高的社会信任和法律执行促进了企业的 *R&D* 投资。

表5.8　社会信任、法律执行对企业研发支出直接通道检验

变量	*R&D*/总资产		有形资产/总资产	
	(1)	(2)	(3)	(4)
	R&D	*R&D*	*PPE*	*PPE*
*Trust*1	0.0008*** (0.009)		−0.0095*** (0.000)	
Law		0.0004*** (0.002)		−0.0047*** (0.000)
控制变量	是	是	是	是
年度固定效应	是	是	是	是
行业固定效应	是	是	是	是
观测值	11 188	11 188	11 188	11 188
R^2	0.3380	0.3402	0.3938	0.3965

表5.9检验了社会信任通过企业高管选聘与企业 *R&D* 投资的OLS回归结果。检验结果发现，在表5.9全样本回归（1）中，发现社会信任（*Trust*1）和 *R&D* 投资在0.01水平上正相关，选择企业内部人员为CEO的（*Succession*=1）和 *R&D* 投资系数在0.1水平上正相关，两者交互项（*Trust*1_*Succession*）在0.1水平上与 *R&D* 投资显著负相关，这也验证了社会信任与选聘内部高管人员对企业 *R&D* 投资具有较强的替代作用，即验证了假说3。但这种效应在回归（2）以国有企业为样本中，并不那么明显。而在回归（3）的民营企业样本中，效果会更强，在民营企业中，社会信任（*Trust*1）和选择企业内部人员为CEO的（*Succession*=1）都与企业 *R&D* 投资显著正相关，两者交互项（*Trust*1_*Succession*）在0.05水平上

与 *R&D* 投资显著负相关。说明两者对研发投入的替代效应更强。也即验证了，与选择企业内部人经营企业相比，选择外部职业经理人，可能造成企业 *R&D* 投资不足，较高的社会信任，能克服这种选聘外部经理人对 *R&D* 投资造成的限制，仍然能促进企业的 *R&D* 投资，并且，社会信任为技术创新活动中必须的知识与信息交流与传递提供了保障，进而促进企业的 *R&D* 投资。

为了比较企业 *R&D* 投资有别于企业有形资产的投资，表 5.10 检验了法律执行通过企业高管选聘与企业有形资产投资的 OLS 回归结果。检验结果发现，法律执行与替换之后的 R&D 投资都显著正相关，选择家族内部 CEO 与企业 R&D 投资也基本为正向关系，在全样本中发现了社会信任与选择家族内部 CEO 对企业 R&D 投资的替代效应，这种效应在国有企业中并不明显，但在民营企业中，这种效应会更明显。

表 5.9　社会信任、企业高管选聘与企业研发支出的检验结果

变量	全样本	国有企业	民营企业
	(1)	(2)	(3)
	R&D	*R&D*	*R&D*
*Trust*1	0.0021*** (0.000)	0.0011** (0.012)	0.0030*** (0.000)
Succession	0.0037* (0.083)	0.0007 (0.875)	0.0074* (0.066)
*Trust*1_*Succession*	-0.0015* (0.095)	0.0000 (0.998)	-0.0029** (0.039)
控制变量	是	是	是
观测值	873	452	421
R^2	0.2021	0.1215	0.2659

从表 5.9 与表 5.10 比较分析不难看出，社会信任通过高管选聘对企业的投资导向产生影响，并且这种影响在国有与民营的差异明显，总结原因不难发现，我国虽然在国有企业中很早开始引入具有能力的职业经理人管理企业，但大量的国有企业仍坚持传统的做法，国有企业 CEO 的选择较少受外部环境的影响，仍然由我国各级政府委派。制度理论认为企业在短期内难以改变传统的雇佣形式，因为它们都是因循历史和路径依赖的。就很容易认为沿袭这些形式时理所当然的（徐淑英等，2004）。

尤其，和国有企业相比，民营企业所面临环境更复杂多变，业绩压力更大。

表 5.10　法律执行、企业高管选聘与企业有形资产投资的检验结果

变量	全样本	国有企业	民营企业
	(1)	(2)	(3)
	R&D	*R&D*	*R&D*
Law	0.0008*** (0.000)	0.0005*** (0.004)	0.0010*** (0.000)
Succession	0.0011 (0.673)	0.0007 (0.828)	0.0011* (0.068)
Law_Succession	-0.0004 (0.207)	0.0000 (0.982)	-0.0006** (0.038)
控制变量	是	是	是
观测值	873	452	421
R^2	0.203	0.126	0.259

5.5.2　社会信任/法律执行、企业高管选聘与企业绩效

表 5.11 至表 5.12 中，检验了社会信任和法律执行通过高管选聘效应与企业经济后果的 OLS 回归结果。在我们样本选取时，公司可能一年多次选聘 CEO，本研究以最后一次更换为样本，一些样本更换的 CEO 可能在公司上任时间非常短暂，难以对企业业绩产生影响，因此，在本研究中采用滞后的业绩作为经济后果来衡量。分别用滞后一期托宾 Q 值（$TobinQ_{+1}$）和滞后一期的总资产收益率（ROA_{+1}）来衡量。

从表 5.13、表 5.14 可以看出，我们采用滞后一期的托宾 Q 值（$TobinQ_{+1}$）和滞后一期的总资产收益率（ROA_{+1}）作为经济后果指标，都未发现证据表明法律执行通过企业高管选聘影响到其经济后果。

为了使研究结论更具稳健性，从表 5.15、表 5.16 采用市场反应（CAR_3）作为经济后果指标，重复上述检验。与上述结论类似，无论是非正式制度社会信任或是正式制度的法律执行都未发现证据表明通过企业高管选聘影响到其市场反应（CAR_3）。可能的解释为，我国现阶段企业高管的选聘不仅与英美发达资本市场上通过经理人市场的竞争选聘原则不同，在经理人竞争市场上，经理人的声誉和能力在市场上很容易体现，股东能

够较容易和准确地在市场上选择合适的人选。而且，企业所有者往往在企业经营处境恶化，或者经营已经难以为继之时，才去市场上选聘职业经理人，再加上我国现阶段职业经理人未形成有效市场，往往企业所有者难以选聘到适合自己企业的职业经理人，进而导致了后续绩效的不理想。

表 5.11　　社会信任、企业高管选聘与企业价值（$TobinQ_{+1}$）

变量	全样本	国有企业	民营企业
	(1)	(2)	(3)
	$TobinQ_{+1}$	$TobinQ_{+1}$	$TobinQ_{+1}$
*Trust*1	0.0644* (0.063)	0.0626 (0.134)	0.0612 (0.345)
Succession	-0.0018 (0.996)	0.2057 (0.637)	0.0555 (0.909)
*Trust*1_*Succession*	-0.0364 (0.660)	-0.0732 (0.514)	-0.0595 (0.638)
控制变量	是	是	是
观测值	873	452	421
R^2	0.5958	0.6316	0.5564

表 5.12　　社会信任、企业高管选聘与企业绩效（ROA_{+1}）

变量	全样本	国有企业	民营企业
	(1)	(2)	(3)
	ROA_{+1}	ROA_{+1}	ROA_{+1}
*Trust*1	-0.0018 (0.315)	-0.0019 (0.391)	0.0001 (0.973)
Succession	0.0021 (0.900)	-0.0305 (0.194)	0.0340 (0.180)
*Trust*1_*Succession*	0.0012 (0.785)	0.0078 (0.197)	-0.0059 (0.372)
控制变量	是	是	是
观测值	873	452	421
R^2	0.218	0.260	0.228

表 5.13　法律执行、企业高管选聘与企业价值（$TobinQ_{+1}$）

变量	全样本	国有企业	民营企业
	(1)	(2)	(3)
	$TobinQ_{+1}$	$TobinQ_{+1}$	$TobinQ_{+1}$
HighLaw	0.0828 (0.303)	0.0201 (0.845)	0.1162 (0.389)
Succession	-0.1078 (0.399)	0.0008 (0.997)	-0.1038 (0.585)
HighLaw_Succession	-0.0609 (0.744)	-0.1323 (0.632)	-0.1257 (0.637)
控制变量	是	是	是
观测值	873	452	421
R^2	0.595	0.630	0.556

表 5.14　法律执行、企业高管选聘与企业绩效（ROA_{+1}）

变量	全样本	国有企业	民营企业
	(1)	(2)	(3)
	ROA_{+1}	ROA_{+1}	ROA_{+1}
HighLaw	-0.0006 (0.896)	0.0017 (0.760)	0.0009 (0.897)
Succession	0.0054 (0.423)	-0.0053 (0.592)	0.0151 (0.128)
HighLaw_Succession	0.0025 (0.802)	0.0075 (0.613)	-0.0050 (0.720)
控制变量	是	是	是
观测值	873	452	421
R^2	0.217	0.258	0.226

以往研究认为，企业的业绩与企业高管选聘之间具有极强的内生性，一方面企业高管选聘会影响到企业的业绩；另一方面，企业的业绩也是影响企业高管的重要因素。这种内生性问题可能是上述检验中未得到显著性的原因之一。此外，也有证据表明，企业在更换高管之后的两三年内是一个调整期，依据企业的实际情况，并不能明确更换初期企业的业绩变化。为了进一步核实这个结果，我们更换了个股的累积超额收益率来看更换期间市场对企业的反应，检验结果见表 5.15 和表 5.16。

表 5.15　　社会信任、高管选聘与市场反应（CAR_3）

变量	全样本	国有企业	民营企业
	(1)	(2)	(3)
	CAR_3	CAR_3	CAR_3
*Trust*1	0.0007 (0.719)	-0.0012 (0.607)	0.0027 (0.425)
Succession	-0.0040 (0.820)	-0.0091 (0.730)	0.0087 (0.737)
*Trust*1_*Succession*	-0.0004 (0.934)	0.0007 (0.923)	-0.0028 (0.680)
控制变量	是	是	是
观测值	873	452	421
R^2	0.025	0.045	0.052

表 5.16　　法律执行、高管选聘与市场反应（CAR_3）

变量	全样本	国有企业	民营企业
	(1)	(2)	(3)
	CAR_3	CAR_3	CAR_3
HighLaw	0.0032 (0.462)	0.0023 (0.707)	0.0032 (0.644)
Succession	0.0009 (0.894)	-0.0022 (0.836)	0.0076 (0.450)
HighLaw_Succession	-0.0147 (0.159)	-0.0112 (0.507)	-0.0206 (0.153)
控制变量	是	是	是
观测值	873	452	421
R^2	0.028	0.045	0.056

从表 5.15 和表 5.16 可以看出，我们也未得到企业更换前后，社会信任或者法律执行对企业更换高管对企业经济后果的抑制或者加强作用。可能的原因是，中国很多高管选聘并非突然决定，大多有一个过渡期，因此在更换的时候并没有发现市场反应的剧烈变化。由于样本选择局限，我们来不及对更换高管后的一个较长时期内绩效进行观察。

5.5.3　社会信任、政治关联与企业高管选聘

当前中国市场的典型特征是"新兴"加"转轨"，与国有企业相比，民营企业的生存环境并不理想，政府特别是地方政府仍然对经济频繁干预

甚至直接参与经济活动。与政府关系越好就越有利于保护产权和促进自身发展。国有企业具有天然政治依附性，因而民营企业有更强的动机寻求与政府建立联系以获得政治资源（李维安等，2012）。民营企业的政治关联可以成为法律保护不足的一种替代机制，可以说是一种有价值的资源（Li H and Zhang Y，2006；孙铮等，2005；吴文锋等，2008，Francis et al.，2009），可以降低行业进入壁垒（罗党论等，2009），获得更多的财政补贴、税收优惠、政府合约和信贷资源（潘越等，2009），员工配置效率（刘慧龙等，2010），也可能带来一定的副作用，比如为了建立、维持与政府的联系，企业需要花费一定的成本"寻租"（余明桂等，2010）。政治关联对企业高管选聘影响的文献并不多见，现有文献主要集中在对民营企业中家族企业的传承研究。范等（Fan et al.，2008）指出，由于政商关系专属于企业创始人，很难转移到外聘人员身上。如果更多地聘任创始人的亲信，则可以使代理问题最小化，同时各种重要的"关系"也更易于转让到亲信身上。

表5.17，我们对政治关联同企业高管选聘影响进行了检验，无论是全样本（1）的回归，还是国有企业样本（2）和民营企业样本（3）的回归，我们都发现证据表明政治关联（*CEONPC*）与高管选聘显著正相关，也即验证了具有政治关联的企业更倾向于选择内部CEO，特别地，在国有企业中政治关联（*CEONPC*）与高管选聘（*Succession*）在0.1水平上正相关，而民营企业样本中政治关联（*CEONPC*）与高管选聘（*Succession*）在0.01水平上正相关。即这种效应在民营企业比国有企业更加明显。可能的解释为，资产专用性研究主要起源于两个方面，一方面通过事前（ex ante）专用性投入可以促进交易契约履行效率的提高（Williamson，1978，1988），另一方面能够事后（ex post）阻止契约一方对另一方专用性投入敲竹杠的机会主义行为（Klein，1990）。同一个企业，当参与人发生变化，不再是原来的契约关系时，专用性资产的价值也将发生变化。可以说，专用性资产是针对特定契约关系而投资的，专用性投资一旦做出就会依赖契约的其他缔约主体，而且资产专用性程度越大，其依赖性也就越强。因此，资产专用性可以在一定程度上锁定缔约主体之间的关系，其实质是一种锁定（lock - in）效应（张维迎，1996）。政商关系是民营企业基于我国法律环境、市场机制做出的保持企业竞争优势的次优选择，是民营企业开拓的关系稠密地带联接网络中的结构空洞，这种空洞具有难以复制特性，加上民营企业对这种专用性投资（资产专用性）的锁定（lock - in）效应，一旦从市场上选聘了外部职业经理人员，其事前的投资就难免部分或全部成为沉没成本。

表 5.17　　政治关联与企业高管选聘的检验结果

变量	全样本	国有企业	民营企业
	(1)	(2)	(3)
	Succession	*Succession*	*Succession*
CEONPC	1.261*** (0.000)	1.161* (0.065)	1.167*** (0.001)
控制变量	是	是	是
观测值	873	452	421
pseudo R^2	0.0551	0.0866	0.0734

表 5.18 中，我们进一步检验了社会信任与政治关联相互作用对企业高管选聘的影响，检验结果发现，在全样本（1）和国有企业样本（2）的回归中，未发现证据表明，社会信任（*Trust*1）与政治关联（*CEONPC*）的相互作用对企业高管选聘有什么影响，但在民营企业样本（3）中，社会信任（*Trust*1）与高管选聘（*Succession*）在 0.01 水平上负相关，而交互项（*Trust*1_*CEONPC*）与高管选聘（*Succession*）在 0.01 水平上正相关，表明了即使在高度的社会信任环境中，企业政治关联对企业高管选聘的影响仍然巨大。可能的解释为：首先，从资产专用性角度分析，我国民营企业所拥有的政商关系具有一定的锁定（lock - in）效应，一定程度上锁定了民营企业内部人与某特定官员的特殊关系。其次，从社会网络的结构空洞理论来讲，民营企业拥有的这种关系开拓了新的结构空洞，这种结构空洞具有难以复制特点，因此民营企业的政商关系可能抑制了对外部经理的选聘，并且这种作用远远大于社会信任对企业高管选聘的作用。

表 5.18　　社会信任、政治关联与企业高管选聘的检验结果

变量	全样本	国有企业	民营企业
	(1)	(2)	(3)
	Succession	*Succession*	*Succession*
*Trust*1	-0.103 (0.213)	0.0761 (0.548)	-0.382*** (0.003)
*Trust*1_*CEONPC*	0.319*** (0.000)	0.403** (0.013)	0.281*** (0.001)
控制变量	是	是	是
观测值	873	452	421
pseudo R^2	0.0554	0.0955	0.0865

5.6 本章小结

本章以2007—2013年中国沪深A股CEO更替公司为样本，试图从作为非正式制度安排的社会信任和正式制度的法律执行两个视角考察其对企业高管选聘的影响。社会信任作为非正式制度安排的主要体现，是影响企业高管选聘的重要因素，但不能就此认为社会信任决定着公司高管选聘；作为正式制度安排的法律执行，也可能潜在影响社会信任与企业高管选聘之间的关系。因此，我们检验了在不同法律执行环境下，社会信任对企业高管选聘的影响效果差异。主要结论如下：

第一，我们采用不同的社会信任和企业高管选聘，检验了社会信任与企业选聘之间关系的影响，结果发现，在高信任度地区人们之间的合作更容易，尤其确保在陌生人或不经常见面的人之间形成合作。即社会信任度越高的地区，企业选聘外部职业经理人的可能性越大，这种情况在我国民营企业中影响会更大。因为在国有企业中，政府委派仍然占据了国有企业经理人市场的重心，而较少受到企业外部环境的影响，尤其是作为非正式制度的社会信任的影响。

第二，企业所有者选聘外部职业经理人的主要障碍是代理问题。一个致力于提倡财产权和合同执行的法律部门，不仅为经济交易中的伙伴提供了可以相互信任的基础，还使得人们相信这样的法律执行部门，甚至法院本身也可以被信赖，能够公平地执行交易，并履行其协议职责。既然在高法律执行环境中可以找到解决这种代理问题的终端机制，那么企业所有者可能就会更倾向于招聘外部职业经理人。

第三，现代企业理论提出了企业是一系列不完备契约的有机结合，这些不完备契约并不能事前完全清晰地写进合同中，那种不能用条文固化的隐性契约，往往包含了各种默认的利益得失和隐性惩罚。这种默认的利益得失和隐性惩罚构成了利益关系人之间的相互信任。即便如此，隐含的或明确的契约建立起来的只是一定程度的可预见性，并不能涵盖所有意外事件所能遵循的规则，那种普适性、非特定方式的条款就是一个强有力的法律规范。不确定性在很大程度上，取决于协议双方所处环境的法律执行效率。因此，企业所面临的社会信任和法律执行环境对企业高管选聘具有替代的效用。

第四，我们考察了社会信任、法律执行是否能抑制企业控制权与现金

流量权分离对 *R&D* 投资的负面效应。本章考察了社会信任、法律执行是否能抑制企业选聘外部 CEO 对 *R&D* 投资的负面效应。研究发现，无论在高度信任的地区还是法律执行较高的地区，都有效地抑制了企业选聘外部 CEO 对 *R&D* 投资的负效应。但是，我们并没有发现社会信任和法律执行都有效地抑制了企业因选聘内部经理而对企业绩效产生副作用。

第五，以往研究认为我国法律执行度并不高，政府特别是地方政府仍然频繁干预甚至直接参与经济活动。这种干预虽然在国有企业比较多，但具有政治关联的民营企业拥有这种关系之后，产生的影响可能更大。无论是从民营企业政治关联的资产专用性视角分析，还是从社会网络理论的结构空洞视角分析，民营企业在拥有政治关联时，都更倾向于选聘内部人员作为 CEO。我们也进一步检验了社会信任与政治关联对企业高管选聘的影响。结果发现，具有政治关联的民营企业，即使在较高的社会信任环境中，仍然倾向于选聘内部人员的 CEO。

第6章 社会信任、法律执行与会计信息治理效应

社会信任是企业交易的基础，也是维持良性资本市场的基石。而现今由于信任的缺失，仍然存在公司内部人侵害外部中小股东，扰乱资本市场良性发展的问题。2018 年，东方海洋（002086. SZ）控股股东在一年时间里占用了上市公司资金高达 11.42 亿元，2019 年 4 月 29 日，康美药业（600518. SH）爆出多项重大违规。这些事件往往严重影响了上市公司的信息质量，也是触动本研究上市公司信息质量是否还受一个区域的文化、习俗、信任等非正式制度的影响。基于中国特定的新兴市场，当地区正式制度薄弱而文化较为多样化时，制度、文化及社会资本在影响资本市场方面起到了重要作用，充实了社会信任如何影响当地经济方面的文献，拓展了社会信任促进经济繁荣的渠道和机制研究。

基于信息的资产定价模型，股票价格的同步性反映了股票价格的同涨同跌现象，股票价格的共同变动取决于公司私有信息和市场公开信息纳入股票价格的相对数量罗尔（Roll，1988）。鉴于这一主题的重要性，越来越多文献对全球股票价格同步性进行了研究并考查了跨国差异。为了解释这种异质性，几种正式制度因素作为主要决定因素已被证实。例如，莫克等（Morck et al.，2000）发现，贫穷经济体股票价格波动比富裕经济体更剧烈。他们的解释是，发达国家较强的产权鼓励了更多的知情套利和信息获取。金和迈尔斯（Jin and Myers，2006）表明，国家会计信息透明度可以解释股价同步性的国际差异。而基于非正式制度因素的研究仅有艾恩等（Eun et al.，2015）表明，文化通过影响投资者的交易活动可以显著影响股价同步性。然而，迄今为止另一个重要文化维度——嵌入地区的社会信任水平的影响解释仍未被发现。甘贝塔（Gambetta，1988）对“信任”的定义是，一个人赋予潜在对手执行对自己有益或至少无害的行为的事件主观概率。信任作为文化和社会资本的关键要素之一，已被证明可以促进经济增长（La Porta et al.，1997）、金融发展（Guiso et al.，2004）、国际经

贸（Guiso et al.，2009）和跨境并购（Ahern et al.，2015）。本章试图通过系统研究地区社会信任对企业特定股票收益变化或股价同步性的影响来填补这一空白。我们认为社会信任可以通过两种渠道影响股票价格的同步性：一是较高的社会信任水平可以提高该地区公司所发布信息的可感知、可信度，从而促进特定信息流入股票价格。二是社会信任激励诚信行为，位于高社会信任地区的管理者不太可能向公众隐瞒与价值相关的信息，也不太可能从事机会主义活动以获取私人利益。因此，投资者更愿意在信任度较高的地区获取企业特有信息并进行知情交易，从而导致股票价格不那么同步。

中国市场提供了一个理想的实验室环境来研究社会信任对股票价格同步性的影响：首先，中国国内的地方信任水平差异很大，这是因为中国在文化、历史、宗教、民族等方面具有很大的多样性，这为中国不同省份和地区之间社会信任水平的显著异质性提供了文化基础（Ang et al.，2015）。其次，中国资本市场与并不成熟的制度与执法环境联系起来。莫克（Morck et al.，2000）发现在40个样本国家中，中国股票价格的同步性排名第二，他们将股票高同步性归因于对中国投资者保护不力。因此，考虑到中国正式制度的缺陷，考察一些非正式制度如社会信任，是否能够作为一种替代机制，影响中国企业同步性差异是十分有趣的视角。最后，中国股市发展迅速，不同地区都有上市公司存在，其代表性和广泛性得以保障。

6.1 理论分析与研究假说

社会信任作为非正式制度的落脚点，基于社会生态环境而发生。社会生态环境具有很大程度上的不确定性和不可控制性，不确定性造就事件结果的概率，概率允许某种不确定的结果产生，这个过程中信任就变得有意义而重要，不可控制性才能和信任联系起来。如果一个人完全有能力强制执行自己希望的行动，那么就不需要信任。具体而言，社会信任通过促进一个区域内活动主体的合作、降低交易费用、降低信息不对称，影响到企业所处的环境的不确定性和不可控制性，最终影响到企业的风险。

首先，社会信任作为非正式的重要组成部分及落脚点可以降低企业风险。制度是影响经济绩效的基本要素（North，1994）。制度界定为约束组织行为及其相互关系的规则，由此形成的制度环境差异是导致经济效率差异的重要因素。非正式制度能在正式安排缺失的情况下发挥作用，减少不确定性并为组织提供稳定的制度环境。尤其在正式制度和金融市场发展不完善背景下，中国经济实现了几十年的高速增长，基于此，艾伦等（Allen et al.，2005）提出了著名的“中国经济增长之谜”。具体到微观企业领域，公司治理的优劣受到诸如道德、文化、关系等非正式制度的影响更大。陈冬华等（2008，2013）指出，在中国这样一个法律制度的制定和执行并不完善的转型和新兴市场国家，非正式制度在企业的发展中可能占据着更为重要的地位。因此，本章将非正式制度落脚为一个社会生态长期演变成的社会信任度，非正式制度作为制度的一个方面，可以促进经济交往中的可预见性，防止混乱和任意行为，降低企业的风险。

其次，社会信任降低交易费用，降低了企业的风险。科斯（1937）指出，企业之所以在有些情况下存在，是因为其可以节约交易费用，一个企业只能在比其他企业或者市场运行的结构更有效率的时候才能够生存下来。威廉姆森（1979）认为，交易费用经济学的微观基础是有限理性和行为的机会主义倾向，进而指出，若不计成本，一种组织形式的任何优势都会最终消失。现实生活中，契约客观上无法完备，交易费用势必伴随组织搜索、谈判、签约、监督等产生，而交易费用存在会降低效率，减弱风险。信任通过协调简化、促进合作和监督功能可以降低企业交易活动中的交易费用，进而增加了企业持续存在下去的可能性。具体表现为：①信任的简化协调功能可以降低交易费用，可以使企业的交易活动变得简单，信任可以协助构建社会秩序（Luhumann，1979）。②信任在促进合作机制方面间接减少了谈判、签约等成本，如上文提到的信任作为合作的前提，隐含了信任程度低的人与信任程度高的人相比，人们之间的合作更难。③信任作为一种约束机制降低了交易费用。科尔曼（Coleman，1990）从委托—代理视角，构建了信任的理论分析模型，通过对两个或多个行动者之间的信任关系分析，得出信任可以降低交易费用（监督和惩罚的成本）的结论。因此，社会信任通过对降低企业交易过程之中的交易费用，也即降低了企业存在的风险，增加了其持续存在下去的概率。

最后，社会信任降低信息不对称，降低了企业的风险。威廉·鲍莫尔（William Baumol）较早把信息划分为不完全信息和完全信息，并分析两者如何对社会福利产生了影响。随后，赫伯特·西蒙（Herbert Simon）把市场参与者的决策过程看作是信息收集、评价和选择的过程，把其中的不完全信息归因于市场参与者的有限理性。乔治·阿克洛夫（Akeriof）以“柠檬市场”为例，指出市场上卖方和买方之间所掌握的信息通常是非对称的，买方拥有比卖方少的信息，此种情况下，可能会导致市场效率失灵。

根据上述文献，把信息不对称定义为在市场交易中，当市场的一方无法获取另一方将要行动的完全信息，无法观测和监督另一方的行为，或观察和监督另一方的成本高昂时，交易双方掌握的信息则处于不对称状态。信息治理的关键问题是如何实现在中国特殊的历史、文化、道德规范和关系网络等非正式制度背景下企业内部人和外部投资者之间的信任问题。吉索（Guiso et al.，2008）将社会信任界定为交易的一方被对方欺骗的主观概率。在高信任度社区中，对个体社员的行为的监督和控制使信任成为不必要（Giddens，1984）。在社会信任度低的地区，会计信息需求者预期到不确定性的增加，可能会产生对会计信息的较高需求（Dhananjay and Peter，2013）。因此，虽然信息不对称会使信息拥有方在另一方受到损害的情况下，为自己牟取更大的利益，但社会信任可以减少信息搜寻成本，降低观察和监督成本，从而避免这类行为的发生，最终提高社会资源配置效率，降低了企业的风险。

基于上述分析，社会信任可以促进一个区域内活动主体的合作、降低交易费用、降低信息不对称，达到对资源的优化配置作用。提出以下假说：

H1：在其他条件不变的情况下，地区社会信任度越高，股价同步性越低，股价崩盘概率越小，企业系统风险越小，违规概率越低。

社会信任这一非正式制度与法制环境这一正式制度，构成了影响企业信息传递的外部制度环境因素。正式制度与非正式制度的互动机制以及变迁方式和速度上的差异决定了制度环境的有效性和稳定性（Pejovieh，2006）。前已述及，社会信任这一非正式制度对弱势一方的产权具有保护作用，表现为企业所在地区社会信任度越高，其企业融资违规越少。那么，法制环境作为一种重要的正式制度，势必会影响社会信任与企业融资违规越少之间的关系。

一方面，股价同步性、股价崩盘的概率、企业的系统风险、违规概率随着地区社会信任程度的提高而减少的这一现象可能会在法制环境较好的地区更明显。这是因为：诺斯（North，1990）将制度定义为一种规则，这种规则可以约束组织行为及其相互关系，在正式制度缺失的情况下，非正式制度将会发挥较大的约束作用，以减少不确定性并为组织提供稳定的制度环境。社会信任和法制环境分别代表非正式制度和正式制度，正式制度的实效则依赖于社会成员对正式制度的信任。社会的公平和正义更需要社会普遍的信任支撑，因此，在正式制度较好（民主、法治、公正）的社会环境中，社会成员间更需要信任，信任规则、法律、政治制度的公平、公正性，信任信息的真实和可靠性，信任社会关系的和谐和稳定性（杨明等，2011）。高水平的信任环境，抑制了控制人的私人收益、简化了监督和信息传递机制，企业和债主之间都愿意遵守和承认，依照契约行事。在法制环境较好的地区，契约参与者将为失信行为付出较大代价，或者当债主与企业发生纠纷时，可以按照公正的法律保护受害方。因此，本章预期，在法制环境较好的地区，股价同步性、股价崩盘的概率、企业的系统风险、违规概率随着地区社会信任程度的提高而减少的这一现象更加明显。

另一方面，股价同步性、股价崩盘的概率、企业的系统风险、违规概率随着地区社会信任程度的提高而减少的这一现象仍可能会在法制环境差的地区更明显。这是因为：良好的法制环境可为本不相关的陌生参与者提供互相合作和解决争端的基础与底线判断，从而扩大社会信任功能发挥作用的半径与范围。同时，社会信任也隐含着共同的意识形态资本和价值观，确保陌生人或不经常见面的人之间形成合作（Guiso et al.，2008），有助于提高区域内人们对法律制度的认同和维护，进而形成一种共同的社会准则。一个通过规则和法律规范运行的社会，可使人们形成一个预期，预期其他人做出可负责任的行动，使得事前的合约更具可信性。在法制环境较差地区，抑制了该地区公司所发布信息的可感知、可信度，从而促进特定信息流入股票价格；而且，该地区的公司管理者容易向公众隐瞒与价值相关的信息，以便从事机会主义活动以获取私人利益。此时，社会信任这一非正式制度恰好可以弥补法制环境薄弱对产权保护的影响，从而抑制控制人的私人收益（如：掠夺财富、增强话语权等）。因此，本章预期，在法制环境较差的地区，股价同步性、股价崩盘的概率、企业的系统风险、违规概率随着地区社会信任程度的提高而减少的这一现象更加明显。

H2a：在法制环境较差的地区，股价同步性、股价崩盘的概率、企业的系统风险、违规概率随着地区社会信任程度的提高而增强的这一现象更加明显。

H2b：在法制环境较好的地区，股价同步性、股价崩盘的概率、企业的系统风险、违规概率随着地区社会信任程度的提高而增强的这一现象更加明显。

6.2 研究设计

6.2.1 数据来源

本章选择2006—2016年中国A股上市公司为初始样本，并按照以下原则进行了筛选：①剔除金融类公司样本；②剔除当年被ST公司样本；③剔除相关指标数据缺失的样本；④对本章对主要连续变量进行上下1%的Winsorize处理，以消除极端值在分析中导致的偏差。最终，我们得到14 726个有效样本观测值。本章使用的研究数据来自国泰安（CSMAR）。

6.2.2 变量定义

主要因变量如下：

①股价同步性（*Sync*）。我们借鉴王亚平等（2009）等的做法，运用模型（6.1）来估计个股的R^2，并运用等式（6.2）对R^2进行对数化，最后得到的指标Sync即为股价同步性的衡量指标。

$$r_{i,t} = \beta_0 + \beta_1 r_{m,t} + \beta_1 r_{I,t} + \varepsilon_{i,t} \tag{6.1}$$

$$Sync_i = \mathrm{Ln}\left[\frac{R_i^2}{1 - R_i^2}\right] \tag{6.2}$$

其中，$r_{i,t}$为第t周的个股收益率，$r_{m,t}$为第t周的市场收益率，$r_{I,t}$为第t周的行业收益率；$r_{I,t}$是按照中国证监会行业分类标准，以公司流通市值为权重，对$r_{i,t}$加权平均计算出来的指标；$R_i^{\,2}$为模型（6.1）的拟合优度。为保证回归估计的有效性，在回归过程中，我们删除了年交易周数少于30周的公司年度观测。

②企业违规风险（*Isviolated*）。违规样本取自CSMAR数据库中“公司违规”的研究，违规类型包含虚构利润、虚列资产、虚假记载（误导性陈述）、推迟披露、重大遗漏、披露不实（其他）、欺诈上市、出资违规、擅自改变资金用途、占用公司资产、内幕交易、违规买卖股票、操纵股价、违规担保、一般会计处理不当等，违规行为经常是同时发生的。公司年度内有至少一次违规，则定义为1，否则为0。

③股价崩盘风险（*Ncskew and Duvol*）。现有文献表明，有三种方法衡量企业股价崩盘风险（Chen et al.，2001；Hutton et al.，2009；Kim et al.，2011a，2011b；Li and Liu，2012；Xu et al.，2012，2013；Wang et al.，2015）。本研究着重采用了前两种方法，第三种方法主要是为了做稳健性检验，结果基本和前两种一致（Xu et al.，2012；Xu et al.，2013；Wang et al.，2015）。

为了计算股价崩盘风险，$W_{j,t}$为每一年度股票 j 在第 t 周的收益。

$W_{j,t}=\text{Log}\ (1+\varepsilon_{j,t})$，

$\varepsilon_{j,t}$为模型（6.3）中的回归残差。

$$r_{j,t}=\alpha+b_{1j}r_{m,t-2}+b_{2j}r_{m,t-1}+b_{3j}r_{m,t}+b_{4j}r_{m,t+1}+b_{5j}r_{m,t+2}+\varepsilon_{j,t} \tag{6.3}$$

$r_{j,t}$为每一年度股票 i 在第 t 周的收益，$r_{m,t}$为 A 股所有股票在第 t 周经流通市值加权的平均收益率。本章在方程（6.3）中加入市场收益的超前项和滞后项，以调整股票非同步性交易的影响（Dimson，1979）。

然后，我们构造如下两个股价崩盘风险的度量指标。

我们使用的第一个衡量股价崩盘风险的指标是股票 i 经过市场调整后周收益率的负偏度（*Ncskew*），如方程（6.4）：

$$Ncskew_{j,t}=-\left[n(n-1)^{3/2}\sum W_{j,t}^{3}\right]/\left[(n-1)(n-2)\left(\sum W_{j,t}^{2}\right)^{3/2}\right] \tag{6.4}$$

本研究使用的第二个衡量股价崩盘风险的指标是股价上升和下降阶段波动性的差异（*Duvol*）。首先，根据股票 i 经过市场调整后周收益率（$W_{i,t}$）是否大于年平均收益将股票收益数据分为上升阶段（up weeks）和下降阶段（down weeks）两个子样本，并分别计算两个子样本中股票收益的标准差（n_u，n_d），然后使用如下的模型（6.5）计算 $Duvol_{j,t}$。

$$Duvol_{j,t}=\log\left\{\left[(n_u-1)\sum_{down}W_{i,t}^{2}\right]/\left[(n_d-1)\sum_{up}W_{i,t}^{2}\right]\right\} \tag{6.5}$$

④年度贝塔系数（*Beta*）。该指标直接取自 CSMAR 数据库，年度贝塔系数从投资者的角度更客观地衡量了企业当年面临的市场风险。

主要自变量如下：

①社会信任（*Trust*1），社会信任不仅代表着传统的价值观和信仰，而且作为一国文化传统的产物，通过社会群体、民族和宗教逐代衍传，形成一种非正式制度（Putnam，1993；Guiso et al.，2006；Guiso et al.，2008；Sapienza et al.，2014）。参照安格等（Ang et al.，2015），吴等（Wu et al.，2014）、张敦力等（2012）、刘凤委等（2009）的研究，以张维迎和柯荣住（2002）对企业及企业领导人有关社会信任认识的调查指标来度量社会信任。

②社会信任（*Trust*2），来源于中国综合社会调查（2003），是由国务院发展研究中心社会发展研究部与中国人民大学联合举行的一次全国性的社会基本状况调查，共涉及 28 个省份，125 个县级单位，559 个居委会，5 900 名被访者，收回有效数据 5 894 条。有关信任的问题设计是：一般说来，您对现在社会上的陌生人是否信任？五个选项分别为：（a）非常不信任，（b）不信任，（c）一般，（d）信任，（e）非常信任。然后按照信任度从低到高分别赋值为从 1、2、3、4 和 5，根据省份平均得分，得到省级层面的信任指数。

③献血率（*Blood*2000），2000 年各个省份的总献血数量/每个省份人数。目前，中国没有对自愿献血的相关法律和经济激励，献血仅仅是为了一种社会价值、合作、利他主义和互惠，进一步体现出社会信任。艾格等（Ang et al.，2015）和吴等（Wu et al.，2014）也采用相同指标进行了研究。

④献血率（*Blood*2011），2011 年各个省份的总献血数量与省份人数之比。

⑤非营利组织数量（*Ngo*），采用 2005—2008 年平均非政府组织在每百万省人口数值作为社会信任替代指标。在一定社会中，越是积极参与各种社团组织的居民，越能从与他人的交往中认识到互助、合作、友善、共识、公益等人际关系处理方式在协调彼此关系、增进社会福利过程中的重要性，它们实际上构成社会信任的核心特征（Bellah et al.，1985）。

其他主要变量见表 6.1：

表 6.1　　　　主要变量定义

变量类型	符号	变量名称	定义
因变量	*Sync*	股价同步性	股价同步性变量，依据公司股票收益与市场、行业收益回归的 R^2 计算得到
	Isviolated	企业违规风险	违规 =1，否则为 0
	Ncskew	股价崩盘风险	*Ncskew* 是按照方程（6.4）计算结果
	Duvol	股价崩盘风险	*Duvol* 是按照方程（6.5）计算结果
	Beta	年度贝塔系数	企业当年的年度贝塔系数（分市场计算，如对沪市股票，取沪市市场回报率为市场回报率）
解释变量	*Trust*1	社会信任	中国企业家调查系统（2000）有关社会信任调查
	*Trust*2	社会信任	国务院发展研究中心社会发展研究部与中国人民大学（2003）有关社会信任调查

续表

变量类型	符号	变量名称	定义
解释变量	*Blood2000*	献血率	2000年各个省份的总献血数量/每个省份人数
	Blood2011	献血率	2011年各个省份的总献血数量/每个省份人数
	Ngo	非营利性组织数量	2005—2008年中国非营利组织数量
控制变量	*Size*	公司规模	期末总资产取对数
	Lev	资产负债率	期末总负债/期末总资产
	HHI	行业竞争程度	赫芬达尔指数
	Growth	投资机会	总资产增长率
	Risk	财务杠杆	(净利润+所得税费用+财务费用)/(净利润+所得税费用)
	ROA	总资产收益率	利润总额/总资产
	Operate	总资产周转率	营业收入/资产总额期末余额
	Outdir	独立董事占比	独立董事人数/董事会人数
	Dual	两职合一	董事长与总经理合一为1，否则为0
	Committees	委员会数量	公司中的委员会数量
	GDP	地区生产总值指数	根据国家统计局每年公布的地区生产总值计算所得指数（上年=100）
	Uncertain	经济政策不确定指数	根据斯坦福大学和芝加哥大学联合发布的各国经济政策不确定指数
	Year	年度	年份虚拟变量
	Industry	行业	行业虚拟变量

6.2.3 模型设定

为检验假说，本章设定如下模型：

$$Sync/Isviolated/Beta = \alpha_0 + \alpha_1 \times Trust + \sum_{2}^{k} \alpha_i \times Control_i + \varepsilon_i \quad (6.6)$$

模型（6.6）中，*Sync* 为股价同步性，*Ncskew* 和 *Duvol* 为股价崩盘风险，*Isviolated* 为企业违规风险，*Beta* 为企业风险系数。本章预期企业所在地区社会信任度越高，企业的各种风险越低，因此预计社会信任（*Trust*）α_1系数为负。

$$Sync/Isviolated/Beta = \alpha_0 + \alpha_1 \times Trust \times Law + \alpha_1 \times Trust + \alpha_1 \times Law + \sum_{2}^{k} \alpha_i \times Control_i + \varepsilon_i \quad (6.7)$$

模型（6.7）中，*Sync* 为股价同步性，*Ncskew* 和 *Duvol* 为股价崩盘风险，*Isviolated* 为企业违规风险，*Beta* 为企业风险系数。本章预期企业所在地区社会信任（*Trust*）与法律效率（*Law*）的交互项（*Trust* × *Law*）系数 α_1 不能确定方向，可能为正，也可能为负。

6.3 实证结果

6.3.1 描述性统计

表 6.2 中的 Panel A 描述了不同维度的企业风险变量，股价同步性（*Sync*）最大值为 1.49，最小值为 -2.70；股价崩盘风险指标之一的最大值和最小值（*Ncskew*）分别为 1.86 和 -2.34。股价崩盘风险指标之二的最大值和最小值（*Duvol*）分别为 1.11 和 -1.42。企业违规风险（*Isviolated*），均值为 0.09，说明企业违规数量占总样本的 9% 左右。市场回报率（*Beta*）最大值为 1.66，最小值为 0.54。

表 6.2 中的 Panel B 报告了自变量描述性统计结果，社会信任指标（*Trust*1）均值为 3.85，标准差为 1.14，表明各地区间社会信任指标存在明显差异。社会信任指标（*Trust*2）均值为 2.25，标准差为 0.11。以 2005—2008 年各地区非营利性组织数量与人口比例（*Ngo*）均值为 3.20，标准差为 1.03。2000 年各地区献血率（*Blood*2000）均值为 1.37，标准差为 0.97。2011 年各地区献血率（*Blood*2011）均值为 3.62，标准差为 1.22。

表 6.2 中的 Panel C 报告了其他控制变量的描述性统计结果。

表 6.2　　　　描述性统计

Panel A: Dependent variables

变量	观测值	均值	标准差	25% 分位数	中位数	75% 分位数
Sync	14 726	0.210	0.852	-0.691	0.153	0.350
Beta	14 726	1.118	0.221	0.983	1.127	1.261
Ncskew	14 726	-0.348	0.665	-0.725	0.323	0.045
Duvol	14 726	-0.253	0.466	-0.555	-0.262	0.047
Violation	14 726	0.086	0.281	0.000	0.000	0.000

续表

Panel B：Trust measures						
变量	观测值	均值	标准差	25%分位数	中位数	75%分位数
*Trust*1	14 726	3.847	1.131	2.667	4.353	4.764
*Trust*2	14 539	2.252	0.113	2.175	2.239	2.344
*Blood*2000	14 539	1.366	0.972	0.654	1.259	1.383
*Blood*2011	14 726	3.617	1.217	3.019	3.344	3.869
Ngo	14 726	3.197	1.027	2.314	3.140	3.664
Law	14 726	7.824	4.341	4.230	6.970	11.330

Panel C：Control variables						
变量	观测值	均值	标准差	25%分位数	中位数	75%分位数
Size	14 726	21.971	1.339	21.047	21.795	22.701
Lev	14 726	0.505	0.218	0.347	0.509	0.653
ROA	14 726	0.031	0.063	0.010	0.030	0.058
Growth	14 726	0.135	0.246	0.003	0.090	0.209
Turnover	14 726	0.675	0.486	0.347	0.566	0.852
Risk	14 726	1.500	1.387	0.990	1.122	1.488
Outdir	14 726	0.365	0.051	0.333	0.333	0.375
Committees	14 726	3.588	1.008	4.000	4.000	4.000
HHI	14 726	0.064	0.058	0.030	0.048	0.075
GDP	14 726	110.819	2.568	108.500	110.400	112.700
Uncertainty	14 726	135.645	52.164	98.888	123.635	170.636

6.3.2 实证结果与分析

表6.3报告了社会信任与股价同步性的检验结果，可以发现，列（1）社会信任（*Trust*1）与股价同步性负相关，且在1%水平上显著，验证了假说。列（2）更换其他维度的社会信任指标（*Trust*2）与股价同步性检验，得到相同的结果。股价同步性体现了股价中公司特质信息的多少，如果股价中所包含的公司特质信息较多，则股票股价同步性较低；反之，股价同步性较高（Morck et al.，2000；Jin and Myers，2006）。股价同步性是一种重要的股票市场现象，反映了市场信息环境和市场效率，当企业股价同步性较高时，即存在较大的市场风险。当企业社会信任较高时，可以通过提高区域内交易的合作、降低交易费用、降低信息不对称，进而降低股价同步性。

表 6.3　　　　　　　　社会信任对股价同步性的影响

变量	*Sync*	*Sync*
	(1)	(2)
*Trust*1	-0.014** (-2.52)	
*Trust*2		-0.240*** (-4.54)
Size	0.200*** (37.80)	0.197*** (37.16)
Lev	-0.527*** (-15.75)	-0.521*** (-15.18)
ROA	-0.273** (-2.52)	-0.259** (-2.34)
Growth	-0.260*** (-10.57)	-0.262*** (-10.57)
Turnover	-0.046*** (-3.42)	-0.045*** (-3.31)
Risk	-0.006 (-1.53)	-0.004 (-1.04)
Outdir	0.010 (0.09)	0.013 (0.11)
Committees	0.015** (2.20)	0.014** (2.16)
HHI	0.3820*** (2.94)	0.373*** (2.83)
GDP	-0.001 (-0.32)	-0.002 (-0.56)
常数项	-0.000 (-0.54)	-0.000 (-0.63)
行业固定效应	是	是
年份固定效应	是	是
观测值	14 726	14 539
$Adj-R^2$	0.322	0.3230

注：①***、**、*分别表示估计系数在0.01、0.05、0.1水平上显著；②括号内为t检验值。本章下同。

表6.4报告了社会信任与年度贝塔系数的检验结果，可以发现，列（1）社会信任（*Trust*1）与年度贝塔系数负相关，且在1%水平上显著，验证了假说。列（2）更换其他维度的社会信任指标（*Trust*2）与年度贝塔系数检验，虽然未达到显著性水平，但系数仍然为负。年度贝塔系数从投资者的角度更客观地衡量了企业当年面临的市场风险（罗党论，2016）。可能的解释为，企业经营是一个动态过程，具有很大程度的不确定性，投资者和控制人之间不可能在契约里就所有的可能发生事件，事先做出完备的约定，以至于在那种无法明确的隐性契约中，往往包含各投资者在得失和隐性惩罚方面的默契。隐性契约中建立的默契构成签约者之间的相互信任（雷光勇等，2015）。社会信任是指在一个有限的区域内，区域内的人反复地进行交易或者活动形成共同的社会规范，需要区域内所有人共同的参与和维护（Fukuyama，1995）。在社会信任高的地区，信任作为一种共享的价值观，减少了预期的不确定性，从而也减少了投资者的风险。

表6.4　　社会信任对股票市场贝塔系数的影响

变量	*Beta* (1)	*Beta* (2)
*Trust*1	−0.007*** (−4.06)	
*Trust*2		−0.020 (−1.29)
Size	0.012*** (7.38)	0.010*** (6.07)
Lev	−0.149*** (−15.12)	−0.136*** (−13.46)
ROA	−0.366*** (−11.43)	−0.348*** (−10.67)
Growth	0.022*** (2.96)	0.022*** (2.97)
Turnover	0.003 (0.71)	0.002 (0.37)
Risk	0.005*** (3.84)	0.005*** (4.11)
Outdir	−0.105*** (−3.19)	−0.105*** (−3.18)

续表

变量	Beta	Beta
	(1)	(2)
Committees	0.006*** (3.27)	0.007*** (3.44)
HHI	0.013 (0.34)	-0.001 (-0.02)
GDP	-0.001 (-0.43)	0.001 (0.76)
常数项	0.001*** (11.53)	0.001*** (11.82)
公司固定效应	Yes	Yes
行业固定效应	Yes	Yes
观测值	14 726	14 539
$Adj-R^2$	0.185	0.182

表6.5报告了社会信任与股价崩盘的检验结果。从结果中可以看出，列（1）中社会信任（*Trust*1）与股价崩盘（*Ncskew*）负相关，且在5%水平上显著，验证了假说。更换指标后，使用另一维度的社会信任指标（*Trust*2）与股价崩盘（*Ncskew*）检验，得到相同的结果见列（2）。表6.5的列（3）中社会信任（*Trust*1）与股价崩盘（*Duvol*）负相关，且在1%水平上显著，验证了假说。更换指标后，使用另一维度的社会信任指标（*Trust*2）与股价崩盘（*Duvol*）检验，得到相同的结果见列（4）。

表6.5　　　　　社会信任对股票崩盘风险的影响

变量	Ncskew	Ncskew	Duvol	Duvol
	(1)	(2)	(3)	(4)
*Trust*1	-0.011** (-2.26)		-0.009*** (-2.74)	
*Trust*2		-0.113** (-2.32)		-0.093*** (-2.73)
Size	-0.009* (-1.82)	-0.010** (-1.98)	-0.005 (-1.30)	-0.005 (-1.45)
Lev	0.073** (2.27)	0.071** (2.15)	0.044* (1.95)	0.036 (1.58)
ROA	0.372*** (3.57)	0.363*** (3.41)	0.266*** (3.67)	0.245*** (3.30)

续表

变量	*Ncskew*	*Ncskew*	*Duvol*	*Duvol*
	(1)	(2)	(3)	(4)
Growth	0.035 (1.49)	0.040* (1.66)	0.021 (1.26)	0.025 (1.51)
Turnover	-0.020 (-1.50)	-0.019 (-1.43)	-0.012 (-1.33)	-0.011 (-1.25)
Risk	-0.016*** (-4.11)	-0.016*** (-4.06)	-0.008*** (-2.85)	-0.008*** (-2.79)
Outdir	0.153 (1.43)	0.139 (1.29)	0.121 (1.62)	0.111 (1.48)
Committees	0.005 (0.72)	0.006 (0.95)	0.006 (1.40)	0.007 (1.59)
HHI	0.262** (2.10)	0.259** (2.04)	0.236*** (2.72)	0.220** (2.49)
GDP	-0.002 (-1.30)	0.001 (0.68)	-0.003 (-1.51)	0.001 (0.62)
常数项	0.001*** (6.31)	0.001*** (7.71)	0.000*** (4.31)	0.001*** (9.71)
公司固定效应	是	是	是	是
行业固定效应	是	是	是	是
观测值	14 726	14 539	14 726	14 539
$Adj-R^2$	0.054	0.053	0.062	0.062

表6.6报告了社会信任与企业违规风险的检验结果，可以发现，列(1)社会信任（*Trust*1）与企业违规风险负相关，且在1%水平上显著，验证了假说。列（2）更换其他维度的社会信任指标（*Trust*2）与企业违规风险检验，在5%水平上显著负相关，得到了类似的结果。

表6.6　　　　社会信任对企业违规可能性的影响

变量	*Violation*	*Violation*
	(1)	(2)
*Trust*1	-0.167*** (-5.31)	
*Trust*2		-0.779** (-2.28)

续表

变量	*Violation*	*Violation*
	(1)	(2)
Size	-0.249*** (-8.59)	-0.251*** (-8.53)
Lev	1.132*** (6.76)	1.015*** (5.79)
ROA	-2.974*** (-5.54)	-3.625*** (-6.50)
Growth	0.369*** (2.94)	0.420*** (3.31)
Turnover	-0.300*** (-3.63)	-0.257*** (-3.06)
Risk	0.052*** (2.72)	0.053*** (2.73)
Outdir	0.565 (0.94)	0.751 (1.24)
Committees	0.082 (1.61)	0.071 (1.37)
HHI	0.179 (0.25)	0.054 (0.08)
GDP	-0.025 (-1.13)	-0.034 (-1.22)
常数项	0.027*** (8.78)	0.031*** (10.20)
公司固定效应	是	是
行业固定效应	是	是
观测值	14 726	14 539
$Adj-R^2$	0.122	0.119

6.4 稳健性检验

首先，可能存在遗漏变量问题，因此在检验时，要尽可能控制影响模型估计精度的变量。其次，可能存在互为因果关系。借鉴吴等（Wu et al.，2014）的研究，利用每个省份的献血率（*Blood*）作为工具变量进行两阶段回归。献血率（*Blood*2000/*Blood*2011），本章采用 2000 年和 2011 年各个省份的总献血数量/每个省份人数。目前，中国没有关于对自愿献血人的相关法律和经济激励，献血仅仅是为了一种社会价值、合作、利他主义和互惠，进一步体现出社会信任。表 6.7 报告了采用工具变量法的回归结果。结果发现，控制内生性后，结论仍成立。非营利性组织数量（*Ngo*），本章采用 2005—2008 年平均非政府组织在每百万省人口数值作为社会信任替代指标。在一定社会中，越是积极参与各种社团组织的居民，越能从与他人的交往中认识到互助、合作、友善、共识、公益等人际关系处理方式在协调彼此关系、增进社会福利过程中的重要性，它们实际上构成社会信任的核心特征（Bellah et al.，1985）。

表 6.7 的 Panel A 采用上述三个工具变量对社会信任与股价同步性进行两阶段回归检验，Panel B 采用上述三个工具变量对社会信任与股价崩盘风险进行两阶段回归检验，Panel C 采用上述三个工具变量对社会信任与企业违规风险进行两阶段回归检验，Panel D 采用上述三个工具变量对社会信任与年度贝塔系数进行两阶段回归检验，结果发现，控制内生性后，结论仍成立。

表 6.7　　　　　　内生性处理：工具变量法

Panel A：股价同步性

变量	*Trust*	*Sync*
	(1)	(2)
Instrumented Trust		-0.026*** (-3.24)
*Blood*2000	0.473*** (30.32)	
*Blood*2011	0.146*** (13.00)	
Ngo	0.314*** (51.38)	
控制变量	是	是
行业固定效应	是	是
年份固定效应	是	是
观测值	14 539	14 539
$Adj-R^2$	0.657	0.324

续表

Panel B：股价崩盘风险

变量	Trust	Ncskew	Trust	Duvol
	(1)	(2)	(3)	(4)
Instrumented Trust		-0.021*** (-3.33)		-0.016*** (-3.58)
*Blood*2000	0.548*** (38.65)		0.548*** (38.65)	
*Blood*2011	0.117*** (10.63)		0.117*** (10.64)	
Ngo	0.315*** (51.21)		0.315*** (51.22)	
控制变量	是	是	是	是
行业固定效应	是	是	是	是
年份固定效应	是	是	是	是
观测值	14 539	14 539	14 539	14 539
$Adj-R^2$	0.654	0.056	0.654	0.064

Panel C：股票市场风险

变量	Trust	Beta
	(1)	(2)
Instrumented Trust		-0.014*** (-6.24)
*Blood*2000	0.473*** (30.32)	
*Blood*2011	0.146*** (13.00)	
Ngo	0.314*** (51.38)	
控制变量	是	是
行业固定效应	是	是
年份固定效应	是	是
观测值	14 539	14 539
$Adj-R^2$	0.657	0.184

续表

Panel D：企业违规

变量	*Trust*	*Violation*
	(1)	(2)
Instrumented Trust		-0.021 *** (-6.76)
*Blood*2000	0.473 *** (30.32)	
*Blood*2011	0.146 *** (13.00)	
Ngo	0.314 *** (51.38)	
控制变量	是	是
行业固定效应	是	是
年份固定效应	是	是
观测值	14 539	14 539
$Adj-R^2$	0.657	0.067

6.5 进一步分析

6.5.1 产权性质的异质性检验

参见表6.8，我们关注到中国股权结构的一个特别重要方面：公司是否为国有。社会信任效应对国有企业（*SOE*）影响要比非国有企业（*Non-SOE*）更为显著，这些结果与“当正式制度较弱时，信任发挥更突出的作用”的观点相一致（Guiso et al.，2004）。我们采用自愿献血比率和非政府组织数量来衡量区域信任度通过估计两阶段最小二乘回归（2SLS）估计所有结果，结论仍然成立。

表 6.8　　国有企业（*SOEs*）与非国有企业（*Non-SOEs*）

Panel A：股价同步性

变量	*SOEs*		*Non-SOEs*	
	(1)	(2)	(3)	(4)
	Sync	*Sync*	*Sync*	*Sync*
*Trust*1	-0.028*** (-3.36)		-0.001 (-0.14)	
*Trust*2		-0.242*** (-3.11)		-0.154 (-1.59)
控制变量	是	是	是	是
行业固定效应	是	是	是	是
年份固定效应	是	是	是	是
观测值	6 145	6 049	8 581	8 490
$Adj-R^2$	0.316	0.317	0.310	0.310

Panel B：股票市场风险

变量	*SOEs*		*Non-SOEs*	
	Beta	*Beta*	*Beta*	*Beta*
	(1)	(2)	(3)	(4)
*Trust*1	-0.016*** (-6.33)		0.000 (0.02)	
*Trust*2		-0.050** (-2.20)		-0.028 (-1.04)
控制变量	是	是	是	是
行业固定效应	是	是	是	是
年份固定效应	是	是	是	是
观测值	6 145	6 049	8 581	8 490
$Adj-R^2$	0.190	0.185	0.245	0.244

Panel C：股价崩盘风险

变量	*SOEs*		*Non-SOEs*		*SOEs*		*Non-SOEs*	
	(1)	(2)	(3)	(4)	(5)	(6)	(7)	(8)
	Ncskew	*Ncskew*	*Ncskew*	*Ncskew*	*Duvol*	*Duvol*	*Duvol*	*Duvol*
*Trust*1	-0.014* (-1.79)		-0.006 (-0.62)		-0.010* (-1.82)		-0.003 (-0.52)	0.069 (1.10)
*Trust*2		-0.132* (-1.78)		0.0699 (0.77)		-0.106** (-2.06)		

续表

Panel C：股价崩盘风险

变量	SOEs		Non - SOEs		SOEs		Non - SOEs	
	(1)	(2)	(3)	(4)	(5)	(6)	(7)	(8)
	Ncskew	*Ncskew*	*Ncskew*	*Ncskew*	*Duvol*	*Duvol*	*Duvol*	*Duvol*
控制变量	是	是	是	是	是	是	是	是
行业固定效应	是	是	是	是	是	是	是	是
年份固定效应	是	是	是	是	是	是	是	是
观测值	6 145	6 049	8 581	8 490	6 145	6 049	8 581	8 490
$Adj-R^2$	0. 054	0. 053	0. 049	0. 050	0. 062	0. 062	0. 055	0. 056

Panel D：企业违规

变量	SOEs		Non - SOEs	
	(1)	(2)	(3)	(4)
	Violation	*Violation*	*Violation*	*Violation*
*Trust*1	−0. 246 *** (−4. 52)		−0. 202 *** (−4. 24)	
*Trust*2		−0. 839 * (−1. 74)		0. 072 (0. 15)
控制变量	是	是	是	是
行业固定效应	是	是	是	是
年份固定效应	是	是	是	是
观测值	6 145	6 049	8 581	8 490
$Adj-R^2$	0. 147	0. 133	0. 010	0. 105

6. 5. 2　法律效率的异质性检验

表 6. 9 检验了社会信任和法律执行的交互作用对股价同步性、企业的系统风险、股价崩盘的概率、违规概率的影响。

Panel A 报告了社会信任和法律执行的交互作用对股价同步性（*Sync*）影响的检验结果，在总样本列（1）中，社会信任与法律效率的交互项（*Trust*1_*Law*）系数为负，但未达到显著性水平；在非国有样本列（2）中，社会信任与法律效率的交互项（*Trust*1_*Law*）系数为正，但未达到显著性水平；在国有样本列（3）中，社会信任与法律效率的交互项（*Trust*1_*Law*）系数为正，且在 10% 水平上显著。列（3）、列（4）、列

（5）用社会信任（*Trust*2）分别对全样本、非国有及国有样本进行了检验，得出了类似结论。

Panel B 报告了社会信任和法律执行的交互作用对企业的系统风险（*Beta*）影响的检验结果，在总样本列（1）中，社会信任与法律效率的交互项（*Trust*1_*Law*）系数为正，但未达到显著性水平；在非国有样本列（2）中，社会信任与法律效率的交互项（*Trust*1_*Law*）系数为负，但未达到显著性水平；在国有样本列（3）中，社会信任与法律效率的交互项（*Trust*1_*Law*）系数为正，且在 10% 水平上显著。列（3）、列（4）、列（5）用社会信任（*Trust*2）分别对全样本、非国有及国有样本进行了检验，得出了类似结论。

Panel C 报告了社会信任和法律执行的交互作用对股价崩盘（*Ncskew*）影响的检验结果，在总样本列（1）中，社会信任与法律效率的交互项（*Trust*1_*Law*）系数为负，但未达到显著性水平；在非国有样本列（2）中，社会信任与法律效率的交互项（*Trust*1_*Law*）系数为负，但未达到显著性水平；在国有样本列（3）中，社会信任与法律效率的交互项（*Trust*1_*Law*）系数为正，且在 5% 水平上显著。列（3）、列（4）、列（5）用社会信任（*Trust*2）分别对全样本、非国有及国有样本进行了检验，得出了类似结论。

同时，Panel C 也报告了社会信任和法律执行的交互作用对股价崩盘（*Duvol*）影响的检验结果，在总样本列（1）中，社会信任与法律效率的交互项（*Trust*1_*Law*）系数为负，但未达到显著性水平；在非国有样本列（2）中，社会信任与法律效率的交互项（*Trust*1_*Law*）系数为正，但未达到显著性水平；在国有样本列（3）中，社会信任与法律效率的交互项（*Trust*1_*Law*）系数为正，且在 5% 水平上显著。列（3）、列（4）、列（5）用社会信任（*Trust*2）分别对全样本、非国有及国有样本进行了检验，得出了类似结论。

Panel D 报告了社会信任和法律执行的交互作用对企业违规概率（*Violation*）影响的检验结果，在总样本列（1）中，社会信任与法律效率的交互项（*Trust*1_*Law*）系数为正，且在 1% 水平上显著；在非国有样本列（2）中，社会信任与法律效率的交互项（*Trust*1_*Law*）系数为负，但未达到显著性水平；在国有样本列（3）中，社会信任与法律效率的交互项（*Trust*1_*Law*）系数为正，且在 1% 水平上显著。列（3）、列（4）、列（5）用社会信任（*Trust*2）分别对全样本、非国有及国有样本进行了检验，得出了类似结论。

表 6.9　法律效率（Law）与社会信任（Trust）交互影响

Panel A：股价同步性

变量	*Sync*	*Syn*	*Sync*	*Sync*	*Synck*	*Sync*
	(1)	(2)	(3)	(4)	(5)	(6)
Trust1_Law	-0.002 (-0.50)	0.003 (1.10)	0.003* (1.72)			
Trust1	0.000 (0.02)	-0.033* (-1.71)	-0.035*** (-2.74)			
Trust2_Law				0.007 (0.46)	0.04* (1.69)	0.055* (1.80)
Trust2				0.295*** (2.67)	-0.411** (-2.50)	-0.152 (-0.75)
Law	-0.013 (-1.47)	-0.018 (-1.30)	-0.011 (-0.71)	-0.016 (-0.43)	-0.107* (-1.77)	-0.127* (-1.84)
控制变量	是	是	是	是	是	是
行业固定效应	是	是	是	是	是	是
年份固定效应	是	是	是	是	是	是
观测值	14 726	6 145	5 351	14 539	6 049	5 301
$Adj-R^2$	0.322	0.316	0.310	0.323	0.317	0.311
F	171.836	72.058	61.008	170.076	71.180	60.725

Panel B：股票市场风险

变量	*Beta*	*Beta*	*Beta*	*Beta*	*Beta*	*Beta*
	(1)	(2)	(3)	(4)	(5)	(6)
Trust1_Law	0.001 (1.59)	-0.001 (-0.84)	0.002* (1.73)			
Trust1	-0.018*** (-4.68)	-0.004 (-0.68)	-0.026*** (-4.63)			
Trust2_Law				0.024*** (5.17)	-0.002 (-0.25)	0.026*** (3.41)
Trust2				-0.161*** (-4.95)	-0.038 (-0.66)	-0.152*** (-3.16)
Law	-0.002 (-0.60)	0.007 (1.63)	-0.005 (-1.33)	-0.056*** (-5.20)	0.007 (0.38)	-0.063*** (-3.59)
控制变量	是	是	是	是	是	是
行业固定效应	是	是	是	是	是	是
年份固定效应	是	是	是	是	是	是
观测值	14 702	6 144	5 328	14 515	6 048	5 278
$Adj-R^2$	0.186	0.190	0.248	0.184	0.188	0.246
F	83.019	37.099	44.952	80.788	35.950	44.151

续表

Panel C：股价崩盘风险（1）

变量	ALL	Non - SOEs	SOEs	ALL	Non - SOEs	SOEs
	(1)	(2)	(3)	(4)	(5)	(6)
	Ncskew	*Ncskew*	*Ncskew*	*Ncskew*	*Ncskew*	*Ncskew*
Trust1_Law	-0.001 (-0.28)	-0.000 (-0.11)	0.008** (2.27)			
Trust1	-0.006 (-0.48)	0.011 (0.58)	-0.043* (-1.96)			
Trust2_Law				-0.016 (-1.05)	-0.020 (-0.78)	0.040* (1.69)
Trust2				0.008 (0.07)	0.053 (0.33)	-0.123 (-0.62)
Law	0.001 (0.16)	-0.008 (-0.56)	-0.035** (-2.27)	0.035 (1.00)	0.040 (0.68)	-0.094 (-1.39)
控制变量	是	是	是	是	是	是
行业固定效应	是	是	是	是	是	是
年份固定效应	是	是	是	是	是	是
观测值	14 725	6 144	5 351	14 538	6 048	5 301
$Adj-R^2$	0.053	0.055	0.050	0.053	0.054	0.051
F	21.264	9.866	7.995	20.984	9.586	8.057

Panel C：股价崩盘风险（2）

变量	ALL	Non - SOEs	SOEs	ALL	Non - SOEs	SOEs
	(1)	(2)	(3)	(4)	(5)	(6)
	Duvol	*Duvol*	*Duvol*	*Duvol*	*Duvol*	*Duvol*
Trust1_Law	-0.001 (-0.57)	0.001 (0.57)	0.006** (2.46)			
Trust1	-0.003 (-0.30)	-0.001 (-0.09)	-0.030** (-1.97)			
Trust2_Law				-0.009 (-0.88)	0.001 (0.06)	0.020 (0.97)
Trust2				-0.013 (-0.17)	-0.065 (-0.59)	-0.011 (-0.08)
Law	0.002 (0.36)	-0.011 (-1.14)	-0.027** (-2.51)	0.020 (0.82)	-0.006 (-0.14)	-0.047 (-1.01)

续表

Panel C：股价崩盘风险（2）						
变量	*ALL*	*Non-SOEs*	*SOEs*	*ALL*	*Non-SOEs*	*SOEs*
	(1)	(2)	(3)	(4)	(5)	(6)
	Duvol	*Duvol*	*Duvol*	*Duvol*	*Duvol*	*Duvol*
控制变量	是	是	是	是	是	是
行业固定效应	是	是	是	是	是	是
年份固定效应	是	是	是	是	是	是
观测值	14 726	6 145	5 351	14 539	6 049	5 301
$Adj-R^2$	0.062	0.063	0.055	0.062	0.062	0.056
F	24.547	11.258	8.824	24.297	11.076	8.853

Panel D：企业违规						
变量	*Violation*	*Violation*	*Violation*	*Violation*	*Violation*	*Violation*
	(1)	(2)	(3)	(4)	(5)	(6)
Trust1_Law	0.003***	-0.002	0.003***			
	(3.95)	(-1.33)	(2.93)			
Trust1	-0.013**	-0.015	-0.008			
	(-2.53)	(-1.48)	(-1.03)			
Trust2_Law				-0.008	-0.020**	0.013
				(-1.31)	(-1.97)	(0.97)
Trust2				0.069	0.111*	-0.060
				(1.57)	(1.80)	(-0.66)
Law	-0.010***	0.002	-0.013**	0.015	0.041*	-0.037
	(-2.98)	(0.31)	(-2.39)	(1.07)	(1.79)	(-1.19)
控制变量	是	是	是	是	是	是
行业固定效应	是	是	是	是	是	是
年份固定效应	是	是	是	是	是	是
观测值	14 726	6 145	5 351	14 539	6 049	5 301
$Adj-R^2$	0.069	0.075	0.067	0.067	0.067	0.068
F	27.518	13.431	10.601	26.397	11.908	10.610

6.6 本章小结

本章利用地区社会信任和中国企业数据对研究假说进行了实证检验，实证结果与我们预测一致。研究中采用了两种不同的社会信任变量，即省级企业信誉度指数（2001 年“中国企业调查系统”），捕捉了不同地区企业感知信誉度（张维迎，2002；Wu et al.，2014）。社会信任指标（2003年“中国社会综合调查”），反映了中国不同地区居民对陌生人的信任程度（Ang et al.，2015）。社会信任每增加一个标准差，公司股价同步性降低10.3%～17.7%。无论使用何种社会信任指标，我们都发现：在信任度较高的地区，企业特质信息更容易反映在股价中，股价同步程度较低。重要的是，这些发现在控制一系列公司特征和经济条件后仍然具有很强的稳定性。为了揭示社会信任影响股价同步性的潜在渠道，我们进一步分析发现社会信任较高地区的公司发生股市崩盘的可能性往往较低，因违法行为被发现的可能性较低，证实了社会信任反映了公司可信度。

我们关注到中国股权结构的一个特别重要方面：公司是否为国有。社会信任效应对国有企业（*SOE*）影响要比对非国有企业（*Non－SOE*）更为显著，这些结果与“当正式制度较弱时，信任发挥更突出的作用”的观点相一致（Guiso et al.，2004）。我们采用自愿献血比率和非政府组织数量来衡量区域信任度通过估计，两阶段最小二乘回归（2SLS）估计，所有结果仍然成立。

同时，一个通过规则和法律规范运行的社会，可使人们形成一个预期，即预期其他人做出可负责任的行动，使得事前的合约更具可信性。在法制环境较差地区，抑制了该地区公司发布信息的可感知、可信度，从而促进特定信息流入股票价格；而且，该地区的公司管理者容易向公众隐瞒与价值相关的信息，以便从事机会主义活动以获取私人利益。此时，社会信任这一非正式制度恰好可以弥补法制环境薄弱对产权保护的影响，从而抑制控制人的私人收益（如：掠夺财富、增强话语权等）。因此，本章发现在法制环境较差的地区，股价同步性、股价崩盘的概率、企业的系统风险、违规概率随着地区社会信任程度的提高而减少的这一现象更加明显。

第7章　社会信任、法律执行与企业融资违规治理效应

社会信任作为社会资本的一种形式（Gambetta，1988；Coleman，1990；Putnam，1993；Fukuyama，1995；LLSV，1997），是经济交易的“润滑剂”，是促进市场机制发挥作用的一种非正式制度安排。社会信任可以为企业找到产生或者解决代理问题的另外一种答案，因为信任是一方自愿依赖另一方的行动，这是基于对另一方的良好行为的预期，且不需要对该行为进行监督（Coleman，1990；Mayer，1995），信任是存在风险状况下对合作伙伴的信赖（Inkpen and Currall，2004）。因此，本章试图研究社会信任对企业融资违规风险的影响，并借此来解释特殊的中国资本市场在法律制度不完善情况下为何会实现长期的增长。上市公司的融资过程及其融资效率作为实现其资本整体配置的基础，借款人和贷款人之间的交易方式、交易过程中形成的预期和风险，不仅可以树立投资者对证券市场的信心，也反映了市场信息环境和市场效率，甚至对中国经济与社会的长期发展具有重要意义。

现有的文献研究发现正式制度对金融发展和公司融资具有重大影响（LLSV，1998；Demirgiuc – Kunt and Maksimovic，1998；Kumar et al.，2007）。他们发现，正式的法律制度不同导致不同国家和地区对私人产权、私人契约和投资者法律权利的保护和支持不同，进而导致了债务融资水平和结构不仅在不同的国家和地区间存在着系统性的差异，而且在企业之间存在着显著的差别。法律制度较完善的国家或地区，企业就更易于获得融资，金融市场进而繁盛发展。因此我们可以得出，一个有效的法律制度能使希望获得外部长期融资企业的对外承诺更可信，并可以依据债务契约约束债务人的机会主义行为。

与成熟市场自下而上的“自然演进”的发展模式不同，中国资本市场是在正式制度不完善的情况下，逐步探索和发展起来的。这种制度空隙的存在，使得资本市场的利润操纵、欺诈上市、侵占公司资产、内幕交易、

违规买卖股票、操纵股价、违规担保等违规行为具有可乘之机。根据世界银行公布的投资者法律保护指数（Kaufmann et al.，2003），中国的法律保护水平远低于世界上主要国家和地区，在全球195个国家中仅排名第95位。艾伦等（Allen et al.，2005）提出了著名的“中国之谜”——中国的法律保护薄弱、金融体系落后，但其经济增长却相当强劲。艾伦（Allen）等以中国为例，说明基于关系的融资渠道和机制促进了私人部门的成长，在法律与金融制度并不发达的情况下为中小规模的企业提供融资渠道，为中国的经济增长作出了巨大贡献。

非正式制度在正式制度缺失的情况下发挥作用，减少不确定性并为组织提供稳定的制度环境。社会信任作为非正式制度与文化传统的体现者，不仅是一地区软实力形成的内生性资源，而且也是促进资本市场健康发展的重要因素。然而，在过去改革开放进程中，对资本市场健康发展有重要影响的社会信任，在地区间发展并不平衡（张维迎，2002）。企业融资违规是上市公司内部人通过故意或轻率行为，对借款人产生重大的误导性结果，最终导致外部投资者对证券市场丧失信心，这不仅反映了市场信息环境和市场效率，甚至对中国经济与社会的长期发展形成重大打击。社会信任通过对守信者的奖赏来表明遵守信任规约是值得的；反之，背叛信任规约则需要通过对失信者进行惩罚来证明违规是要付出代价的。

我们并不能由此认为是社会信任决定了企业融资违规行为大小及其频率高低。事实上，还有研究发现，当企业面临严重融资约束、企业面临的竞争程度、市场化程度高低及企业内部治理机制也是影响企业融资违规的重要因素。通常认为，良好的企业内部治理不仅可以限定内部人的权力滥用，也可以更好地监督内部人可能出现的违规行为。当企业面临严重融资约束时，可能会出现不计后果的违规行为；较强的市场竞争，迫于生存压力增加了违规概率；而良好的市场化环境和内部治理机制有利于减少企业融资违规的概率。

7.1 理论分析与研究假说

社会信任作为一种非正式制度安排，是参与者之间形成可靠预期、促进共同利益形成与实现的一种社会状态（Guiso et al.，2008；Sapienza et al.，2014），其影响企业融资违规风险的机制为：社会信任通过倡导守约精神，保守履行彼此承诺，形成一种稳健行事的社会环境；信任通过本身固有的内在风险规避机制，拓展陌生人之间借贷之类的合作可能性，可以有效地促进契约的签订与执行。具体如下：

第一，社会信任是一种达成的共识，可以促进借贷之间的合作。信任为合作提供了基础作用，隐含了信任程度低的人比信任程度高的人，更难达成合作（Gambetta，1988）。郑也夫（1993）是国内最早系统研究信任问题的，将关系的持续性作为合作的基础，将信任作为持续关系与合作之间的一个重要环节。经济学家对于作为合作倾向的信任有两种观点：一种观点以重复博弈理论为基础，认为信任首先是一种合作的机会，而不是完全理性的。比如，只有在重复的囚徒困境中才针锋相对。在重复的囚徒困境中，这种优先导致了更大的相似性和合作（Kreps et al.，1982）。另外一种观点以经济实验为基础，认为即使仅有一次交往人们也会采取合作，比如独裁者博弈或者最后通牒博弈（Camerer and Thaler，1995）。这些实验表明人们都期望其对手采取某种公平或合作的行为，即使他们不再愿意遇到这种问题。这两种观点都说明了人们之间的较高信任应该与较高的合作联系起来。这些关于信任的观点隐含着一个共同的重要意思，即为确保在陌生人或不经常见面的人之间形成合作，相对于在经常打交道的人之间形成合作，信任显得更重要。

第二，社会信任缓解了借贷者之间的信息不对称程度。威廉姆斯（Williamson，1979）指出将不确定性、交换频率及资产专用性程度作为描述交易的基本方面，并在经济活动的组织过程中根据交易的特性有区别地使用各种不同的规制结构，现实中，契约客观上无法完备，交易费用势必伴随组织搜索、谈判、签约、监督等产生，社会信任通过协调简化，减少谈判、签约等成本及监督功能可以降低交易成本。在复杂的社会交易中，往往不能把事前、事后所有可能遇到的状况都写入契约中，此时，多层级股权结构企业尽可能签订更多有利于自己的条款，在协商中增加自己的讨价还价能力，则能降低签约后的监督和执行成本。如果契约的各种所有未预见的条款能用法律条文事前规定，社会信任就显得毫无意义，而在契约不完备的情况下，社会信任更显重要。威廉姆斯（Williamson，1985）认为，代理成本可以看成交易活动间的“摩擦力”，而信任使交易双方减少交易“摩擦”，如同“润滑剂”，使交易得以顺利进行。因此，在高信任社会中，企业控制人无须过多担心不完全契约签订带来的成本，社会信任作为简化监督和信息传递的一种机制，缓解了借贷之间的信息不对称。

第三，社会信任促进借贷双方形成共同遵循的社会规范和行事准则。社会信任可视为是关系网络的集合，社会学家经常称之为被社会化或者希望被社会化的“社会组织”。不同企业处于同一社会信任的语境中，知道对方应该有什么样的行为举止，知道对方企业的期望是什么，则可以增进企业间合作的可能性；海利韦尔和普特南（Helliwell and Putnam，1995）通过对意大利南部和北部的比较研究发现，尽管最初意大利南部和北部经济不相上下，但几个世纪以后，意大利北部一直比南部富有。他们认为，造成这种差异的原因是意大利社会结构上的差异：北部普遍为水平结构，而南部则为层级结构，并把这种差异归结为一个地区政府效率和社会资本的差异。因此，在高信任度的社会中，贷款人往往对该地区内企业产生一种内在的、基于社会文化传统判断的高度信任感，进而判断出借款人不会对其欺诈。两者因企业的资本形成了控制人与中小股东默认的关系性契约，但企业经营是个动态过程，具有很大程度上的不确定性，借款人和贷款人之间不可能在契约里就所有的可能事件，事先做出完备的明确规定，因此，那种无法明确的隐性契约中，往往包含各股东在得失和隐性惩罚方面的默契。隐性契约中建立的默契构成签约者之间的相互信任（雷光勇等，2015）。因此，社会信任是指在一个有限的区域内，区域内的人反复地进行交易或者活动形成共同的社会准则，需要区域内所有人共同的参与和维护。在同一个社会网络中，信任作为一种共享的价值观，减少了预期的不确定性。在社会信任水平高的地区，借款人会更少地欺诈贷款人。

第四，与高昂的股票折价和借款利息等成本相比，借款人更愿意进行自我监督，让资金提供者信任自己。社会信任作为缓解代理成本机制，抑制了借款人违规的概率。社会信任被视为人与人之间相互信赖的规范、价值、观点和信念。在经济交往中，社会信任通常被视为建立契约关系的一种重要保障机制，尤其是在签订契约时人们对未来认知有限、对事后不当行为的惩罚能力有限时。社会信任抑制了契约参与者的私人收益、降低了讨价还价成本，缓解了企业借款人违规概率。按照詹森和梅克林（Jensen and Meckling，1976）分析框架，在企业融资时，资金提供者因预期企业内部人存在不必要的非生产性在职消费或偷取，企业获得资金时的代理成本（购买股票的折价和债务融资的高利息）将由企业内部人承担，与这种高昂的代理成本相比，内部人更愿意进行自我监督，让资金提供者信任自己，因此，在信任程度高的地区，因对某个区域内人固有的信任（Ang et al.，2015），资金提供者更容易信任企业内部人，当这种监督成本较低时，企业内部人造假或违规的可能性较小。

第五，与一次性违规带来的短期收益相比，信任可以促进借款人长期持续经营，以实现其财富长期最大化。借款人通过股权或借款筹集到资金，可能会为其带来了短期的资源，但这并不是一个能使其财富长期最大化的最优选择；借款人还可能有另外一种选择，把企业打造成可信赖的经营主体，以求对市场、消费者、供应商及社会公众形成良好的声誉。企业声誉体现出企业对市场、消费者、供应商及社会公众承诺的履行状况。声誉机制是企业的产品和服务质量最好的广告，也是对企业最好的担保物。在一个普遍高度信任的社会网络中，参与者若采用欺诈手段获取不当利益，则其失信的惩罚成本有可能是高昂的。在同一社会信任网络中，信息传导作用被强化，信息一旦被网络内行动者发现并因此作出决策，这种行为会迅速地传及网络内其他成员。即使一个网络缺乏有效的正规监督机制、惩罚措施以及执行能力，社会网络也可以进行网络内惩罚：失去其他参与者的支持，要么孤立无法生存，要么生存成本巨大。加之信任网络内的声誉机制，背叛信任虽然可能带来短期的利益，但破坏了未来的可信性并关闭了未来有利交易的可能性。就企业而言，上市公司内部人欺诈外部人的情况，将受到该社会信任网络的强力惩罚，投资者可能采取“用脚投票”方式抽回投资，商业合作伙伴可能取消合作合同，消费者可能不再信任该公司的产品，最终导致该公司在社会网络中难以立身。基于上述分析提出以下假说：

H1：在其他条件不变的情况下，企业所在地区社会信任度越高，企业融资违规风险的可能性越小。

社会信任这一非正式制度与法制环境这一正式制度，构成了影响企业融资违规的外部制度环境因素。正式制度与非正式制度的互动机制，以及变迁方式和速度上的差异，决定了制度环境的有效性和稳定性（Pejovieh，2006）。前已述及，社会信任这一非正式制度对弱势一方的产权具有保护作用，表现为：企业所在地区社会信任度越高，其企业融资违规越少。那么，法制环境作为一种重要的正式制度，势必会影响社会信任与企业融资违规越少之间的关系。

一方面，企业融资违规概率随着地区社会信任程度的提高而减少的这一现象可能会在法制环境较好的地区更明显。这是因为：诺斯（North，1990）将制度定义为一种规则，这种规则可以约束组织行为及其相互关系。在正式制度缺失的情况下，非正式制度将会发挥较大的约束作用，以减少不确定性并为组织提供稳定的制度环境。社会信任和法制环境分别代表非正式制度和正式制度，正式制度的实效则依赖于社会成员对正式制度的信任。社会的公平和正义更需要社会普遍的信任支撑，因此，在正式制度较好（民主、法治、公正）的社会环境中，社会成员间更需要信任，比如：信任规则、法律、政治制度的公平、公正性，信任信息的真实和可靠性，信任社会关系的和谐和稳定性（杨明等，2011）。高水平的信任环境，抑制了控制人的私人收益、简化了监督和信息传递机制，企业和债主之间都愿意遵守和承认，依照契约行事。在法制环境较好的地区，契约参与者将为失信行为付出较大代价，或者当债主与负债方发生纠纷时，可以按照公正的法律保护受害方。因此，本章预期，在法制环境较好的地区，企业融资违规概率随着地区社会信任程度的提高而减少的这一现象更加明显。

另一方面，企业融资违规概率随着地区社会信任程度的提高而减少的这一现象可能会在法制环境差的地区更明显。这是因为：良好的法制环境可为本不相关的陌生参与者提供互相合作和解决争端的基础与底线判断，从而扩大社会信任功能发挥作用的半径与范围。同时，社会信任也隐含着共同的意识形态资本和价值观，确保陌生人或不经常见面的人之间形成合作（Guiso et al.，2008），有助于提高区域内人们对法律制度的认同和维护，进而形成一种共同的社会准则。一个通过规则和法律规范运行的社会，可使人们形成一个预期，预期其他人做出可负责任的行动，使得事前的合约更具可信性。在法制环境较差地区，企业与债主之间的契约关系被破坏时，不能受到正式的法律保护，或者违约方受到的惩罚较轻。此时，社会信任这一非正式制度恰好可以弥补法制环境薄弱对产权保护的影响，从而抑制控制人的私人收益（如：掠夺财富、增强话语权等）。因此，本章预期，在法制环境较差的地区，企业融资违规概率随着地区社会信任程度的提高而减少的这一现象更加明显。

H2a：在法制环境较差的地区，企业融资违规概率随着地区社会信任程度的提高而增强的这一现象更加明显。

H2b：在法制环境较好的地区，企业融资违规概率随着地区社会信任程度的提高而增强的这一现象更加明显。

7.2　研究设计

7.2.1　数据来源

本章选择2006—2016年中国A股上市公司为初始样本，并按照以下原则进行了筛选：①剔除金融类公司样本；②剔除当年被ST公司样本；

③剔除相关指标数据缺失的样本；④对本章对主要连续变量进行上下1%的 Winsorize 处理，以消除极端值在分析中导致的偏差。最终，我们得到28 262个有效样本观测值。本章使用的研究数据来自国泰安（CSMAR）。

7.2.2 变量定义

主要因变量如下：

①融资违规（*P*2507），存在欺诈上市为1，否则为0。

②融资违规（*P*2509），存在擅自改变资金用途为1，否则为0。

③融资违规（*P*2514），存在违规担保为1，否则为0。

④融资违规（*Finsum*），是*P*2507、*P*2509、*P*2514的加总，只要存在其中任意一种情况为1，否则为0。

主要自变量如下：

①社会信任（*Trust*1），社会信任不仅代表着传统的价值观和信仰，而且作为一国文化传统的产物，通过社会群体、民族和宗教逐代衍传，形成一种非正式制度（Putnam，1993；Guiso et al.，2006；Guiso et al.，2008；Sapienza et al.，2014）。参照安格等（Ang et al.，2015）、吴等（Wu et al.，2014）、张敦力等（2012）、刘凤委等（2009）的研究，以张维迎和柯荣住（2002）对企业及企业领导人有关社会信任认识的调查指标来度量社会信任。

②社会信任（*Trust*2），来源于中国综合社会调查（2003），是由国务院发展研究中心社会发展研究部与中国人民大学联合举行的一次全国性的社会基本状况调查，共涉及28个省份、125个县级单位、559个居委会、5 900名被访者，收回有效数据5 894条。有关信任的问题设计是：一般说来，您对现在社会上的陌生人是否信任？5个选项分别为：（a）非常不信任；（b）不信任；（c）一般；（d）信任；（e）非常信任。然后按照信任度从低到高分别赋值为1、2、3、4和5，根据省份平均得分，得到省级层面的信任指数。

③献血率（*Blood*2000），2000年各个省份的总献血数量/每个省份人数。目前，中国没有对自愿献血的相关法律和经济激励，献血仅仅是为了一种社会价值、合作、利他主义和互惠，进一步体现出社会信任。安格等（Ang et al.，2015）、吴等（Wu et al.，2014）也采用相同指标进行了研究。

④献血率（*Blood*2011），2011年各个省份的总献血数量与省份人数之比。

⑤非营利组织数量（*Ngo*），采用2005—2008年平均非政府组织在每百万省人口数值作为社会信任替代指标。在一定社会中，越是积极参与各种社团组织的居民，越能从与他人的交往中认识到互助、合作、友善、共识、公益等人际关系处理方式在协调彼此关系、增进社会福利过程中的重要性，它们实际上构成社会信任的核心特征（Bellah et al.，1985）。

其他主要变量如见表7.1：

表7.1　　主要变量定义

变量类型	符号	变量名称	定义
因变量	*P*2507	融资违规	存在欺诈上市为1，否则为0
	*P*2509	融资违规	存在擅自改变资金用途为1，否则为0
	*P*2514	融资违规	存在违规担保为1，否则为0
	Finsum	融资违规	是*P*2507、*P*2509、*P*2514的加总，只要存在其中任意一种情况为1，否则为0
解释变量	*Trust*1	社会信任	中国企业家调查系统（2000）有关社会信任调查
	*Trust*2	社会信任	国务院发展研究中心社会发展研究部与中国人民大学（2003）有关社会信任调查
	*Blood*2000	献血率	2000年各个省份的总献血数量/每个省份人数
	*Blood*2011	献血率	2011年各个省份的总献血数量/每个省份人数
	Ngo	非营利性组织数量	2005—2008年中国非营利组织数量
控制变量	*Size*	公司规模	期末总资产取对数
	Lev	资产负债率	期末总负债/期末总资产
	HHI	行业竞争程度	赫芬达尔指数
	Growth	投资机会	总资产增长率
	Risk	财务杠杆	(净利润+所得税费用+财务费用)/(净利润+所得税费用)
	ROA	总资产收益率	利润总额/总资产
	Operate	总资产周转率	营业收入/资产总额期末余额
	Outdir	独立董事占比	独立董事人数/董事会人数
	Dual	两职合一	董事长与总经理合一为1，否则为0
	Committees	委员会数量	公司中的委员会数量

7.2.3 模型设定

（1）为检验假说，本章设定如下模型：

$$P2507/P2509/P2514/Finsum = \alpha_0 + \alpha_1 \times Trust + \sum_{2}^{k} \alpha_i \times Control_i + \varepsilon_i \quad (7.1)$$

模型（7.1）中，P2507 为是否存在欺诈上市，P2509 为是否存在擅自改变资金用途，P2514 为是否存在违规担保，Finsum 是 P2507、P2509 和 P2514 加总。本章预期企业所在地区社会信任度越高，企业的各种风险降低，因此预计社会信任（Trust）α_1系数为负。

$$P2507/P2509/P2514/Finsum = \alpha_0 + \alpha_1 \times Trust \times Law + \alpha_2 \times Trust + \alpha_3 \times Law + \sum_{2}^{k} \alpha_i \times Control_i + \varepsilon_i \quad (7.2)$$

模型（7.2）中，P2507 为是否存在欺诈上市，P2509 为是否存在擅自改变资金用途，P2514 为是否存在违规担保，Finsum 是 P2507、P2509 和 P2514 加总。本章预期企业所在地区法律执行好坏，影响着社会信任对企业的各种风险的关系，因此预计社会信任（Trust）与法律执行（Law）的交互项（Trust × Law）α_1系数不能确定方向，可能为负，也可能为正。

7.3 实证结果

7.3.1 描述性统计

表 7.2 中的 Panel A 描述了不同类型的企业融资违规变量，其中，是否存在违规担保（P2514）占比最高达 0.86%，是否存在擅自改变资金用途（P2509）占比为 0.45%，三种融资违规类型加总占比为 1.35%。

表 7.2 中的 Panel B 描述性统计结果显示，社会信任指标（Trust1）均值为 3.84，标准差为 1.12，表明各地区间社会信任指标存在明显差异。社会信任指标（Trust2）均值为 2.25，标准差为 0.11。以 2005—2008 年各地区非营利性组织数量与人口比例（Ngo）均值为 3.17，标准差为 1.02。2000 年各地区献血率（Blood2000）均值为 1.34，标准差为 0.93。2011 年各地区献血率（Blood2011）均值为 1.06，标准差为 0.31。

表 7.2　　　　描述性统计

Panel A：因变量				
Equity financing	*P2507*	*P2509*	*P2514*	*FINSUM*
No. of violations	10	126	244	380
Percent	0.04%	0.45%	0.86%	1.35%
观测值	28 262	28 262	28 262	28 262

Panel B：自变量及控制变量

变量	观测值	平均数	标准差	最小值	中位数	最大值
Trust1	28 262	3.84	1.12	1.41	4.35	5.39
Trust2	27 939	2.25	0.11	2.01	2.24	2.44
Blood2000	27 939	1.34	0.93	0.02	1.26	3.43
Blood2011	28 262	1.06	0.31	0.61	1.09	1.91
Ngo	28 262	3.17	1.02	1.40	3.09	5.14
Size	28 262	21.79	1.31	18.93	21.65	25.57
Lawscore	28 262	8.40	4.82	−0.41	20.61	7.37
Lev	28 262	0.48	0.24	0.05	0.48	1.47
ROA	28 262	0.03	0.07	−0.40	0.03	0.20
Growth	28 262	0.20	0.42	−0.41	0.10	2.41
Operate	28 262	0.63	0.47	0.03	0.52	2.54
Risk	28 262	1.45	1.39	−1.31	1.09	9.69
Outdir	28 262	0.37	0.06	0.09	0.33	0.80
Committees	28 262	3.74	0.71	0.00	4.00	4.00

7.3.2　实证结果与分析

（1）社会信任与融资违规风险的检验结果

表 7.3 中的 Panel A 报告了社会信任与融资违规风险的检验结果，可以发现，列（1）社会信任（*Trust*1）与融资违规风险的总和（*Finsum*）负相关，且在1%水平上显著。列（2）至列（4）展示了社会信任（*Trust*1）与融资违规风险的分项回归，其中，列（2）社会信任（*Trust*1）与是否存在欺诈上市（*P2507*）负相关，且在1%水平上显著；列（3）社会信任（*Trust*1）与是否存在擅自改变资金用途（*P2509*）负相关，且在1%水平上显著；列（4）社会信任（*Trust*1）与是否存在违规担保（*P2514*）负相关，且在5%水平上显著。以上检验结果表明，验证了假说。也进一步说明，社会信任作为借贷双方的合作基础，无论是贷款人对所在社会网络

中企业的信任，还是借款人的声誉担保，社会信任高的地区，企业的融资违规的概率都大大降低了。

表 7.3 中的 Panel B 更换其他维度的社会信任指标（*Trust*2）与融资违规风险检验，列（1）社会信任（*Trust*2）与融资违规风险的总和（*Finsum*）负相关，且在 1% 水平上显著。列（2）至列（4）展示了社会信任（*Trust*2）与融资违规风险的分项回归，其中，列（2）社会信任（*Trust*2）与是否存在欺诈上市（*P*2507）负相关，且在 5% 水平上显著；列（3）社会信任（*Trust*2）与是否存在擅自改变资金用途（*P*2509）不显著；列（4）社会信任（*Trust*2）与是否存在违规担保（*P*2514）负相关，且在 1% 水平上显著。总体来看，进一步验证了假说，使上述建议更加稳健。

表 7.3　　　　社会信任对企业融资违约行为的影响

Panel A：Use *Trust*1

变量	*Finsum*	*P*2507	*P*2509	*P*2514
	(1)	(2)	(3)	(4)
*Trust*1	-0.076*** (-4.15)	-0.302*** (-2.71)	-0.100*** (-3.58)	-0.045** (-2.06)
Size	-0.037** (-2.09)	-0.138 (-1.11)	-0.015 (-0.46)	-0.022 (-1.11)
Lev	0.121 (1.27)	-0.992* (-1.87)	-0.817*** (-4.63)	0.556*** (5.28)
ROA	-1.547*** (-5.80)	-2.282** (-2.08)	-2.100*** (-4.70)	-0.934*** (-3.13)
Growth	-0.005 (-0.09)	0.267 (1.40)	0.090 (1.29)	-0.143* (-1.74)
Operate	0.015 (0.35)	-0.104 (-0.35)	0.088 (1.29)	-0.007 (-0.13)
Risk	0.025** (2.01)	-0.263 (-1.59)	0.042** (2.03)	0.020 (1.39)
Outdir	0.080 (0.22)	0.286 (0.15)	-0.795 (-1.26)	0.487 (1.14)
Committees	-0.058** (-2.00)	-0.186* (-1.71)	-0.075 (-1.62)	-0.025 (-0.73)
行业固定效应	是	是	是	是

续表

Panel A：Use *Trust*1

变量	*Finsum*	*P2507*	*P2509*	*P2514*
	(1)	(2)	(3)	(4)
常数项	-1.137*** (-2.85)	-1.831 (-0.01)	-1.298* (-1.86)	-2.127*** (-4.72)
观测值	28 262	19 192	28 262	28 262
Pseudo - R^2	0.032	0.209	0.046	0.047

Panel B：Use *Trust*2

变量	*Finsum*	*P2507*	*P2509*	*P2514*
	(1)	(2)	(3)	(4)
*Trust*2	-0.619*** (-3.42)	-2.098** (-2.25)	0.113 (0.39)	-0.881*** (-4.10)
Size	-0.045** (-2.52)	-0.138 (-1.14)	-0.031 (-0.97)	-0.026 (-1.32)
Lev	0.135 (1.41)	-0.930* (-1.85)	-0.779*** (-4.43)	0.579*** (5.38)
ROA	-1.583*** (-5.82)	-2.427** (-2.27)	-2.193*** (-4.89)	-0.898*** (-2.91)
Growth	-0.003 (-0.05)	0.251 (1.35)	0.083 (1.19)	-0.144* (-1.73)
Operate	0.018 (0.42)	-0.092 (-0.30)	0.078 (1.14)	-0.001 (-0.02)
Risk	0.026** (2.03)	-0.258 (-1.61)	0.043** (2.07)	0.019 (1.34)
Outdir	0.054 (0.15)	-0.001 (-0.00)	-0.863 (-1.35)	0.476 (1.11)
Committees	-0.051* (-1.77)	-0.161 (-1.48)	-0.070 (-1.53)	-0.020 (-0.57)
行业固定效应	是	是	是	是
常数项	0.130 (0.23)	1.907 (0.01)	-1.546 (-1.60)	-0.252 (-0.38)
观测值	27 939	18 956	27 939	27 939
Pseudo - R^2	0.033	0.187	0.041	0.051

注：①***、**、*分别表示估计系数在0.01、0.05、0.1水平上显著；②括号内为t检验值。本章下同。

（2）社会信任与法律效率的交互作用对融资违规风险影响的检验结果

表7.4检验了社会信任和法律执行的交互作用对融资违规风险影响的检验结果。可以发现，Panel A在回归（1）中，社会信任与法律效率的交互项（*Trust1_lawscore*）系数为负，在5%水平上显著。列（4）社会信任与法律效率的交互项（*Trust1_lawscore*）系数为负，在10%水平上显著。列（2）和列（3）虽然不显著，但是系数仍然为负。Panel B在回归（1）中，社会信任与法律效率的交互项（*Trust2_lawscore*）系数为负，在5%水平上显著。列（3）社会信任与法律效率的交互项（*Trust2_lawscore*）系数为负，在5%水平上显著。列（2）和列（4）虽然不显著，但是系数仍然为负。也即高水平社会信任与高效的法制环境对企业组织结构具有替代影响。

表7.4　社会信任与法律效率的交互作用对融资违规风险影响的检验结果

Panel A：Use *Trust*1

变量	*Finsum*	*P2507*	*P2509*	*P2514*
	(1)	(2)	(3)	(4)
Trust1_lawscore	−0.015** (−2.28)	−0.148 (−1.52)	−0.004 (−0.43)	−0.019** (−2.40)
*Trust*1	0.040 (0.87)	0.381 (0.85)	−0.083 (−1.21)	0.109** (1.98)
Lawscore	0.052* (1.76)	0.481 (1.57)	0.020 (0.45)	0.066* (1.80)
Size	−0.036** (−2.05)	−0.149 (−1.14)	−0.014 (−0.45)	−0.021 (−1.08)
Lev	0.115 (1.21)	−1.054* (−1.93)	−0.816*** (−4.62)	0.552*** (5.21)
ROA	−1.559*** (−5.81)	−2.582** (−2.26)	−2.112*** (−4.72)	−0.934*** (−3.09)
Growth	−0.004 (−0.08)	0.288 (1.45)	0.089 (1.27)	−0.141* (−1.71)
Operate	0.014 (0.31)	−0.121 (−0.39)	0.084 (1.23)	−0.008 (−0.16)

续表

Panel A：Use *Trust*1

变量	*Finsum*	*P2507*	*P2509*	*P2514*
	(1)	(2)	(3)	(4)
Risk	0.025 ** (2.00)	-0.264 (-1.58)	0.042 ** (2.02)	0.020 (1.37)
Outdir	0.046 (0.12)	-0.088 (-0.04)	-0.799 (-1.27)	0.437 (1.02)
Committees	-0.059 ** (-2.03)	-0.208 * (-1.80)	-0.076 (-1.63)	-0.027 (-0.78)
行业固定效应	是	是	是	是
常数项	-1.492 *** (-3.50)	-3.455 (-0.02)	-1.387 * (-1.90)	-2.584 *** (-5.28)
观测值	28 262	19 192	28 262	28 262
Pseudo R^2	0.0343	0.2391	0.0463	0.0499

Panel B：Use *Trust*2

变量	*Finsum*	*P2507*	*P2509*	*P2514*
	(1)	(2)	(3)	(4)
Trust2_lawscore	-0.141 ** (-2.29)	0.309 (0.72)	-0.211 ** (-2.21)	-0.098 (-1.33)
*Trust*2	0.513 (1.27)	-2.234 (-1.10)	1.780 *** (2.80)	-0.163 (-0.34)
Lawscore	0.301 ** (2.15)	-0.799 (-0.81)	0.453 ** (2.09)	0.213 (1.28)
Size	-0.045 ** (-2.52)	-0.139 (-1.12)	-0.031 (-0.97)	-0.026 (-1.34)
Lev	0.126 (1.31)	-1.011 * (-1.91)	-0.782 *** (-4.44)	0.570 *** (5.30)
ROA	-1.556 *** (-5.72)	-2.421 ** (-2.18)	-2.140 *** (-4.73)	-0.890 *** (-2.89)
Growth	0.001 (0.01)	0.284 (1.46)	0.088 (1.25)	-0.142 * (-1.71)
Operate	0.022 (0.49)	-0.060 (-0.20)	0.082 (1.20)	-0.000 (-0.01)

续表

Panel B：Use *TRUST2*				
变量	*FINSUM*	*P2507*	*P2509*	*P2514*
	(1)	(2)	(3)	(4)
Risk	0.024 * (1.91)	-0.258 (-1.59)	0.041 ** (1.98)	0.018 (1.28)
Outdir	0.017 (0.05)	0.025 (0.01)	-0.881 (-1.37)	0.445 (1.04)
Committees	-0.057 * (-1.94)	-0.171 (-1.53)	-0.080 * (-1.72)	-0.022 (-0.64)
年份固定效应	是	是	是	是
常数项	-2.237 ** (-2.30)	2.859 (0.01)	-5.073 *** (-3.23)	-1.761 (-1.54)
观测值	27 939	18 956	27 939	27 939
$Pseudo-R^2$	0.0365	0.2150	0.0504	0.0537

7.4 稳健性检验

首先，可能存在遗漏变量问题，因此在检验时尽可能控制影响模型估计精度的变量。其次，可能存在互为因果关系。借鉴吴等（Wu et al.，2014）的研究，利用每个省份的献血率（*Blood*）作为工具变量进行两阶段回归。献血率（*Blood*2000/ *Blood*2011），本章采用 2000 年和 2011 年各个省份的总献血数量/每个省份人数。目前，中国没有对自愿献血的相关法律和经济激励，献血仅仅是为了一种社会价值、合作、利他主义和互惠，进一步体现出社会信任。

表 7.5 报告了采用工具变量的回归结果，结果发现，控制内生性后，结论仍成立。非营利性组织数量（*Ngo*），本章采用 2005—2008 年平均非政府组织在每百万省人口数值作为社会信任替代指标。在一定社会中，越是积极参与各种社团组织的居民，越能从与他人的交往中认识到互助、合作、友善、共识、公益等人际关系处理方式在协调彼此关系、增进社会福利过程中的重要性，它们实际上构成社会信任的核心特征（Bellah et al.，1985）。

表 7.5　　内生性处理：工具变量

变量	*Trust*1	*Finsum*	*P*2507	*P*2509	*P*2514
	(1)	(2)	(3)	(4)	(5)
*Trust*1		-0.004*** (-4.59)	-0.001*** (-3.98)	-0.002*** (-4.23)	-0.001* (-1.86)
*Blood*2000	0.217*** (25.17)				
*Blood*2011	1.664*** (68.25)				
Ngo	0.308*** (72.62)				
控制变量	是	是	是	是	是
年份固定效应	是	是	是	是	是
观测值	27 939	27 939	27 939	27 939	27 939
$Adj-R^2$/ $Pseudo-R^2$	0.650	0.023	0.019	0.066	0.093

7.5　进一步分析

表 7.6 中的 Panel A 以上一年的债务成本（*Bank_Loan*）为基础，其中，债务融资成本 = 利息支出/(短期借款 + 长期借款)，债务成本作为企业融资过程中最重要的因素，检验结果发现，当上一年的债务成本（*Bank_Loan*）大于 75% 分位数时，社会信任对融资违规风险并无影响；当企业债务成本过高的时候，企业为了生存，则顾及较少，社会信任可能就失去了对融资违规的抑制作用。

表 7.6 中的 Panel B 以赫尔芬达指数来衡量行业竞争程度（*HHI*）。行业竞争程度（*HHI*）数值越小表示行业竞争越激烈，越大表示行业竞争越弱。当行业竞争指数（*HHI*）大于 75% 分位数时，社会信任与对融资违规风险负相关，且在 1% 水平上显著。而当行业竞争指数（*HHI*）小于 25% 分位数时，社会信任与融资违约风险不显著。即验证了，当企业面临过大竞争时，为了生存需要，社会信任对融资违规的抑制作用消失。

表 7.6 中的 Panel C 以樊纲指数（2011）为基础，其中，把樊纲指数

中 2006—2011 年的市场化指数进行平均，得出各省的市场化指数（*Mktmean*）。当市场化指数（*Mktmean*）大于 75% 分位数时，社会信任与对融资违规风险负相关，且在 1% 水平上显著。而当市场化指数（*Mktmean*）小于 25% 分位数时，社会信任与融资违约风险不显著。即验证了当市场化发育较好的地方，有利于促进社会信任对融资违规的抑制作用。

表 7.6 中的 Panel D 以“迪博·中国上市公司内部控制指数”的自然对数为基础，内部控制指数（*Incon*）大于 75% 分位数时，社会信任与对融资违规风险负相关，且在 1% 水平上显著。而当市内部控制指数（*Incon*）小于 25% 分位数时，社会信任与融资违约风险不显著。即验证了内部控制指数，当企业的内部控制较好时，有利于促进社会信任对融资违规的抑制作用。

表 7.6　融资成本、行业竞争、市场化、内部控制质量的调节作用

Panel A：债务成本		
变量	*Finsum* *Bank_Loan* > 75%	*Finsum* *Bank_Loan* < 25%
	(1)	(2)
*Trust*1	−0.027 (−0.79)	−0.109*** (−2.67)
控制变量	是	是
年份固定效应	是	是
观测值	7 065	7 066
Pseudo − R^2	0.025	0.028
Panel B：行业竞争程度		
变量	*Finsum* *HHI* > 75%	*Finsum* *HHI* < 25%
	(1)	(2)
*Trust*1	−0.109*** (−2.79)	0.001 (0.04)
控制变量	是	是
年份固定效应	是	是
观测值	7 018	7 073
Pseudo − R^2	0.042	0.040

续表

Panel C：市场化程度		
变量	*Finsum* $MKT > 75\%$	*Finsum* $MKT < 25\%$
	(1)	(2)
*Trust*1	-0.472** (-2.36)	-0.011 (-0.12)
控制变量	是	是
年份固定效应	是	是
观测值	2 705	6 738
$Pseudo-R^2$	0.106	0.072

Panel D：内部控制质量		
变量	*Finsum* $IC > 75\%$	*Finsum* $IC < 25\%$
	(1)	(2)
*Trust*1	-0.142*** (-2.94)	-0.035 (-1.07)
控制变量	是	是
年份固定效应	是	是
观测值	6 137	6 137
$Pseudo-R^2$	0.0450	0.020

7.6 本章小结

本章以2006—2016年中国沪深A股公司为样本，试图从作为非正式制度主要体现的社会信任角度，考察其对企业融资违规风险影响的机理及后果。研究结果表明：企业所在地区社会信任度越高，所在地区的企业融资违规风险越小。社会信任作为非正式制度安排的主要体现，是影响企业融资违规风险的重要因素，即在一个高度信任的社会网络中，社会信任成为该网络成员行为的基本准则与指南，成员间就较少出现欺诈与违规行为。进一步研究表明，当企业前一年债务成本过高时，为了生存需求，在这种情况下社会信任并不能抑制企业融资违规行为；当企业面临过高的行业竞争压力时，为了生存需求，在这种情况下社会信任并不能抑制企业融资违规行为；当企业在市场化程度较好的地区时，社会信任有利于促进社会信任对融资违规的抑制作用；内部控制作为企业的内部治理的反映，当企业的内部控制较好时，有利于促进社会信任对融资违规的抑制作用。

良好的法制环境可为本不相关的陌生参与者提供互相合作和解决争端的基础与底线判断，从而扩大社会信任功能发挥作用的半径与范围。同时，社会信任也隐含着共同的意识形态资本和价值观，确保陌生人或不经常见面的人之间形成合作（Guiso et al.，2008），有助于提高区域内人们对法律制度的认同和维护，进而形成一种共同的社会准则。因此，本章发现，在法制环境较差的地区，企业融资违规程度随着地区社会信任程度的提高而减少的这一现象更加明显。

第 8 章　社会信任、法律执行与供应链治理效应

社会信任是企业交易的基础，也是维持良性资本市场的基石。而现今由于信任的缺失，仍然存在企业间生意往来中的相互欺诈行为，扰乱了资本市场良性发展。中国石化（600028）发布的《2019 年可持续发展进展报告》指出，截至 2019 年年末，公司共在 66 个行业拥有供应商 18 646 家，在做好供应商诚信体系建设、确保供应质量的基础上，推动企业供应链的诚信建设。中材节能（603128）发布的《2019 年度社会责任报告》提出，公司本着“尊重、沟通、诚信、合作”的态度①，推动供应链可持续发展。企业与客户/供应商之间的生意往来，最终要通过人与人之间的合作实现，要合作，就会有利益分配问题。只有解决这一问题，才能实现持久、稳定的合作。企业与客户/供应商的合约形式也是多种多样的。合约形式也即制度安排，这种合约安排是保证各方不侵犯他人利益的约束。具体方式通过谈判达成契约，而实现这些都需要付出成本的。当交易费用为正时，制度是重要的（Coase，1937）。

约束企业、客户和供应商的制度安排有正式制度和非正式制度两种。

---

① 供应商、客户和消费者权益保护公司崇尚诚信服务的经营理念和行为准则。具体内容如下：第一，加强廉洁从业，长抓反商业贿赂工作多年来，没有发现管理人员违反廉洁从业相关规定的情形。为有效防范商业贿赂、不正当交易等情况的发生，公司建立和完善了《合同审批管理制度》《退换货管理办法》《借机管理制度》《经营风险管理办法》《承运商管理办法》《委外产品仓储计调运输管理办法》《海外货运操作流程》《样品交付及确认规范》等一系列内部管控制度，同时与每个主要供应商签订廉政协议，杜绝商业贿赂，从源头上层层把关，系统地规范了企业经营管理行为。在日常工作中不断加强反商业贿赂的法律、法规教育，在公司内部树立正气，坚决抵制歪风邪气，筑牢员工的思想道德防线。第二，与供应商诚信合作、互利共赢。公司与供应商之间一直保持平等的沟通和理性的管理，坚持诚实守信、互惠互利的原则，尊重供应商的合理报价，合作共赢，谋求共同发展。对涉及关联方货物采购，严格执行《关联交易管理制度》。保证所有采购在“公开、公平、公正”的原则下进行，为供应商创造了良好的竞争环境，有效杜绝暗箱操作等不良现象。第三，以客户的最大满意为公司追求的目标。公司严格把控产品质量，注重产品安全，保护消费者的人身及财产权利。公司成立客服部负责售后服务工作，听取消费者对于产品及服务的投诉，协助消费者进行产品的退换及修理，确保问题得到及时快速的解决。

随着资产专用性的增强，缔约后违约的风险就会加大。由于专用性较强的资产转移到其他用途的成本较高，资产所有者就有可能收到对方的讹诈，被要求以较低的价格继续提供服务。反过来，在专用资产的服务的购买者一方，也有可能收到对方不继续提供服务的要挟。缔约后的违约和敲诈行为又被称为“缔约后机会主义行为”。而信任可以缓解这种机会主义行为（Gui et al.，1998，2008）。首先，较高的社会信任水平可以提高客户/供应商对该地区企业的信任感，愿意信任并达成长期合作预期。其次，社会信任激励诚信行为，位于高社会信任地区的管理者不太可能欺骗客户/供应商，也不太可能从事机会主义活动以获取私人利益，因为圈内的惩罚会让其在圈内无法生存。高信任度地区，客户/供应商愿意信任企业，企业更倾向于诚信对待客户/供应商，这大大缓解了彼此的机会主义行为，促进了相互间的稳定性关系。

社会信任的研究由来已久。已有研究表明，社会信任可以促进经济增长与社会效率提升（Knack and Keefer，1997；La Porta et al.，1997；Karl et al.，2017；李涛等，2008；邹宇春等，2012；李彬等，2015；吕朝凤等，2019），金融市场发展（Guiso et al.，2008），公司并购与融资（Duarte et al.，2012；Chen et al.，2016；张敦力和李四海，2013；贺京同和范若滢，2015；陈耸，2015；Qiu et al.，2019；），国际贸易与投资发展（Guiso et al.，2009；潘越等，2009；刘斌等，2011；崔巍，2013；赵家章和池建宇，2014；雷光勇等，2014，Ang et al.，2015；王正位等，2019），企业组织结构优化（Qiu and Cheng，2018；曹春方等，2019），家族企业治理与成长（储小平和李怀祖，2003；李新春，2002），提升企业信息质量及其市场反应（Mikhail et al.，2015；潘越和吴超鹏，2010；Qiu et al.，2019）。

通过研究企业所在地的社会信任度对其客户/供应商稳定性的影响可以发现，企业所在地区社会信任度越高，其客户/供应商稳定性越强。表明社会信任作为一种非正式制度为建立契约关系提供了一种重要保障机制，尤其是在签订契约时人们对未来认知有限、对事后不当行为的惩罚能力有限时。而且通过在一个供应链网络中，由过去重复的行为，形成了未来的一种预期，行为人对于其过去的行为的判断，得到了一种可信任（或者不可信任）的基础。通过工具变量方法、更换客户/供应商稳定性指标、更换社会信任指标，上述结果仍然是稳健的。进一步研究表明，在法制环境较差的地区，客户/供应商稳定性随着地区社会信任程度的提高而增强的这一现象更加明显。

本章的主要贡献如下：首先，本章拓展了社会信任对微观企业影响的研究，社会信任作为企业外部环境治理的重要组成部分，可以加强客户/供应商的稳定性。以往研究主要集中在社会信任对宏观经济的影响，以及单独对单个企业的微观影响，本章通过社会信任对企业供销产业链影响的研究，增加了微观组织之间的研究，便是对此类文献的有益补充。其次，以往研究主要是从企业客户/供应商集中度出发研究对企业财务、会计及审计的影响，较少研究客户/供应商稳定性的影响因素，本章将非正式制度“社会信任”纳入其影响因素，便是主要创新。最后，按照诺斯（1971）将制度结构分为他律的制度和自律的制度，两者形成互补。本章进一步把法律制度作为他律的制度与社会信任作为自律的制度一起进行检验，发现在法制环境较差的地区，客户/供应商稳定性随着地区社会信任程度的提高而增强的这一现象更加明显。

8.1 理论分析与研究假说

产权是一种社会契约，它的意义产生于这样的事实，即它有助于使一个人在与他人的交易中能理性地把握并形成预期，这些预期在法律、习俗和社会惯例中得以实现（Demsetz，1967）。产权不仅是很多国家用暴力强制性地界定和保护的，在很大程度上，它也是由社会风俗习惯或文化传统塑造的（Alchain et al.，1973）。产权理论的核心是产权被确认前资源被滥用，一些人获取了收益或者替别人承担了成本，产权的确立使得当事人获取了他应该获得的收益或承担了他应该承担的成本，这就大大提高了当事人利用资源的效率。这过程并不是一帆风顺的，需要讨价还价及缔约来实现，但这些都需要付出成本。克莱茵等（Klein et al.，1978）进一步指出，不同于缔约前的讨价还价的交易费用，缔约后的机会主义行为及引致的交易费用，是纵向一体化的又一个原因。除了纵向一体化外，还可以通过两种方式抑制缔约后机会主义行为：其一，由政府或某些外部机构在法律上强制执行合约；其二，通过“断绝往来”的市场机制强制执行暗示性契约。

中国企业关系型交易盛行，包括客户、供应商等所嵌入的社会网络，构成了企业生存发展的生态系统的重要组成部分。关系型交易是在关系基础上达成的人格化交易，因为关系信任，合约条款通常比较简单、灵活，甚至有意模糊，以适应不确定的环境（Li et al.，2020）。企业间机会主义行为是一方忽视交易伙伴的利益，运用诸如投机取巧、隐瞒信息、欺骗、利用合同漏洞、违背承诺等手段追求自己企业利益的行为（Williamson，1985）。但信任和承诺却是管理机会主义最有效的机制（Heide et al.，2007）。学者们检验了信任和承诺对机会主义的影响并发现，当交易中的一方对另一方有更多的信任和承诺时，其看重的往往是长期的合作关系和利益，会尽可能地控制自身的机会主义倾向（Leonidou et al.，2014）。基于人际信任的私人关系对治理企业间交易却如同一柄"双刃剑"。它会促进企业间的相互信任和承诺（Barnes et al.，2015），进而有效地抑制交易双方的机会主义行为（Chu and Fang，2006）；企业所处制度环境较好时，私人关系会通过促进企业间的信任和承诺来抑制企业间机会主义行为（寿志钢等，2018）。基于上述分析提出以下假说：

H1：在其他条件不变的情况下，企业所在地区社会信任度越高，其客户/供应商稳定性越强。

社会信任这一非正式制度与法制环境这一正式制度，构成了影响企业客户/供应商稳定性的外部制度环境因素。正式制度与非正式制度的互动机制以及变迁方式和速度上的差异决定了制度环境的有效性和稳定性（Pejovieh，2006）。前已述及，社会信任这一非正式制度对弱势一方的产权具有保护作用，表现为企业所在地区社会信任度越高，其客户/供应商稳定性越强。那么，法制环境作为一种重要的正式制度，势必会影响社会信任与客户/供应商稳定性之间的关系。

一方面，企业客户/供应商的稳定性随着地区社会信任程度的提高而减少的这一现象可能会在法制环境较好的地区更明显。这是因为：诺斯（North，1990）将制度定义为一种规则，这种规则可以约束组织行为及其相互关系。在正式制度缺失的情况下，而非正式制度将会发挥较大的约束作用，以减少不确定性并为组织提供稳定的制度环境。社会信任和法制环境分别代表非正式制度和正式制度，而正式制度的实效则依赖于社会成员对正式制度的信任。社会的公平和正义更需要社会普遍的信任支撑，因此，在正式制度较好（民主、法治、公正）的社会环境中，社会成员间更需要信任，信任规则、法律、政治制度的公平、公正性，信任信息的真实和可靠性，信任社会关系的和谐和稳定性（杨明等，2011）。高水平的信任环境，抑制了控制人的私人收益，简化了监督和信息传递机制，企业和客户之间都愿意遵守和承认，并依照契约行事。在法制环境较好的地区，契约参与者将为失信行为付出较大代价，或者当客户与企业发生纠纷时，可以按照公正的法律保护受害方。因此，本章预期，在法制环境较好的地区，企业客户/供应商稳定性随着地区社会信任程度的提高而减少的这一现象更加明显。

另一方面，企业客户/供应商的稳定性随着地区社会信任程度的提高而减少的这一现象可能会在法制环境差的地区更明显。这是因为：良好的法制环境可为本不相关的陌生参与者提供互相合作和解决争端的基础与底线判断，从而扩大社会信任功能发挥作用的半径与范围。同时，社会信任也隐含着共同的意识形态资本和价值观，确保陌生人或不经常见面的人之间形成合作（Guiso et al.，2008），有助于提高区域内人们对法律制度的认同和维护，进而形成一种共同的社会准则。一个通过规则和法律规范运行的社会，可使人们形成一个预期，预期其他人做出可负责任的行动，使得事前的合约更具可信性。在法制环境较差地区，企业与客户之间的契约关系被破坏时，不能受到正式的法律保护，或者违约方受到的惩罚较轻。此时，社会信任这一非正式制度恰好可以弥补法制环境薄弱对产权保护的影响，从而抑制控制人的私人收益（如：掠夺财富、增强话语权等）。因此，本章预期，在法制环境较差的地区，企业客户/供应商的稳定性随着地区社会信任程度的提高而减少的这一现象更加明显。

H2a：在法制环境较差的地区，客户/供应商稳定性随着地区社会信任程度的提高而增强的这一现象更加明显。

H2b：在法制环境较好的地区，客户/供应商稳定性随着地区社会信任程度的提高而增强的这一现象更加明显。

8.2 研究设计

8.2.1 数据来源

本章选择2014—2018年中国A股上市公司为初始样本，并按照以下原则进行了筛选：①剔除金融类公司样本；②剔除当年被ST公司样本；③剔除相关指标数据缺失的样本；④对本章主要连续变量进行上下1%的Winsorize处理，以消除极端值在分析中导致的偏差。最终，我们得到6 294个有效样本观测值。本章使用的研究数据来自国泰安（CSMAR）。

8.2.2 变量定义

主要因变量如下：

①客户稳定性（*CS01*），第一大客户是否也是上年前5大客户，是为

1，否则为0。

②客户稳定性（*CS*03），第三大客户是否也是上年前5大客户，是为1，否则为0。

③供应商稳定性（*SS*01），第一大供应商是否也是上年前5大供应商，是为1，否则为0。

④供应商稳定性（*SS*03），第三大供应商是否也是上年前5大供应商，是为1，否则为0。

主要自变量如下：

①社会信任（*Trust*1），社会信任不仅代表着传统的价值观和信仰，而且作为一国文化传统的产物，通过社会群体、民族和宗教逐代衍传，形成一种非正式制度（Putnam，1993；Guiso et al.，2006；Guiso et al.，2008；Sapienza et al.，2014）。参照安格等（Ang et al.，2015）、吴等（Wu et al.，2014）、张敦力等（2012）、刘凤委等（2009）的研究，以张维迎和柯荣住（2002）对企业及企业领导人有关社会信任认识的调查指标来度量社会信任。

②社会信任（*Trust*2），来源于中国综合社会调查（2003），是由国务院发展研究中心社会发展研究部与中国人民大学联合举行的一次全国性的社会基本状况调查，共涉及28个省份、125个县级单位、559个居委会的5 900名被访者，收回有效数据5 894条。有关信任的问题设计是：一般说来，您对现在社会上的陌生人是否信任？5个选项分别为：（a）非常不信任；（b）不信任；（c）一般；（d）信任；（e）非常信任。然后按照信任度从低到高分别赋值为从1、2、3、4和5，根据省份平均得分，得到省级层面的信任指数。

③献血率（*Blood*2000），2000年各个省份的总献血数量/每个省份人数。日前，中国没有对自愿献血的相关法律和经济激励，献血仅仅是为了一种社会价值、合作、利他主义和互惠，进一步体现出社会信任。安格等（Ang et al.，2015）、吴等（Wu et al.，2014）也采用相同指标进行了研究。

④献血率（*Blood*2011），2011年各个省份的总献血数量与省份人数之比。

⑤非营利组织数量（*Ngo*），采用2005—2008年平均非政府组织在每百万省人口数值作为社会信任替代指标。在一定社会中，越是积极参与各种社团组织的居民，越能从与他人的交往中认识到互助、合作、友善、共识、公益等人际关系处理方式在协调彼此关系、增进社会福利过程中的重要性，它们实际上构成社会信任的核心特征（Bellah et al.，1985）。

其他主要变量见表 8.1：

表 8.1　　　　主要变量定义

变量类型	符号	变量名称	定义
因变量	*CS01*	客户稳定性	第一大客户是否也是上年前 5 大客户，是为 1，否则为 0
	CS03	客户稳定性	第三大客户是否也是上年前 5 大客户，是为 1，否则为 0
	SS01	供应商稳定性	第一大供应商是否也是上年前 5 大供应商，是为 1，否则为 0
	SS03	供应商稳定性	第三大供应商是否也是上年前 5 大供应商，是为 1，否则为 0
解释变量	*Trust*1	社会信任	中国企业家调查系统（2000）有关社会信任调查
	*Trust*2	社会信任	国务院发展研究中心社会发展研究部与中国人民大学（2003）有关社会信任调查
	*Blood*2000	献血率	2000 年各个省份的总献血数量/每个省份人数
	*Blood*2011	献血率	2011 年各个省份的总献血数量/每个省份人数
	Ngo	非营利性组织数量	2005—2008 年中国非营利组织数量
控制变量	*Size*	公司规模	期末总资产取对数
	Lev	资产负债率	期末总负债/期末总资产
	HHI	行业竞争程度	赫芬达尔指数
	Growth	投资机会	总资产增长率
	Risk	财务杠杆	(净利润 + 所得税费用 + 财务费用)/(净利润 + 所得税费用)
	ROA	总资产收益率	利润总额/总资产
	Operate	总资产周转率	营业收入/资产总额期末余额
	Outdir	独立董事占比	独立董事人数/ 董事会人数
	Dual	两职合一	董事长与总经理合一为 1，否则为 0
	Age	上市年限	数据当年 - 上市年 +1

8.2.3　模型设定

(1) 为检验假说，本章设定如下模型：

$$CS1/CS3/SS1/SS3 = \alpha_0 + \alpha_1 \times Trust + \sum_{2}^{k} \alpha_i \times Control_i + \varepsilon_i \quad (8.1)$$

模型（8.1）中，*CS01/CS03* 和 *SS01/SS03* 分别代表客户和供应商的稳定性。*Trust* 代表企业所在地的社会信任度，本章预期企业所在地区社会信任度越高，企业的客户和供应商稳定性也越高，因此预计社会信任（*Trust*）α_1 系数为负。

$$CS1/CS3/SS1/SS3 = \alpha_0 + \alpha_1 \times Trust \times Lawscore + \alpha_2 \times Trust + \alpha_1 \times Lawscore + \sum_2^k \alpha_i \times Control_i + \varepsilon_i \quad (8.2)$$

模型（8.2）中，*CS01/CS03* 和 *SS01/SS03* 分别代表客户和供应商的稳定性，*Trust* 代表企业所在地的社会信任度，*Lawscore* 代表企业所在地的法律效率。本章预期社会信任（*Trust*）与法律效率（*Lawscore*）既可能互补也可能替代，其交互项（*Trust × Lawscore*）α_1 系数可能为负，也可能为正。

8.3 实证结果

8.3.1 描述性统计

表 8.2 报告了因变量、自变量和主要控制变量的描述性统计结果。

因变量的描述性统计结果如下，客户稳定性（*CS01*）最大值为 1，最小值为 0，均值为 0.58，说明与上年相比，当年有 58% 的第一大客户没有发生变动；客户稳定性（*CS03*）最大值为 1，最小值为 0，均值为 0.62，说明与上年相比，当年有 62% 的第三大客户没有发生变动；供应商稳定性（*SS01*）最大值为 1，最小值为 0，均值为 0.57，说明与上年相比，当年有 57% 的第一大供应商没有发生变动；供应商稳定性（*SS03*）最大值为 1，最小值为 0，均值为 0.62，说明与上年相比，当年有 62% 的第三大供应商没有发生变动。

自变量描述性统计结果如下，社会信任指标（*Trust*1）均值为 3.92，标准差为 1.06，表明各地区间社会信任指标存在明显差异。社会信任指标（*Trust*2）均值为 2.26，标准差为 0.11。以 2005—2008 年各地区非营利性组织数量与人口比例（*Ngo*）均值为 3.13，标准差为 1.06。2000 年各地区献血率（*Blood*2000）均值为 1.25，标准差为 0.75。2011 年各地区献血率（*Blood*2011）均值为 3.46，标准差为 1.02，说明各省份之间的献血率存在明显差异。

控制变量描述性统计结果如下，企业总资产取对数（*Size*）均值为22.02，标准差为1.12，表明企业间规模存在差异；企业资产负债率（*Lev*）均值为0.42，标准差为0.21；投资周转率（*Inventory*）均值为216.41，标准差为397.03；总资产周转率（*Operate*）均值为1.63，标准差为0.79；投资机会（*Growth*）均值为0.60，标准差为0.42；资产收益率（*ROA*）均值为0.03，标准差为0.06；审计独立性（*Big*4）均值为0.03，标准差为0.17；董事长与总经理合一（*Dual*）均值为1.68，标准差为0.49；董事会独立性（*Independence*）均值为0.38，独立董事占董事总人数之比为38%；上市公司上市年数（*Age*）均值为13.69。

表8.2　　　　描述性统计

变量	*N*	*sd*	*min*	*max*	*mean*
*CS*01	6 294	0.490	0.000	1.000	0.580
*SS*01	6 294	0.500	0.000	1.000	0.570
*SS*03	5 956	0.480	0.000	1.000	0.620
*CS*03	6 124	0.490	0.000	1.000	0.620
*Trust*1	6 294	1.060	0.990	5.390	3.920
*Trust*2	6 214	0.110	2.010	2.440	2.260
*Blood*2000	6 214	0.750	0.020	3.430	1.250
*Blood*2011	6 272	1.020	1.970	6.590	3.460
Ngo	6 294	1.060	1.000	5.140	3.130
Lawscore	6 294	5.460	0.080	21.610	11.290
Size	6 294	1.120	18.990	26.530	22.020
Lev	6 294	0.210	0.060	1.210	0.420
Inventory	6 294	397.030	1.490	2 945.180	216.410
Operate	6 294	0.790	1.010	5.770	1.630
Growth	6 294	0.420	0.030	2.520	0.600
ROA	6 294	0.060	-0.320	0.200	0.030
*Big*4	6 294	0.170	0.000	1.000	0.030
Dual	6 294	0.490	0.000	2.000	1.680
Independence	6 294	0.060	0.180	0.710	0.380
Age	6 294	56.600	1.000	30.000	13.690

8.3.2 实证结果与分析

表 8.3 报告了社会信任与客户/供应商稳定性检验结果，可以发现，列（1）报告了社会信任（*Trust*1）与供应商稳定性（*SS*01）单变量回归结果，社会信任（*Trust*1）系数为正，且在 1% 水平上显著；列（2）报告了控制其他各种因素后的社会信任（*Trust*1）与供应商稳定性（*SS*01）回归结果，社会信任（*Trust*1）系数为正，且在 1% 水平上显著。列（3）报告了社会信任（*Trust*1）与客户稳定性（*CS*01）单变量回归结果，社会信任（*Trust*1）系数为正，且在 1% 水平上显著；列（4）报告了控制其他各种因素后的社会信任（*Trust*1）与客户稳定性（*CS*01）回归结果，社会信任（*Trust*1）系数为正，且在 1% 水平上显著。上述结论验证了 H1，也即较高的社会信任水平可以提高客户/供应商对该地区企业的信任感，愿意信任并达成长期合作预期。而且，社会信任激励诚信行为，位于高社会信任地区的管理者不太可能欺骗客户/供应商，也不太可能从事机会主义活动以获取私人利益，这种圈内的惩罚会让其在圈内无法生存。进一步验证了中国企业关系型交易盛行，包括客户、供应商等所嵌入的社会网络，构成了企业生存发展的生态系统的重要组成部分。关系型交易是在关系基础上达成的人格化交易，因为关系信任，合约条款通常比较简单、灵活，甚至有意模糊，以适应不确定的环境（Li et al.，2020）。

表 8.3　　　　社会信任与客户/供应商稳定性检验结果

变量	*SS*01	*SS*01	*CS*01	*CS*01
	(1)	(2)	(3)	(4)
*Trust*1	0.3179 *** (13.10)	0.2986 *** (11.18)	0.2803 *** (11.59)	0.2599 *** (9.81)
Size		0.2733 *** (8.70)		0.2282 *** (7.39)
Lev		-0.9793 *** (-5.45)		-0.8931 *** (-5.04)
Inventory		-0.0001 (-0.89)		-0.0001 (-0.79)
Operate		-0.0121 (-0.34)		0.0169 (0.47)
Growth		0.2079 *** (2.70)		0.1794 ** (2.35)

续表

变量	SS01	SS01	CS01	CS01
	(1)	(2)	(3)	(4)
ROA		1.0751*		1.5288***
		(1.92)		(2.75)
Big4		-0.3854**		-0.1621
		(-2.28)		(-0.95)
Dual		-0.1940***		-0.2446***
		(-3.40)		(-4.29)
Independence		2.4918***		1.9857***
		(4.95)		(3.99)
Age		0.0002		0.0016**
		(0.42)		(2.27)
		(7.85)		(9.12)
常数项	-0.9658***	-7.0977***	-0.7873***	-6.0245***
	(-9.88)	(-9.72)	(-8.09)	(-8.39)
观测值	6 294	6 294	6 294	6 292
$Adj-R^2$	0.0203	0.0912	0.0159	0.0815

注：①***、**、*分别表示估计系数在0.01、0.05、0.1水平上显著；②括号内为t检验值。本章下同。

8.4 稳健性检验

为了使上述检验结果更加稳健，本章采用工具变量法、替换因变量和自变量等方法进行检验。

8.4.1 工具变量法回归检验结果

首先，可能存在遗漏变量问题，因此在检验时尽可能控制影响模型估计精度的变量。其次，可能存在互为因果关系。借鉴吴等（Wu et al.，2014）的研究，利用每个省份的献血率（*Blood*）作为工具变量进行两阶段回归。献血率（*Blood*2000/*Blood*2011），本章采用2000年和2011年各个省份的总献血数量/每个省份人数。目前，中国没有对自愿献血的相关法律和经济激励，献血仅仅是为了一种社会价值、合作、利他主义和互惠，进一步体现出社会信任。非营利性组织数量（*Ngo*），本章采用2005—2008年平均非政府组织在每百万省人口数值作为社会信任替代指标。在一定社会中，越是积极参与各种社团组织的居民，越能从与他人的交往中认识到互助、合作、友善、共识、公益等人际关系处理方式在协调彼此关系、增进社会福利过程中的重要性，它们实际上构成社会信任的核心特征（Bellah et al.，1985）。表 8.4 报告了采用工具变量回的回归结果，列（1）结果发现，献血率（*Blood*2000/*Blood*2011）和非营利性组织数量（*Ngo*）系数为正，且都在 1% 水平上显著，列（2）和列（3）的社会信任（*Trust*1）系数为正，且都在 1% 水平上显著，表明了控制内生性后，结论仍成立。

表 8.4　　　　工具变量检验结果

变量	*Trust*1	*SS*01	*CS*01
	(1)	(2)	(3)
*Trust*1		0.0342*** (4.05)	0.0311*** (3.67)
*Blood*2000	0.7148*** (26.09)		
*Blood*2011	0.0661*** (3.31)		
Ngo	0.2212*** (23.98)		
控制变量	是	是	是
观测值	6 214	6 214	6 214
$Adj-R^2$	0.5487	0.1073	0.0972

8.4.2　替换自变量回归检验结果

表 8.5 中更换其他维度的社会信任指标（*Trust*2）与客户/供应商稳定性检验结果，可以发现，列（1）报告了社会信任（*Trust*2）与供应商稳定性（*SS*01）单变量回归结果，社会信任（*Trust*2）系数为正，且在 1% 水平上显著。列（2）报告了控制其他各种因素后的社会信任（*Trust*2）与供应商稳定性（SS01）回归结果，社会信任（*Trust*2）系数为正，且在 1% 水平上显著。列（3）报告了社会信任（*Trust*2）与客户稳定性（*CS*01）单变量回归结果，社会信任（*Trust*2）系数为正，且在 1% 水平上显著。列（4）报告了控制其他各种因素后的社会信任（*Trust*2）与客户稳定性（*CS*01）回归结果，社会信任（*Trust*2）系数为正，且在 1% 水平上显著。上述结果表明，更换其他维度社会信任指标之后，进一步验证了 H1。

表 8.5　用 ***Trust*2** 替代 ***Trust*1** 的稳健性检验结果

变量	*SS*01	*SS*01	*CS*01	*CS*01
	(1)	(2)	(3)	(4)
*Trust*2	2.6057*** (10.58)	2.3044*** (8.64)	2.4063*** (9.78)	2.1163*** (7.97)
控制变量	是	是	是	是
观测值	6 214	6 214	6 214	6 212
$Adj-R^2$	0.0134	0.0850	0.0114	0.0774

8.4.3　替换因变量回归检验结果

表 8.6 报告了社会信任与客户/供应商稳定性检验结果，可以发现，列（1）报告了社会信任（*Trust*1）与供应商稳定性（*SS*03）单变量回归结果，社会信任（*Trust*1）系数为正，且在 1% 水平上显著。列（2）报告了控制其他各种因素后的社会信任（*Trust*1）与供应商稳定性（*SS*03）回归结果，社会信任（*Trust*1）系数为正，且在 1% 水平上显著。列（3）报告了社会信任（*Trust*1）与客户稳定性（*CS*03）单变量回归结果，社会信任（*Trust*1）系数为正，且在 1% 水平上显著。列（4）报告了控制其他各种因素后的社会信任（*Trust*1）与客户稳定性（*CS*03）回归结果，社会信任（*Trust*1）系数为正，且在 1% 水平上显著。上述结论进一步验证了 H1，表明了上述研究结论是稳健的。

表 8.6　用 ***SSO3/CSO3*** 替代 ***SSO1/CSO1*** 的稳健性检验结果

变量	*SS*03	*SS*03	*CS*03	*CS*03
	(1)	(2)	(3)	(4)
*Trust*1	0.3478*** (13.72)	0.3327*** (11.92)	0.2985*** (12.03)	0.2858*** (10.51)
控制变量	是	是	是	是
观测值	5 956	5 955	6 124	6 122
$Adj-R^2$	0.0242	0.0974	0.0180	0.0818

8.5　进一步分析

前已述及，社会信任作为一种重要的非正式制度，对企业股权结构有重要的影响。诺斯（North，1990，1994）认为，正式制度乐意降低不确定性，并且能贯彻和增进非正式制度的有效性。正式制度往往以法律条文或者政策规范来体现，并通过法院来实施。作为正式制度的外部法律执行效率通过影响人的行为而潜在地影响企业组织层级结构。已有研究表明，法律制度的执行效率通过对投资者的保护而影响到企业行为（La Porta et al.，1998，2002；Dyck and Zingales，2004；Chen et al.，2009；王鹏，2008；肖作平，2012）。因而，在考察企业多层股权结构的影响因素时，不能忽视法律执行效率与社会信任的交互影响。

表 8.7 中列（1）和列（2）报告了社会信任与法律执行效率交互作用与客户/供应商稳定性关系的检验结果。列（1）的回归结果显示，社会信任与法律执行效率交互项在 5% 水平上与供应商稳定性负相关；列（2）的回归结果显示，社会信任与法律执行效率交互项在 1% 水平上与客户稳定性负相关，这意味着企业客户/供应商的稳定性随着地区社会信任程度的提高而减少的这一现象可能会在法制环境差的地区更明显。这是因为：良好的法制环境可为本不相关的陌生参与者提供互相合作和解决争端的基础与底线判断，从而扩大社会信任功能发挥作用的半径与范围。同时，社会信任也隐含着共同的意识形态资本和价值观，确保陌生人或不经常见面的人之间形成合作（Guiso et al.，2008），有助于提高区域内人们对法律制度的认同和维护，进而形成一种共同的社会准则。验证了假说 H2b。

表 8.7　　　　法律效率的调节作用的检验结果

变量	*SS*01	*CS*01
	(1)	(2)
*Trust*1_*Lawscore*	-0.0161** (-2.07)	-0.0241*** (-3.11)
*Trust*1	0.2064*** (2.83)	0.2098*** (2.89)
Lawscore	0.1269*** (3.76)	0.1661*** (4.94)
控制变量	是	是
观测值	6 294	6 292
$Adj-R^2$	0.0975	0.0895

8.6 本章小结

本章选择2014—2018年中国A股上市公司为初始样本，通过研究企业所在地的社会信任度对其客户/供应商稳定性的影响发现，企业所在地区社会信任度越高，其客户/供应商稳定性越强，表明社会信任作为一种非正式制度为建立契约关系提供了一种重要保障机制，尤其是在签订契约时人们对未来认知有限、对事后不当行为的惩罚能力有限时。通过在一个供应链网络中，由过去重复的行为而形成的对未来的一种预期，行为人对于其过去的行为的判断，可以得到了一种可信任（或者不可信任）的基础。通过工具变量方法、更换客户/供应商稳定性指标、更换社会信任指标，上述结果仍然是稳健的。进一步研究表明，在法制环境较差的地区，客户/供应商稳定性随着地区社会信任程度的提高而增强的这一现象更加明显。

第9章 社会信任、法律执行与供应商分布决策

中国发展已进入新时代，要素禀赋与40多年前相比发生了根本变化，经济规模、贸易规模、资金跨国流动规模等均居世界前列，但由于国际经济、政治环境也随之发生变化，我国与发达经济体的关系从互补合作为主转变为互补与竞争合作并存。在此背景下，党中央审时度势提出了以内循环为主、外循环赋能的更高水平双循环发展战略。事实上，供应商作为供应链上重要而关键的一环，如何合理布局和优化供应商，不仅是企业应对日益激烈的竞争格局和复杂多变市场环境的重要手段，更是协调企业长短期战略和提高供应链管理效率的有效路径。已有文献表明，供应商选择会对企业生产经营（江伟等，2017）、会计政策（Cen et al.，2017）、会计信息质量（Bauer et al.，2017；方红星等，2017）、审计师选择（方红星等，2016）、融资决策（Dhaliwal et al.，2016；Seo et al.，2017）等方面产生重要的影响。可见，供应商选择决策对企业运营、经营绩效等方面至关重要，由此引起了学术界的高度关注。

企业的供应商选择决策是一个动态地、持续地调整与优化的过程，充分体现了成本与收益权衡原则。企业供应商选择决策过程中，会考察和权衡产品质量、产品价格、供应商信誉、技术水平、物流成本、信息成本等因素的约束。值得注意的是，在全球化和信息化时代，企业与遍及全国甚至全球供应商之间的互信尤为重要，它不仅是缔结合作伙伴关系的基础，而且会影响企业与供应商之间的良性互动以及交易成本。事实上，企业是各种要素所有者以及他们和顾客之间缔结的一系列契约的集合（Jensen et al.，1976）。交易成本理论认为，由于不确定性，理性、信息、选择与交换的有限性以及机会主义的存在，人们只要产生互动行为就会产生交易成本（Feiock et al.，2009）。尽管正式制度（如法律法规）可以促进契约执行，但信任等非正式制度可以有效弥补正式制度在规制或约束个体行为及其互动关系方面的漏洞，从而与正式制度协同，确保契约顺利执行

(Allen et al., 2005；Alesina and Giuliano，2015；陈冬华等，2013)。因此，信任在组织和行业的健康有序发展、促进社会和谐与经济可持续发展中扮演重要角色。

鉴于此，本章采用文本分析法，将信任文化嵌入供应商选择决策的分析框架，研究信任文化这一非正式制度在供应商分布决策中的作用以及影响机制。结果发现，具有信任文化导向的企业扩大了供应商选择的分布范围，有助于优化供应商管理，统计意义和经济意义上均显著，在考虑样本自选择后结论依然成立。进一步从成本收益视角剖析发现，与不存在信任导向的企业文化相比，存在信任文化导向的企业供应商更为分散的现象在方言多样化程度低、交通便利度高的样本中更为明显，验证了心理距离和空间距离假说。此外，本章还发现，在市场竞争激烈、供应商集中度低、制造业企业样本中，信任文化对企业供应商分布决策的影响更为明显。

本研究可能的创新之处主要体现在：首先，着眼于考察信任文化这一深层次文化因素在供应链管理中的重要作用，丰富和拓展了该领域的文献。以往研究聚焦在供应商选择经济后果方面的研究，如企业生产经营(江伟等，2017)、会计信息质量（Bauer et al., 2017；方红星等，2017)、融资决策（Dhaliwal et al., 2016；Seo et al., 2017）等方面有着重要的影响，而本章则是基于“双循环”战略背景，从供应商选择的影响因素这一角度形成了对现有文献的补充。其次，本章将信任文化嵌入企业供应商选择的决策模型，从理论上深入、系统地剖析了非正式制度之信任文化对供应商选择决策的作用机理，有助于厘清信任文化在经济活动中发挥作用的原因，并为文化的治理作用提供新证据。最后，本章的研究结论具有重要的政策含义。我国政府在推动社会信用体系建设时，将“健全社会信用体系”作为2019年政府工作报告中的一项重要内容，旨在构建良好的社会信任环境，减少契约执行成本，促进经济繁荣和社会稳定。本章的研究结论表明，信任文化这一非正式制度有利于优化企业的供应链管理，对进一步深入理解企业供应商布局及优化管理，尤其是对“双循环”战略下供应链管理及优化具有重要的参考价值。

9.1 理论分析与研究假说

企业的供应商分布决策是企业基于成本与收益原则，权衡如何选择供应商分布范围的决策，这是一个动态地、持续地调整与优化的过程，受到多种因素的制约。通常而言，距离较近的供应商因区位优势与企业互动更为便捷，而距离较远的供应商因区位劣势与企业互动的频率可能会降低，信息不对称程度也随之加剧，进而增加交易成本。当然，供应商分布决策可能还会受到产品质量、产品价格、供应商的信誉、技术水平、物流成本、信息成本等因素的影响。事实上，除了这些影响交易成本的显性因素外，信任文化这一隐性因素对企业与供应商之间的交易成本影响也不容忽视。

文化能够改变人的信念和行为，不仅影响企业行为（Stulz and Williamson, 2003），而且对债券定价（杨国超和盘宇章，2019）、金融市场发展（Guiso et al.，2015）、会计信息质量（Cheng et al.，2017）、供应商决策（Wang et al.，2011）和经济增长（Allen et al.，2005）等方面有着重要的影响。信任文化作为非正式制度与文化传统的体现者，不仅是国家、地区、企业软实力形成的内生性资源，更是提高企业核心竞争力的重要因素。供应商是企业最重要的利益相关者之一，而信任是影响企业与供应商合作关系的关键因素。企业供应商选择决策是一个动态地、持续地调整与优化的过程，现有文献已意识到信任对供应商决策的影响（Wang et al.，2011；Poppo et al.，2016；饶品贵等，2019；王永贵和刘菲，2019）。然而，由于企业个体层面的信任变量难以刻画和度量，以致现有研究对信任如何影响企业供应商决策并没有给予足够的关注和重视，这使得现有文献与实践可能存在某种程度上的脱节。因此，本章将信任文化嵌入供应商选择决策的分析框架，试图探讨信任文化对企业供应商决策的影响机理。

契约本质上是高度依赖信任的，信任是市场经济中所有交易的前提和基础。正如阿罗（Arrow，1969）所说："每一笔经济交易都包含着信任要素。"复杂且不完全的契约制度环境正是信任发挥作用的"土壤"，信任作为"润滑剂"有助于市场交易的顺利完成和降低契约成本（吕朝凤等，2019）。信任是个体对于潜在对手实施对其有利或者至少是无害行为概率的主观评价。吉索（Guiso et al.，2008）则直接将信任定义为个体对其被欺骗概率的主观评价。大量研究表明，信任文化有助于推动经济增长和提高社会效率（La Porta et al.，1997）、金融市场发展（Guiso et al.，2009）、公司并购与融资（Duarte et al.，2012）、国际贸易与投资（Guiso et al.，2009），能够提升信息透明度、会计信息质量及其市场反应（Pevzner et al.，2015；Jha，2019）。也有研究发现，信任文化对外界起到信号传递作用，并且能够优化公司治理，有助于增进组织、个体之间的相互信任，而信任能够促进交流与合作，可以降低信息搜索成本、监督需求以及信息不对称程度，进而降低交易成本（Gulati and Nickerson，2008）。可见，信任文化对企业行为有着重要的影响，具体到企业供应商选择决策，本章认为，信任文化对供应商选择决策的影响至少表现在以下几点：

第一，企业供应商选择决策是一个动态地、持续地调整与优化的过程，互信是企业与遍及全国甚至全球的供应商之间合作的基础。由于企业与供应商之间往往存在较为严重的信息不对称，倡导信任文化不仅可以促进企业与供应商之间的情感互动，而且可以促进企业与供应商之间的信息交流，降低沟通成本和事前交易的信息搜集成本，进而促进基于双边的互惠互利行为（Poppo et al.，2016；王永贵等，2019）。

第二，倡导信任文化增加了企业与供应商之间关系的可控性，降低了关系的管理和维护成本（Adler and Kwon，2002）。一方面，信任文化使得合作方不必依赖于合同来治理双边关系，从而避免合同产生的谈判成本、签约成本和契约保障等交易成本以及信用风险（Wang et al.，2011）；另一方面，信任文化会使得供应商对企业产生积极的心理期望，从而增加了企业与供应商之间关系的可协调性，减少冲突的发生，降低事后交易协调成本、监督成本和执行成本（Poppo et al.，2016；刘凤委等，2009）。

第三，契约不完全性是导致“敲竹杠”问题的要因，由此也会影响企业供应商选择决策。由于契约的不完全性，使得契约合同在规制或约束个体行为及其相互关系方面存在漏洞，从而导致契约合同难以得到有效执行。在这种环境中，契约双方之间的信任就成为促进契约履行的一种“润滑剂”，如果企业越倡导信任文化，供应商和企业之间就越相互信任，供应商也更有意愿与企业合作，从而扩大企业选择供应商的范围。同时，企业实施资产专用性投资后面临“敲竹杠”的可能性越小、获得收益的可能性则越大（吕朝凤等，2019）。

综上所述，倡导信任文化可以缓解企业与供应商之间的信息不对称，降低交易成本，避免“敲竹杠”问题，促进企业与供应商之间合作关系，进而拓展企业供应商的分布范围，优化供应商分布决策。据此，本章提出如下研究假说：

H1：在限定其他条件不变的情况下，信任文化与企业供应商分布显著正相关，即具有信任文化导向的企业扩大了供应商选择的分布范围。

前已述及，倡导信任文化缓解了企业与供应商之间的信息不对称，降低了交易成本，拓展了企业供应商选择的分布范围。但不可否认的是，企业与供应商之间的心理距离和空间距离也会影响两者之间的信任关系，进而影响企业供应商的分布范围。

中国文化底蕴深厚，物博地广，各地都有自己独特的方言，不同的方言孕育着不同的文化。这种文化差异不仅会带来语言交流上的障碍，而且会影响人际交往的心理距离，进而影响信任与沟通（Pendakur and Pendakur，2002）。心理距离增加了信息搜集成本和沟通成本，而相似的个体有共同的文化偏好，更容易引起互动，可以减少人际沟通和理解障碍，提高交流沟通效率，降低搜寻合作者的成本（Barner – Rasmussen and Bjorkman，2007；Tang et al.，2014；徐现祥等，2015）。不同的方言融入了地方文化和情感，代表不同的文化和习俗，方言越多样，企业与供应商之间的文化背景、习俗等方面的差异越大，更容易拉开他们交流中的心理距离，进而会影响企业与供应商在互动过程中的信任，使得他们在相互理解和合作上出现障碍，增加了交流和沟通成本，以致提高了合作成本和合作难度（Alesina et al.，2013；程博和潘飞，2017），进而影响企业供应商选择决策。由此预期，方言多样化差异会削弱信任文化与企业供应商分布之间的正相关关系。据此，本章提出如下研究假说：

H2：在限定其他条件不变的情况下，倡导信任文化的企业扩大了供应商分布决策的现象在方言多样化程度低的样本中更为明显。

良好的交通基础设施压缩了城市之间的时空距离，提高了城市可达性，不仅改变了人们的出行以及生活方式，更深刻地影响着企业运营方式和城市经济发展（Bernard et al.，2019；黄张凯等，2016；赵静等，2018）。交易成本理论将交易成本分为计量成本（Measurement Cost）和执行成本（Enforcement Cost）两类，前者指的是信息传递成本，后者指的是履行合约成本。毋庸置疑，企业与供应商之间的关系也会受到交通基础设施水平的影响。一方面，对供应商分布决策而言，良好的交通基础设施有利于降低供应商的运输成本（包括直接物流成本和运输时间成本等显性成本），从而使得企业有动机选择远距离的供应商，以获取有利的产品价格和更可靠的产品质量，从而提升和优化供应链管理质量（饶品贵等，2019）；另一方面，中国有句俗话："一回生、二回熟、三回是朋友。"城市交通基础设施的改善，增加了业务访问的概率和频率，缩小了企业与供应商之间的"空间距离"，使得他们更容易发生互动，增进了企业与供应商之间信息沟通、交流与信任，从而促进双方贸易合作，降低隐性的交易成本，提高交易效率（饶品贵等，2019）。由此可见，交通基础设施的改善，不仅降低了与供应商相关联的运输成本，而且降低了企业与供应商之间的信息获取与沟通成本，使得企业有动机优化供应商分布。本章预期，交通便利度高会增强信任文化与企业供应商分布之间的正相关关系。据此，本章提出如下研究假说：

H3：在限定其他条件不变的情况下，倡导信任文化的企业扩大了供应商分布决策的现象在交通便利度高的样本中更为明显。

9.2 研究设计

9.2.1 模型设计与变量定义

为了考察信任文化对供应商分布决策的影响，本章将待检验的模型设定如下：

$$Distance_{i,t} = \alpha + \beta_1 \times Culture_{i,t} + \sum Controls_{i,t} + \sum IND_{i,t} + \sum Year_t + \varepsilon_{i,t} \tag{9.1}$$

$$Distance_{i,t} = \alpha + \beta_1 \times Culture_{i,t} \times Disversity_{i,t} + \beta_2 \times Culture_{i,t} + \beta_3 \times Disversity_{i,t} + \sum Controls_{i,t} + \sum IND_{i,t} + \sum Year_t + \varepsilon_{i,t} \tag{9.2}$$

$$Distance_{i,t} = \alpha + \beta_1 \times Culture_{i,t} \times HSR_{i,t} + \beta_2 \times Culture_{i,t} + \beta_3 \times HSR_{i,t} + \sum Controls_{i,t} + \sum IND_{i,t} + \sum Year_t + \varepsilon_{i,t} \tag{9.3}$$

其中，被解释变量 *Distance* 为企业与前五大供应商之间的距离，借鉴 Petersen and Rajan（2002）、饶品贵等（2019）的方法，同时构建了供应商加权距离指标 *Wdistance*，衡量企业前五大供应商分布情况，该指标越大，表示企业供应商分布越分散，具体计算公式如下：

$$Wdistance_{i,t} = \mathrm{Ln}\left(1 + \sum Distance_{i,j,t} \times Ratio_{i,j,t}\right) \tag{9.4}$$

式（9.4）中，$Wdistance_{i,t}$表示企业 i 在 t 年度前五大供应商的加权平均距离，$Distancce_{i,j,t}$表示前五大供应商 j 与企业之间的绝对平均距离，$Ratio_{i,j,t}$表示与供应商 j 对应的占企业前五大供应商采购业务总额的比重。

解释变量 *Culture* 为是否存在信任导向的企业文化。近年来，不少学者采用问卷调查或者案例研究的方法来度量文化指标。由于问卷无法回避研究者和被调查者的主观性成分，也难以进行大样本研究，并且问卷结果会随调查情景变化而有所不同，且难以重复，其结论普适性存在一定的争议。参考 Guiso et al.（2015）、姜付秀等（2015）的研究方法，本章采用文本分析法来度量信任文化（*Culture*）。数据收集按照如下三个步骤进行：第一步，定义“信任”元素的相关词汇集。通过查阅《现代汉语词典》和《新华字典》，选取“信任、信赖、笃信、信托、置信、坚信、守信、立信、诚信、相信、确信、自信、信誉、坦诚”等为主的词汇。第二步，定义“信任”元素的检索范围。通过手工搜索公司官网首页、企业文化栏目、公司简介、网页新闻报道、公司董事长或 CEO 参与采访及年会等活动中的新闻报道讲话内容以及公司年报和内部控制评价报告中有关企业文化相关的陈述等相关信息源，无论通过何种途径获取到“信任”文化信息，若企业文化中包含上述词汇中的任一词汇，则认为企业存在“信任”导向的企业文化。本章采用 *Culture* 作为企业信任文化的虚拟变量，如果企业存在信任文化时，则 *Culture* 赋值为 1，否则为 0。第三步，数据收集验证。为确保数据收集的准确性，实行三轮验证，第一轮由收集者在收集完毕后复核一遍；第二轮由不同数据收集者交叉进行复核，发现是否存在收集误差，共同进行校验确认；第三轮由作者对所有收集的数据全部进行复核一遍，确保判定的一致性。

Disversity 和 *HSR* 为调节变量。其中，*Disversity* 用来衡量心理距离，参考徐现祥等（2015）的研究，采用方言多样性指数衡量心理距离。具体计算公式如（9.5）式所示。

$$Diversity_i = 1 - \sum_{j=1}^{N} S_{j,i}^2 \tag{9.5}$$

其中，$S_{j,i}$为城市 i 使用方言 j 的人口比重，N 为次方言个数，$Diversity_i \in (0,1)$，数值越大表示该城市方言越多样，心理距离越大。

HSR 用来衡量空间距离，参考饶品贵（2019）的研究，如果上市企业办公所在地城市当年开通高铁时 *HSR* 赋值为 1，否则赋值为 0。

此外，参考江伟等（2017）、饶品贵等（2019）的研究，本章控制了其他可能影响企业供应商分布决策的特征变量，包括现金持有（*Cash*）、存货比率（*INVT*）、财务杠杆（*Lev*）、企业规模（*Size*）、盈利能力（*ROA*）、应收账款比率（*REC*）、公司年龄（*Age*）、所在地区的人均 GDP（*GDP*）、产权性质（*SOE*）、行业（*IND*）以及年度（*Year*）。回归主要变量的具体定义见表 9.1。

表 9.1　　变量定义

变量符号	变量含义及计算方法
Wdistance	加权平均距离，采用饶品贵等（2019）构建的企业与前五大供应商之间加权平均距离来度量
Distance	绝对平均距离，采用饶品贵等（2019）构建的企业与前五大供应商之间绝对平均距离来度量
Culture	信任文化，企业文化中有“信任”相关表述时赋值为1，否则赋值为0
Diversity	方言多样性，采用徐现祥等（2015）构建的方言多样性指数来度量
HSR	高铁开通，当上市企业办公所在地城市当年开通高铁时赋值为1，否则赋值为0
Cash	现金持有，定义为企业现金持有量与资产总额之比
INVT	存货比率，定义为企业存货净额与资产总额之比
Lev	财务杠杆，定义为负债总额与资产总额之比
Size	企业规模，定义为总资产的自然对数
ROA	盈利能力，定义为净利润与资产总额之比
REC	应收账款比率，定义为企业应收账款净额与资产总额之比
Age	企业年龄，定义为企业成立年限加1的自然对数
GDP	人均GDP，定义为企业办公所在地人均GDP
SOE	产权性质，定义企业实际控制人为国有时取1，否则为0

9.2.2　样本选择与数据来源

由于我国现行企业会计准则自2007年1月1日起实施，并且2007年报中上市公司披露的前五大供应商信息缺失程度较大，因此，本章选择2008—2017年中国A股上市公司为研究对象，对样本做如下筛选：①剔除金融保险行业公司；②剔除ST、*ST的样本；③剔除模型中主要变量和控制变量有缺失值的样本。通过以上标准的筛选，本章共保留了7 546个公司—年度观测值。供应商距离、高铁开通等数据源自饶品贵等（2019）提供在《中国工业经济》网站（http：//www.ciejournal.org）附件中的公开数据。信任文化数据采用文本分析法，经手工搜集整理获取；方言多样性数据来源徐现祥等（2015）构建的278个地级及以上城市的方言多样性指数；其他研究数据来自CSMAR和WIND数据库。为了保证数据有效性并消除异常值对研究结论的干扰，对相关连续变量均在1%和99%水平上进行Winsorize处理。

9.3 实证结果

9.3.1 描述性统计

表 9.2 列出了主要变量的描述性统计结果。数据表明，样本期间 *Distance* 和 *Wdistance* 的均值分别为 5.1617 和 3.6921，表明企业与五大供应商的平均距离为 173.46（$e^{5.1617}-1$）公里，而与五大供应商的加权平均距离为 39.13（$e^{3.6921}-1$）公里。样本中有约 46% 的企业文化中有“信任”的相关表述，即存在信任导向的企业文化；方言多样性（Diversity）的均值为 0.2268；*HSR* 的均值约为 72%；现金持有的均值为 0.2016，存货比率的均值为 14.72%；资产负债率的均值 42.43%，企业规模的均值为 21.0898；总资产净收益率的均值为 4.13%，应收账款比率为 15.46%，企业年龄的均值为 2.6273，人均 *GDP* 的均值为 11.2697。由于很多国有企业没有披露完整的主要供应商信息，以致样本中国有企业仅占 22.13%，这与饶品贵等（2019）的发现一致。此外，由主要变量的相关性分析结果可知（限于篇幅，未列报），信任文化（*Culture*）与供应商加权距离、平均距离的相关系数分别为 0.051 和 0.053，且均在 1% 水平上显著正相关，这说明从整体上来看，倡导信任导向文化的企业，供应商分布较为分散，初步支持本章的研究假说 H1 的预期。

表 9.2　　　　　　　　　描述性统计

变量	观测值	均值	标准差	最小值	中位值	最大值
Wdistance	7 546	3.692	1.307	0.040	3.672	8.021
Distance	7 546	5.162	1.325	0.040	5.246	8.232
Culture	7 546	0.460	0.498	0.000	0.000	1.000
Diversity	7 546	0.227	0.187	0.002	0.228	0.767
HSR	7 546	0.722	0.448	0.000	1.000	1.000
Cash	7 546	0.202	0.151	0.014	0.157	0.726
INVT	7 546	0.147	0.113	0.000	0.126	0.573
Lev	7 546	0.424	0.174	0.165	0.421	0.696
Size	7 546	21.090	1.311	18.602	20.926	25.025

续表

变量	观测值	均值	标准差	最小值	中位值	最大值
ROA	7 546	0. 041	0. 026	0. 007	0. 038	0. 081
REC	7 546	0. 155	0. 124	0. 001	0. 131	0. 561
Age	7 546	2. 627	0. 423	1. 386	2. 708	3. 401
GDP	7 546	11. 270	0. 397	10. 558	11. 355	11. 783
SOE	7 546	0. 221	0. 415	0. 000	0. 000	1. 000

9. 3. 2 实证结果与分析

表 9. 3 列出了主效应检验的回归结果。列（1）显示，在控制其他因素的影响后，信任文化（*Culture*）对于供应商加权平均距离（*Wdistance*）的回归系数为 0. 1206，且在 5% 的统计水平上显著，意味着与不存在信任导向的企业文化相比，存在信任文化导向的企业与供应商加权平均距离增加了 12. 06%，这一结果在经济意义上同样显著。列（2）显示，在控制其他因素的影响后，信任文化（*Culture*）对于供应商平均距离（*Distance*）的回归系数为 0. 1593，且在 1% 的统计水平上显著，意味着与不存在信任导向的企业文化相比，存在信任文化导向的企业与供应商平均距离增加了 15. 93%，这一结果也在经济意义上依然显著。以上检验结果表明，倡导信任文化导向的企业扩大了供应商的分布范围，有助于优化供应商管理，统计意义和经济意义均显著，验证了本章的研究假说 H1。

表 9. 3　　　信任文化与供应商分布决策关系的检验结果

变量	*Wdistance*	*Distance*
	(1)	(2)
Culture	0. 1206 ** (2. 209)	0. 1593 *** (2. 849)
Cash	0. 2020 (1. 101)	0. 0343 (0. 185)
INVT	0. 7452 *** (2. 995)	0. 6841 *** (2. 739)
Lev	0. 0712 (0. 423)	0. 1066 (0. 621)

续表

变量	Wdistance	Distance
	(1)	(2)
Size	0.0852 *** (3.167)	0.0521 * (1.870)
ROA	0.9969 (0.969)	0.9637 (0.916)
REC	0.0289 (0.122)	-0.1023 (-0.423)
Age	-0.1581 ** (-2.275)	-0.1218 * (-1.725)
GDP	-0.2081 *** (-2.728)	-0.2382 *** (-3.061)
SOE	-0.2574 *** (-3.378)	-0.2943 *** (-3.774)
常数项	4.9192 *** (4.772)	7.0702 *** (6.734)
行业固定效应	是	是
年度固定效应	是	是
观测值	7 546	7 546
$Adj-R^2$	0.0324	0.0308

注：① *** 、** 和 * 分别表示 1%、5% 和 10% 的显著性水平；②括号中为 t 值；③ 上述模型结果均是经过按照公司股票代码进行了 cluster by firm 的处理，并利用 robust 选项控制了异方差问题。本章下同。

9.4 稳健性检验

9.4.1 Heckman 检验

表 9.3 的检验结果能够为信任文化影响企业供应商分布决策提供强有力的经验证据，但是，为了增强本章结论的稳健性，须考虑信任文化与企业供应商分布之间关系可能受到样本自选择导致的内生性问题干扰。为了

控制样本选择偏误，本章采用 Heckman 两阶段回归法，构建一个信任文化导向的企业选择模型，解释变量为传统文化价值观（*Culturalvalues*）和核心价值观（*Corevalues*），其余各变量的度量方式与式（9.1）相同；根据选择模型（9.6）计算出逆米尔斯比率（Inverse Mills Ratio，简称 IMR），再将计算出的逆米尔斯比率（IMR）代入计量模型（9.7）进行第二阶段的回归。Heckman 第一阶段选择模型为：

$$Probit(CULTURE)_{i,t} = \beta_0 + \beta_1 \times CULTURALVALUES_{i,t} + \beta_2 \times COREVALUES_{i,t} + \sum CONTROLS_{i,t} + \sum IND_{i,t} + \sum YEAR_{i,t} + \varepsilon \quad (9.6)$$

Heckman 第二阶段模型为：

$$DISTANCE_{i,t} = \alpha + \beta_1 \times CULTURE_{i,t} + \beta_2 \times IMR_{i,t} + \sum CONTROLS_{i,t} + \sum IND_{i,t} + \sum YEAR_t + \varepsilon_{i,t} \quad (9.7)$$

其中，模型（9.6）中被解释变量为信任文化（*Culture*），传统文化价值观（*Culturalvalues*）和核心价值观（*Corevalues*）为决策模型的外生变量，之所以选取传统文化价值观和核心价值观两个外生决策变量，是因为文化具有长期性特征，企业文化的有效性取决于已有的文化价值观。信任文化作为企业文化重要的组成部分，是非正式制度与文化传统的体现，引导组织成员按照与文化价值观相一致的社会规范行事，很大程度上取决于企业是否受到传统文化价值观的影响。参考吉索等（Guiso et al.，2015）、程博等（2020）的研究方法，本章采用文本分析法来度量传统文化价值观。类似信任文化的数据收集与衡量方法，通过手工搜索公司官网首页、企业文化栏目、公司简介、网页新闻报道、公司董事长或 CEO 参与采访及年会等活动中新闻报道的讲话内容、公司年报、内部控制评价报告中有关文化相关的陈述等信息源，无论通过何种途径，只要获取到“传统文化”“厚德载物”“仁义礼智信”“和而不同”“以人为本”“人为本，信为道”等信息时，就认为企业倡导传统文化价值观。如果企业具有传统文化价值观，则 *Culturalvalues* 赋值为 1，否则为 0。如果企业文化栏目中突出列示核心价值观，则 *Corevalues* 赋值为 1，否则为 0。为确保数据收集的准确性，与信任文化收集数据方法相同，实行三轮校验和查证。

表 9.4 列出了信任文化与供应商分布决策关系的 Heckman 模型两阶段检验结果。列（1）是第一阶段的回归结果，在控制其他因素的影响后，当企业具有传统文化价值观和企业文化栏目中包含核心价值观时，企业存在信任文化导向的概率越大（$p<0.01$）。列（2）和列（3）是第二阶段的回归结果，从中可以看出，逆米尔斯比率（IMR）的系数为负均不显

著，而信任文化与供应商距离的系数依然显著为正（$p<0.01$），这表明样本选择性偏误对前文的检验结果影响非常有限，进一步验证了本章的研究假说 H1。

表 9.4　　**Heckman 检验结果**

变量	*First Stage*	*Second Stage*	*Second Stage*
	Culture	*Wdistance*	*Distance*
	(1)	(2)	(3)
Culture		0.1007 *** (2.740)	0.1437 *** (3.876)
Culturalvalues	0.4403 *** (8.985)		
Corevalues	1.2035 *** (30.321)		
IMR		-0.0464 (-1.080)	-0.0362 (-0.834)
控制变量	是	是	是
行业固定效应	是	是	是
年度固定效应	是	是	是
观测值	7 546	7 546	7 546
$Adj-R^2$	0.2599	0.0315	0.0301

9.4.2　心理距离影响的检验

为了考察心理距离对信任文化与企业供应商分布决策关系的影响，本章以方言多样性指数刻画心理距离，表 9.5 列出了心理距离效应检验的基本回归结果。列（1）结果显示，交互项 *Culture × Diversity* 的回归系数为 -0.4545，且在 1% 的统计水平上显著；列（2）结果显示，交互项 *Culture × Diversity* 的回归系数为 -0.2877，且在 10% 的统计水平上显著。以上检验结果表明，心理距离是影响信任文化与企业供应商分布决策之间关系的重要因素，表征出信任文化对企业供应商分布决策的影响在方言多样化程度低的样本中更为明显，即心理距离削弱了信任文化与企业供应商分布决策的正相关关系，与本章预期一致，支持了本章研究假说 H2。

表 9.5　　　心理距离影响的检验结果

变量	Wdistance	Distance
	(1)	(2)
Culture × Diversity	−0.4545*** (−2.771)	−0.2877* (−1.742)
Diversity	0.5675*** (4.864)	0.5161*** (4.329)
Culture	0.2189*** (4.566)	0.2186*** (4.521)
控制变量	是	是
行业固定效应	是	是
年度固定效应	是	是
观测值	7 546	7 546
$Adj-R^2$	0.0357	0.0338

9.4.3　空间距离影响的检验

为了考察空间距离对信任文化与企业供应商分布决策关系的影响，本章以"高铁开通"这一交通便利指标来刻画空间距离，表 9.6 列出了空间距离效应检验的基本回归结果。列（1）结果显示，交互项 *Culture* × *HSR* 的回归系数为 0.2368，且在 1% 的统计水平上显著；列（2）结果显示，交互项 *Culture* × *HSR* 的回归系数为 0.2196，且在 1% 的统计水平上显著。以上检验结果表明，是否开通高铁也是影响信任文化与企业供应商分布决策之间关系的重要因素之一，表征出信任文化对企业供应商分布决策的影响在开通高铁（即交通便利度高）的样本中更为明显，与本章预期一致，支持了本章研究假说 H3。

表 9.6　　　空间距离影响的检验结果

变量	Wdistance	Distance
	(1)	(2)
Culture × HSR	0.2368*** (3.483)	0.2196*** (3.180)
HSR	−0.0880* (−1.724)	−0.0944* (−1.800)
Culture	−0.0492 (−0.835)	0.0020 (0.033)

续表

变量	*Wdistance*	*Distance*
	(1)	(2)
控制变量	是	是
行业固定效应	是	是
年度固定效应	是	是
观测值	7 546	7 546
$Adj-R^2$	0.0338	0.0319

9.5 进一步分析

本章9.3节的实证结果表明，与不存在信任导向的企业文化相比，存在信任文化导向的企业扩大了供应商的分布范围，有助于优化供应商管理。那么，这种影响程度还可能取决于企业选择更换供应商成本与收益的权衡，因而会受到企业异质性的影响。本部分尝试从市场竞争、供应商集中度和行业特征角度切入，通过引入交互项的方式来考察上述公司特征对信任文化与供应商分布决策关系的影响，试图进一步揭开其中的“黑箱”。本章之所以选择从三方面考察截面差异，是因为：①基于收益视角，如果企业所处行业竞争较为激烈，其面临外部商业环境风险越高，为应对环境不确定性，选择更换供应商的边际收益相对越高（Gaspar and Massa，2006；Paul and Jeffrey，2008）。在面临激烈的市场竞争时，企业更有动机寻求远距离的供应商来缓解竞争的风险和压力，进而维持市场地位和提高经营业绩。②基于成本视角，较高的供应商集中度伴随着较高的关系专用性投资，一旦供应链关系破裂，会面临价值减损的风险（Raman and Shahrur，2008；Wang，2012）；但如果企业供应商集中度较低，表明企业对主要供应商的依赖度也较低，各方的关系性专用性投资也相对较少，此时选择更换供应商的边际成本相对较低（Dhaliwal et al.，2016）。对于供应商集中度较低的企业，由于更换主要供应商的边际成本较低，企业更有动机寻求远距离的供应商来提高议价能力和话语权。③企业供应商决策分布可能取决于企业选择更换供应商成本与收益，这与企业所处的行业密切相关，尤其是相对于非制造业，制造业企业生产运营过程中对存货存在更高的需求，供应商管理对制造业资金占有、存货管理、经营业绩等方面影响更为明显（刘秉镰和刘玉海，2011）。相对于非制造业企业，制造业企业对存货存在更高的需求，更有动机寻求远距离的供应商来降低采购成本和存货管理成本，进而提高企业经营业绩。

9.5.1 市场竞争的影响

表9.7列出了异质性检验结果。本章采用勒纳指数（*PCM*）来衡量市场竞争地位，*PCM* 指数越大，表明公司的竞争地位越高。表9.7中列（1）结果显示，交互项 *Culture* × *PCM* 的回归系数为0.6534，且在5%的统计水平上显著；列（2）结果显示，交互项 *Culture* × *PCM* 的回归系数为0.7444，且在5%的统计水平上显著。以上检验结果表明，在市场竞争激烈的样本中，信任文化对企业供应商分布决策的影响更为明显。

9.5.2 供应商集中度的影响

本章采用公司年报中披露的向前五大供应商的合计采购金额占全年采购总额的比例来衡量企业的供应商集中度。表9.7中列（3）结果显示，交互项 *Culture* × *Supply* 的回归系数为 -0.0026，且在10%的统计水平上显著；列（4）结果显示，交互项 *Culture* × *Supply* 的回归系数为 -0.0029，且在5%的统计水平上显著。以上检验结果表明，在低供应商集中度的样本中，信任文化对企业供应商分布决策的影响更为明显。

9.5.3 行业特征的影响

本章将样本分为制造业和非制造业两类，若企业属于制造业，则 *Manufacture* 赋值为1，否则 *Manufacture* 赋值为0。表9.7中列（5）结果显示，交互项 *Culture* × *Manufacture* 的回归系数为0.1642，且在5%的统计水平上显著；列（6）结果显示，交互项 *Culture* × *Manufacture* 的回归系数为0.1967，且在1%的统计水平上显著。以上检验结果表明，在制造业企业样本中，信任文化对企业供应商分布决策的影响更为明显。

表9.7　　异质性检验结果

变量	*Wdistance*	*Distance*	*Wdistance*	*Distance*	*Wdistance*	*Distance*
	(1)	(2)	(3)	(4)	(5)	(6)
Culture × *PCM*	0.6534** (2.116)	0.7444** (2.491)				
PCM	0.3318 (1.323)	0.2061 (0.851)				

续表

变量	Wdistance	Distance	Wdistance	Distance	Wdistance	Distance
	(1)	(2)	(3)	(4)	(5)	(6)
Culture × Supply			-0.0026 * (-1.732)	-0.0029 ** (-1.992)		
Supply			0.0020 * (1.818)	0.0060 *** (5.687)		
Culture × Manufacture					0.1642 ** (2.381)	0.1967 *** (2.765)
Manufacture					-0.3638 ** (-2.042)	-0.0585 (-0.329)
Culture	0.0701 * (1.724)	0.0999 ** (2.455)	0.2122 *** (3.208)	0.2661 *** (3.969)	0.0048 (0.081)	0.0206 (0.330)
控制变量	是	是	是	是	是	是
行业固定效应	是	是	是	是	是	是
年度固定效应	是	是	是	是	是	是
观测值	7 546	7 546	7 546	7 546	7 546	7 546
$Adj-R^2$	0.0353	0.0333	0.0316	0.0338	0.0331	0.0318

9.6 本章小结

信任作为“润滑剂”在经济发展中扮演着重要角色，表征出信任水平越高，越有利于以较低的交易成本促进经济发展和社会稳定（郑丹丹，2019）。然而，改革开放以来，我国经济快速增长，一系列社会变迁导致不确定性巨量增加，传统的信任体系已被动摇，难以应对与现代社会伴生的一系列问题，信任危机根源凸显（翟学伟，2008）。为此，我国政府已将“诚信”作为社会主义核心价值观的一项重要内容，相继颁布了《关于社会信用体系建设的若干意见》（国办发〔2007〕17 号）、《关于建立完善守信联合激励和失信联合惩戒制度，加快推进社会诚信建设的指导意见》（国发〔2016〕33 号）、《关于加快推进社会信用体系建设，构建以信用为基础的新型监管体制的指导意见》（国办发〔2019〕35 号）等文件，并在 2019 年政府工作报告中将“健全社会信用体系”作为“加快发展社会事业，更好保障和改善民生”政府工作任务中的一项重要内容。这一系列举措旨在构建良好的社会信任，减少契约执行成本，促进社会稳定和经济繁荣。基于这一背景，本章以新制度经济学理论为基础，将“信任文化”嵌入供应商选择决策的分析框架，研究信任文化这一非正式制度在供应商分布决策中的作用及其影响机制。研究结果表明，具有信任文化导向的企业扩大了供应商选择的分布范围，有助于优化供应商管理，在统计意义和经济意义上均显著，且该结论在考虑样本自选择后依然成立。进一步研究发现，与不存在信任导向的企业文化相比，存在信任文化导向的企业供应商更为分散的现象在方言多样化程度低、交通便利度高的样本中更为明显，验证了心理距离和空间距离假说。此外，异质性检验发现，在市场竞争激烈、供应商集中度低、制造业企业样本中，信任文化对企业供应商分布决策的影响更为明显。

本章研究具有重要的理论意义和现实意义。理论意义在于：本章的研究结论丰富了企业供应商选择决策影响因素、信任文化这一非正式制度对企业行为影响的文献，揭示了信任文化影响企业供应商选择决策的机理和作用机制，以及补充了文化治理作用的新证据。政策含义在于：①制度产生的信任比个体特征或互动过程而产生的信任更为广泛和持久，可见制度要素是信任产生的根本机制，应给予足够的重视和关注。由此，政府应继续深化和加快健全社会信用体系，持续完善和升级社会征信系统，推进信用查询平台建设，促进社会诚信水平的提高，让企业“有据可依，有据可查”。一方面，企业可以依据标准化的信用数据来指导和培育信任的建立，另一方面，企业可以运用信用查询平台掌握合作方的信任程度，从而有助于交易参与者降低交易成本和提高经济效率。②企业应设计、建立、健全良好的诚信制度体系，加强与利益相关者之间沟通交流（如股东、供应商、债权人等），减少与利益相关者之间的信息不对称程度，倡导信任文化，逐步提高企业公信力，为企业生产运营、健康发展营造优良的信任环境。③ 鼓励企业倡导信任文化，向社会宣传诚信美德，提高组织间的（企业与供应商）信任程度，从而缓解企业与供应商之间的信息不对称，降低交易成本和避免“敲竹杠”问题，拓展企业供应商网络，优化供应链体系和产业空间布局，进而提升中国工业制造水平和促进经济高质量发展，实现“双循环”战略下的跨越式发展。

第10章 社会信用体系建设与企业环保失信

企业环境违规是指企业环境活动未能遵守政府相关部门制定的环境法律法规，从而无法履行与环境可持续性相关的法律责任（Melnyk et al.，2003）。与成熟市场自下而上的“自然演进”的发展模式不同，中国资本市场是在正式制度不完善的情况下逐步探索和发展起来的（Xin and Pearce，1996），这种制度空隙的存在，使得利润操纵、欺诈上市、侵占公司资产、串通投标、制假售假等违规行为具有可乘之机。随着经济不断发展以及环境问题的日益凸显，企业在环境方面的机会主义成为常见的违规事件。未批先建、批建不符、超标或超量排污、偷排、漏排、篡改伪造监测数据等违法违规现象屡见不鲜。据《中国环境管理》的数据，2006—2015年，因环境违规受到环保处罚的上市公司从29家上升至198家。2018年4月17日，央视二套财经频道《经济半小时》栏目报道了三维集团违法倾倒工业废渣污染农田、生产废水直排汾河的恶性事件。环境污染的违规事件不断攀升，其造成的严重社会问题倒逼我们反思环境违规的动因。

近年来，政府部门陆续出台多项环境政策对环境污染进行规制和约束。虽然企业环境违规行为得到了初步控制，但依然存在不少环境违法事件（张雁林等，2015）。根据公众环境研究中心（IPE）对重污染企业环境违规的披露，2012—2019年的环境违规事件依次为37件，49件，86件，86件，182件，140件，115件，95件。当环境规制等正式制度发挥的作用有限时，非正式制度所产生的内在约束能否产生有效作用是本章所要回答的关键问题。社会信任作为非正式制度与文化规范的落脚点，不仅是一地区软实力形成的内生性资源，也是促进经济健康发展的重要因素（La Porta et al.，1997；张维迎和柯荣住，2002）。社会信任促进了地区良好社会规范和道德约束的形成，并鼓励共享的价值观（Beugelsdijk and Klasing，2016）和遵守公众默认的行为（Stanley et al.，2011），从而建立区域内对诚实行为的预期。社会信任所隐含的规范和道德约束构成了社会成员互动的准绳，使得企业能够减少参与不道德的行为，如坏消息隐藏（Cao et al.，2016）、公司违规（Dong et al.，2018）、避税（Kanagaretnam et al.，2018a）、融资违规（Qiu et al.，2021）等。就环境违规而言，企业环境违规是管理者通过故意或轻率行为破坏环境法规的约定，是对股东等利益相关者的失信行为。而受社会信任约束的企业可能会通过对利益相关者做出更多的道德承诺和行为约束，从而减少环境违规。

根据詹森和梅克林（Jensen and Meckling，1976）的分析框架，由于信息不对称和道德风险，代理人可能做出背离委托人最大化利益的自利行为。在环境问题上，高管也可能会将自身利益置于股东等利益相关者之上，导致代理问题产生。管理者的目标是短期利润最大化，而环境治理具有投入大、周期长、风险高等特点，易使企业短期收益受到影响。因此，管理者可能逃避环境监管，通过违法违规手段来减少企业的治污成本，从而提高短期经济效益。因此，抑制企业环境治理中的机会主义对生态可持续发展至关重要。研究发现，社会信任所形成的约束机制可以缓解企业管理者和股东等利益相关者之间的代理冲突（Qiu et al.，2021）。根据《国务院关于印发〈社会信用体系建设规划纲要（2014—2020年）〉的通知》有关部署，国家发展改革委和人民银行在2015年和2016年分两批组织了43个城市（城区）创建社会信用体系建设示范城市（城区）来鼓励地方完善社会信用体系建设。这一系列的政策措施使得中国的社会信任由关系型社会信任向制度化社会信任转变。由此，本章利用社会信用体系建设示范城市的准自然实验，来研究制度化社会信用体系建设是否会抑制企业环保失信行为，从而为寻求平衡经济增长和可持续发展的转型经济体提供政策建议。

社会信用体系建设以失信惩戒和守信激励作为信用监管框架①，奖惩机制的建设将为企业环境决策提供可靠的成本收益分析框架，这将直接对企业的环境违规产生威慑作用；同时，社会信用体系建设会在当地形成对诚实守信的教化作用，鼓励道德行为，从而减少环境违规这一违背道德标准的企业实践。为验证上述猜想，本章利用国家发展改革委、中国人民银行等国务院部委推动的社会信用体系改革试点为准自然实验，来研究社会信用体系建设对企业环境违规的影响，发现与社会信用体系改革试点设立

① 失信惩戒包括：行政处罚、市场禁入、行业禁入、黑名单、信用修复。守信激励包括：降低税收、快速批准、政府优惠政策、市场准入、“红名单”。

之前相比，设立试点地区比未设立试点企业的环境违规频率平均减少了13.49%。这一结论在考虑交叠DID的偏误、安慰剂检验、改变变量的衡量方式和研究样本期间、考虑是否通过验收成为社会信用体系建设示范城市、地区层面的遗漏变量以及其他替代性解释后依然成立。异质性分析发现，政府信任、媒体报道以及当地居民的环保意识强化了社会信用体系建设对企业环境违规的抑制作用。进一步研究表明，社会信用体系建设对企业环境违规的抑制作用在普遍信任缺乏、方言多样性更高的地区更显著，表明制度化社会信任弥补了关系型社会信任的不足。

本章的边际贡献在于：第一，现有探讨环境治理的文献主要集中在从环境规制（吴建南等，2018；范子英和赵仁杰，2019；Zhang et al.，2019）以及资本市场参与者（黎文靖和路晓燕，2015；程博，2019；姜广省等，2021）等角度来探讨其对企业环境治理的约束作用，仅有少量研究关注宗教信仰（Du et al.，2014；毕茜等，2015）、家乡认同（胡珺等，2017）以及国家文化（Wang et al.，2021）等非正式制度规范对企业环境信息披露、环境投资以及碳排放的影响。而本章发现，社会信任作为一种非正式制度，能够减少企业在环境方面的不道德行为，从文化视角丰富和拓展了环境治理影响因素的系列文献。第二，以往文献主要关注社会信任的横截面变量的研究，仅曹雨阳等（2022）研究了社会信用体系改革试点对企业社会责任的影响。本章将社会信用体系改革试点作为一个社会信任冲击事件，确立其与企业环境违规的因果关系，能够有效解决内生性问题，进而补充社会信任经济后果的系列文献。第三，与传统中国社会背景下以关系作为约束机制的"小范围"信任不同，社会信用体系建设旨在利用大数据与信息挖掘技术，将经济主体的信用记录在全社会范围内进行信息共享，进而实现诚实守信价值观的广泛共享（王秀哲，2021），是一种制度化社会信任。而本章发现，制度化社会信任建设可以弥补关系型社会信任的不足，这对理解社会信用体系建设的效果以及当下社会信任重构具有新的启示。

10.1 理论分析与研究假说

10.1.1 制度背景

《国务院关于〈印发社会信用体系建设规划纲要（2014－2020年）〉

的通知》指出，要加强环境保护和能源节约领域信用建设，要求建立企业对所排放污染物开展自行监测并公布污染物排放情况以及突发环境事件发生和处理情况制度；建立企业环境行为信用评价制度，根据企业的信用等级予以相应的鼓励、警示或惩戒；完善企业环境行为信用信息共享机制，加强与银行、证券、保险、商务等部门的联动等。由此可见，社会信用体系建设要求对企业的非法排污、环境突发事件进行监管，并根据环境事件的严重程度来给予企业分层级的环境信用评价，在此基础上依赖奖惩机制实现对环保失信企业的治理。

在总规划框架的指引下，2015 年和 2016 年，国家发展改革委和中国人民银行联合发文，分别设立了全国第一批和第二批社会信用体系建设试点城市。在后续对试点城市的评估过程中，《社会信用体系建设示范城市评审指标（2017 年版）》与《社会信任体系建设示范城市评估指标细则（2019 年版）》确定了评估指标细则，在环境保护和能源节约领域的评分标准包括建立信用记录、在信用门户网站公示、认定红黑名单并归集至信用信息共享平台、建立并实施信用分级分类监管制度。根据这一验收标准，试点城市联合环保局（生态环境局）在信用办网站上公布了当地企业在环保方面的失信行为，并且根据环保失信程度赋予企业不同的信用等级评价，最后实现信用信息的跨域联动。例如，广州市信用办联合生态环境局在其网站上公布了企业在环境方面的具体行政处罚信息。江苏省在信用办网站上对环保失信企业赋予不同的等级评价，重庆市生态局 2017 年将 60 家“环保诚信企业”纳入环保领域信用“红名单”，将 4 家“环保不良企业”纳入环保领域信用“黑名单”等。在形成环境信用信息评价的基础上，各个试点城市根据本地实际情况，推行环保信用分级分类监管，让环境管理规范、环保贡献突出和信用良好的企业享受信用红利，而让环保失信企业不仅面临直接的治理成本与持续的环境监管抽查，其环保失信记录和环保信用评价结果还将作为重要的企业信用信息共享至信用信息平台，作为部门信用联合惩戒的依据。

10.1.2 文献回顾

（1）社会信任的源起及经济后果研究

社会信任作为社会资本的一种形式（Coleman，1990；Putnam，1993；LLSV，1997），是经济交易的“润滑剂”，是促进市场机制发挥作用的一种非正式制度安排。人们之间的信任来自社团内部个体之间的互动，正是这些社团推动了人们之间的合作并促使信任的形成（Putnam，1993；福山，2001）。但有研究发现，中国的社会信任的“关系化”特征明显。这种“关系化”特征不是基于团体内部的交往，而是基于认定的关系（家人、老乡、朋友、同事等）、可以搭建的关系（拉、套、扯、搞等）以及由前两者建立形成的关系网（翟学伟，2014）。关系网对位于网络中的个体的守信与失信行为可以进行扩散来施加奖惩，进而促进信任在小范围群体内确立。因此，中国人只相信自己人和熟人，这种信任难以扩展到更远的社会（福山，2001）。随着社会环境日益多样化以及社会利益主体更加复杂化，异质性群体之间的交易、联系和互惠变得更加频繁，而以血缘和地缘为基础的社会信任难以适应开放型经济（杨慧，2020）。因此，社会信任需要重构。

目前，社会信任的经济后果研究已取得较大进展。从宏观层面来看，社会信任能够显著提高经济运行效率（张维迎和柯荣住，2002；吕朝凤等，2019；计小青等，2020）。从微观角度来看，一方面，地区社会信任降低了经济主体的交易成本，进而影响企业的投融资决策（Wu et al.，2014；Ang et al.，2015；曹春方等，2019；杨国超和盘宇章，2019）和供应链决策等（程博等，2021）。另一方面，企业管理者也会将地区社会信任倡导的道德观念内化在其行为决策上，这有利于降低企业内部的代理问题。研究发现，社会信任能够降低在职消费（Dong et al.，2021）、减少坏消息隐藏（Cao et al.，2016；Qiu et al.，2020）以及抑制企业盈余管理（Chen et al.，2021）。因此，位于社会信任较高地区的企业不需要设计相应的治理机制来约束管理者的机会主义行为（Kanagaretnam et al.，2018b；邱保印和程博，2021；Liu et al.，2022）。此外，基于社会信任的道德内涵，一些研究发现社会信任在减少企业违规方面发挥着重要作用，如减少与披露相关的不当行为和与非披露相关的不当行为（Dong et al.，2018）、抑制企业逃税（Kanagaretnam et al.，2018a）和融资违规（Qiu et al.，2021）等。

（2）企业环境违规的经济后果及影响因素研究

近年来，由于新兴市场更加重视经济发展，环境法规执法松懈、监管机制不完善、机会成本和处罚较低，使得环境违规更加频繁。大量研究关注了企业环境违规的经济后果，发现环境违规不仅会面临直接的违规处罚，还会导致违规企业的股票价格大幅下跌（Dasgupta et al.，2001；Dasgupta，2006；Lo et al.，2018；Wang et al.，2019），产生额外的声誉成本。此外，债权投资者也会对企业的环境违规披露做出负面反应，如信用评级机构调低对违规企业的信用评级（刘莉亚等，2022），债券成本显著增加（Ma et al.，2022），获得贷款的难度变大（Zou et al.，2017）等。进一步地，环境违规惩罚也会在同行业中以及供应链中产生负面溢出效应，使得环境违规的负面影响被放大（Zou et al.，2015；Bouzzine and Lueg，2020；Xiong et al.，2021）。鉴于环境违规惩罚的特殊威慑作用，企业被进行环境违规处罚后往往会加强环境治理（陈晓艳等，2021），受影响的同伴企业也会积极进行环保投资（王云等，2020）。而舍普琴科（Shevchenko，2020）却发现，对违反环境规定的行为进行处罚与环境绩效的改善无关。上述文献表明，环境违规所导致的经济后果已被学者们从多个角度进行了揭示。

然而，仅有少量研究关注了诱发企业环境违规的因素。从宏观制度环境来看，发展中国家环境法规执行不到位、环境法律体系不健全（Zeng et al.，2010），环境处罚成本小于环境违规带来的收益（Atkinson，2020）等被认为是引起企业环境违规的重要因素。从微观层面来看，公司治理结构、管理层特征以及信息披露在一定程度上解释了企业环境违规倾向。鉴于董事会作为公司治理的重要机制，麦肯德尔等（McKendall et al.，1999）发现公司高管和董事拥有的股票价值越大，企业环境违规概率越高，企业规模、行业营利性、企业营利性和行业集中度也与环境违规正相关。卡西尼型和华夫饼（Kassinis and Vafeas，2002）发现，环境诉讼的概率随董事会规模、工业企业董事比例和内部董事持股比例的增加而增加，而随外部董事人数的增加而降低。刘（Liu，2018）研究女性董事是否有利于减少企业的环境违规行为，发现董事会性别多元化能降低企业因环境侵权而被起诉的概率。阿贝贝和阿查里亚（Abebe and Acharya，2022）发现，创始人兼任首席执行官表现出较少的环境违规可能性，但随着企业生命周期的延长，这一效应减弱。罗喜英和刘伟（2019）则揭示了高管具有的政治关联的阴暗面，其发现政治关联降低企业因环境违规而受到的惩罚，发挥“庇护”作用。基于信息披露视角，车考夫等（Chircop et al.，2022）发现会计可比性与环境违规之间的负面关系在一定程度上是由有害环境污染物的减少所驱动的。

（3）文献述评

现有关于社会信任的作用和经济后果研究主要从降低交易成本、代理冲突、促使社会道德规范形成的角度，验证了其作为宏观经济“润滑剂”和对微观企业财务行为及公司治理等产生的影响，而对环境治理影响的文献仍不多见。环境问题是事关社会福利的社会性问题，因此社会规范理应在塑造经济主体对环境问题的认知上发挥重要作用。遗憾的是，鲜有研究从社会信任的角度研究其对企业环境治理的作用。虽然企业环境违规的影响因素已较丰富，但是从社会规范视角研究环境违规的影响因素仍需挖掘。津巴多（Zimbardo，2007）认为，引起“邪恶”行为的因素主要包括个人特征、组织内部环境以及外部制度结构，且外部制度因素是引发“邪恶”的最根本诱因。以往文献关注到了环境法规以及执法力度等正式制度因素的作用，但现有证据表明正式制度对中国企业的环境违规行为的解释力度较为有限。当潜在的政策、标准和规范发挥的作用有限时，非正式制度更可能发挥作用。因此，亟待从非正式角度来研究企业环境违规的前因。

10.1.3 研究假说

文化作为信仰和价值观的组成部分，形成了一个地区人们共同的行为准则、实践规范和行事风格（Hofstede，1980）。研究表明，文化是影响企业所有者和管理者判断经营管理、风险承担和制定战略的重要因素。社会信任作为地区文化的关键维度之一，是一方认为另一方会执行某种特定行为的主观概率（Gambetta，1988）。一个具有高度社会信任的地区通常有许多社会规范和道德约束，当地经济主体将会遵守而不是违反这些社会规范（Akerlof，1980）。环境问题具有道德和亲社会的性质（Bansal and Song，2017）。而以往文献关注到生产过程中为了促进工业化、区域发展和经济增长等牺牲环境的不道德行为（Bakhsh et al.，2017；Lazăr et al.，2019）。许多企业利用转型经济体中的环境政策漏洞，在经济利益的驱动下进行一些环境违法违规操作，如高污染作业、夜间故意关停环保设备，进行偷排、漏排等。这些违规操作表明企业未能履行改善自然环境和社会福利的义务，是对股东等利益相关者的失信行为。

根据委托—代理理论，代理人可能会进行背离委托人最大化利益的自利行为（Jensen and Meckling，1976）。由于代理人的目标是短期利润最大化，而企业的环境治理具有投入大、周期长、风险高的特点，难以在短期内产生经济回报，这与代理人的目标相背离。因此，在环境治理方面，代理人往往表现出机会主义，通过偷排、漏排、不正常运行治污设施、不按规定自行监测、伪造监测数据等方式来减少企业的治污成本，从而提高短期经济效益。而现有研究表明，社会信任所形成的约束机制可以缓解企业管理者与股东等利益相关者之间的代理冲突（Qiu et al.，2021），可能对企业在环境治理中的机会主义行为发挥作用。当前，中国的社会信用体系建设试点正在促使社会信任经历由关系网络为约束机制的熟人信任向以政府引导的制度化社会信任转变，这一变化也是为了满足当前社会结构转型、经济不断发展以及人口流动性加快对陌生人信任增加的需求。

社会信用体系建设旨在采用大数据及信息挖掘技术来建立经济主体的社会信用评价制度，并通过守信激励和失信惩戒来促进诚实守信的道德规范的形成。社会信用体系建设在环境保护和能源节约领域对企业环境信用的监管记录与信息共享提出了要求，为环境诚信的奖惩机制发挥提供了信息基础。进一步地，《环境保护部发展改革委关于加强企业环境信用体系建设的指导意见》明确指出，要推动建立环保守信激励、失信惩戒机制，对环境信用状况良好的企业，在同等条件下予以优先支持；对存在不良信用记录的企业，结合企业环保失信行为的类别和具体情节，根据有关规定从严审查其环保行政许可申请事项，加大监察执法频次，从严审批或者暂停各类环保专项资金补助等。此外，要联合有关部门，从政府采购、先进企业或者先进个人等荣誉称号、保险机构对环境污染责任保险费率的确定、经营状态（异常名录）、绿色信贷政策等多个角度采取鼓励性和惩戒性措施。因此，社会信用体系的建立可能从奖惩机制角度对企业环境违规行为产生直接抑制作用。

一方面，在社会信用体系建立后，存在环境保护良好信用信息的企业会被纳入环境保护诚信“红名单”，有利于企业获得降低税收、快速审批、政府优惠政策、市场准入等好处。同时，由于企业的环境信用信息被更多的金融部门、政府部门以及供应商和客户所共享，这会对企业的其他经营活动产生溢出效应，如获得更多银行贷款、获得环保补助，建立更加密切的供应链关系等。因此，遵守环境法规将变得“有利可图”。另一方面，在社会信用体系建立后，企业的环境违规成本将变得更加高昂。社会信用体系建设中要求披露关于企业环境行为的基础类信用信息和不良类信用，这将直接增强对企业环境行为的监管。鉴于赔偿费、罚款、生态恢复基金以及其他相关负债直接增加了企业负担的环境违规成本，企业可能会减少环保失信行为。同时，企业的环保失信信息将在环保部门、财政、工商、税务、银行、证券、保险监管机构等部门进行共享交换，推动有关部门和机构在行政许可、公共采购、评先创优、金融支持、资质等级评定等管理工作中给予失信企业负面的评价①。此外，由于企业的环保失信行为会随着信息共享机制在全社会范围内传播，更多的利益相关者将对企业做出负面评价，从而对企业其他经营活动产生负面溢出效应，如影响企业与更多的陌生供应商或者客户开展业务合作关系，企业的跨地区经营也会因为信用评价共享机制而受到限制，这一系列的联动效应最终给企业的环境违规带来更高的成本。综上所述，基于环境违规的成本收益角度，社会信用体系建设通过对环境守信者进行奖赏表明履行规则是值得的，而对违背环境规则的失信者施加惩罚来证明代价高昂。尽管企业逃避环境监管能够在一定程度上减少环保投入与环境治理资金，但在社会信用体系建立后，这一金额远小于环境违规造成的成本，而且对环境守信的奖励也在一定程度上激励管理者的守信行为，最终减少了环境治理中的代理问题，从而抑制企业的环境违规倾向②。

此外，社会信用体系建设会在当地形成对诚实守信的教化作用，鼓励道德行为，从而减少环境违规这一违背道德标准的企业实践。社会信用体系建设是一项覆盖"政务诚信、商务诚信、社会诚信和司法公信建设"的全方位诚信建设，旨在形成以信用信息资源共享为基础的覆盖全社会的征信系统。社会信用体系的奖惩机制的有效运行最终会将守信者留在经济网络中，而将背信弃义者驱逐出去，这最终会形成稳定的社会信任氛围。高度的社会信任鼓励股东、管理者和其他利益相关者之间更定期地进行交流（Jha and Chen，2015；Wu et al.，2014），管理者可以在更广泛、更积极

① 案例1：南京一家船舶装件机器制造公司曾经因废水总排口COD多次超标被生态环境部门实施多次行政处罚，被评为"环境严重失信企业"。在信用评价结果被推送至相关部门和信用信息平台后，该企业在原污水处理费基础上被额外征收差别化污水处理费8万元。此外，这家公司还面临着多部门的环保失信联合惩戒，包括未能申领国家技术中心的高新技术补贴150万元、被电力部门征收差别化电价约50万元，市人社部门取消其申请稳岗就业补助约5万元。

案例2：天台某混凝土有限公司在2019年度因环境污染问题被台州市生态环境局天台分局处以罚款的行政处罚，这一失信行为直接导致其被取消了工业经济扶持申报项目拟兑现补助奖励的资格。

案例3：浙江温州某公司（苍南县纺织产业提升园的入园企业）由于投产后6个月内未通过"三同时"验收，于2018年6月被温州市生态环境局苍南分局立案处罚，该企业被列入2018年企业环境行为信用等级评价黄牌企业。2020年2月，该企业由于生产需要向银行申请新增资金，银行因该企业存在环境信用不良信息不予新增贷款。

案例4：温州某游乐设备公司在2021年的环境信用等级评价为A级（最高等级）。2021年9月，该公司遇到了资金周转问题，特向永嘉农商银行申请保证贷款70万元。由于该企业环境信用等级为A级，银行受理申请后特开通绿色通道，当即为其办理完成流动资金贷款70万元，给予普通企业保证贷款年利率下降170BP。

② 从短期来看，社会信用体系建设对企业环境行为进行了强制性规定，似乎偏离了非正式制度的内涵。但国家进行社会信用体系建设的目的是在长期内营造一个诚实守信的社会氛围。所以从长远来看，社会信用体系建设依然是非正式制度。或者说，现阶段的强制规制只是实现未来诚信社会氛围的暂时手段。

的互动与合作中，通过一致的、值得信赖的行为迅速赢得声誉（福山，2001；Engle－Warnick and Slonim，2006）。相反，如果他们被发现有不道德行为，也将遭受诉讼惩罚或名誉损失。因此，在社会信任较高的地区，管理者会将地区信任内化为自身的行为准则，较少从事违背道德准则的机会主义行为。而企业违反环境规定进行非法排放严重危害了生态环境和公众健康，不利于社会的可持续发展，是缺乏社会道德感的表现。因此，一个处于高社会信任地区的管理者在道德规范的约束下，便会减少环境违规这种损害社会大众福利的行为。此外，环境问题具有公共产品属性，"搭便车"和集体行动普遍存在（Gür，2020）。当企业不相信其同伴会遵守环境规则而减少经济利润追逐时，其也会在环境决策方面铤而走险，将实现经济利益最大化作为唯一目标。而社会信用体系建设促进了诚实守信的社会风气形成，加强了环境履约主体之间的相互信任，并且通过监测和制裁等机制来维持信任，此时，管理者便会信任其他企业也会致力于环境保护，从而降低经济利润追逐动机，最终减少环境违规行为。综上所述，社会信用体系建设孕育的诚实守信道德规范会对社会群体产生教化作用，对管理者的道德约束以及加强各经济主体对彼此履行环境责任的信任能够减少环境决策中的机会主义，从而减少环境违规。

因此，基于代理理论的分析框架，本章认为社会信用体系建设会降低管理者在环境决策中的机会主义行为。一方面，社会信用体系建设在环境保护方面的奖惩机制将通过增加企业对环境的履约收益和违约成本来降低企业的环境违规倾向；另一方面，社会信用体系建设有利于形成地区层面诚实守信的道德规范，这将使管理者更加道德，从而减少环境违规这类违背社会规范的行为。据此，提出本章的研究假说：

假说：社会信用体系建设抑制了企业的环境违规行为。

10.2 研究设计

10.2.1 样本选择与数据来源

本章研究样本为2012—2019年沪深A股重污染行业上市公司①，并

---

① 根据环保部于2010年9月4日公布的《上市公司环境信息披露指南》（征求意见稿），我们将火电、钢铁、水泥、电解铝、煤炭、冶金、化工、石化、建材、造纸、酿造、制药、发酵、纺织、制革和采矿业等16类行业划分为重污染行业。

剔除 ST 等 T 类以及数据缺失样本，最终获得 7 168 个公司年度观测值。为消除异常值对本章结果造成的影响，对所有连续变量进行了 Winsorize 上下各 1% 的缩尾处理。本章的环境违规数据来源于公众环境研究中心（IPE）数据库，该数据库提供了中国上市公司的环境监管记录、实时监测数据、反馈整改数据、排放数据等信息。本章查阅了 IPE 数据库中 2012—2019 年重污染行业上市公司及其关联公司的环境行政处罚公告，手工搜集获得企业年度是否发生违规以及违规次数数据。虽然政府在“十一五”规划（2006—2010 年）中首次强调了对重要污染物的硬约束以及将环境治理与官员政绩挂钩的关键事项，但地区环保意识依然薄弱，企业环境违规行为“被发现”的概率较低。在 2012 年党的十八大召开后，中国环境立法进入生态文明新阶段，企业的环境违规行为更容易被揭露，因此，本章选择 2012 年作为研究起点。同时，为了更好地比较社会信用体系建设前后三年内企业的环境违规行为，本章将研究终点设定在 2019 年。本章的其他数据来源于 CSMAR 数据库、CNRDS 数据库和 EPS 数据库。

10.2.2　变量定义

（1）被解释变量

环境违规（*Violate*）：根据 IPE 公布的上市公司环境行政处罚数据①，本章以某年度企业发生的环境违规总次数作为环境违规的变量度量（*Num_Violate*）。在稳健性检验中，本章还构建了环境违规虚拟变量（*Dum_Violate*），如果上市公司当年被环保部门或者政府进行了环保处罚，则 *Dum_Voilate* 取值为 1，否则为 0。

（2）解释变量

社会信用体系建设（*Treat_Post*）：为了更好地进行因果识别，本章根据企业所在城市在不同时间进入社会信用体系改革试点设置了虚拟变量 *Treat_Post*，如果企业所在地被列入社会信用体系改革试点，则列入的当年

---

① IPE 公布了企业各种环境违规行为及相应的处罚措施，包括偷排、非法排放、违规关停环保设备、不使用环保设备等违法违规行为，以及包括环境行政处罚、责令改正、责令限制生产、停产整治等处罚措施。而这些环境信息也是环境信用体系建设所要求记录的。例如，环境保护部 国家发展改革委《关于加强企业环境信用体系建设的指导意见》确定了不良信息内容：环境行政处罚信息、责令改正违法行为信息、造成污染物排放的设施、设备被查封、扣押的信息、被责令采取限制生产、停产整治等措施的信息、拒不执行已生效的环境行政处罚决定或者责令改正违法行为决定的信息、对严重环境违法的企业，该企业直接负责的主管人员和其他直接责任人员依法被处以行政拘留的信息。

和以后年份取值为1，否则为0。

（3）控制变量

借鉴麦肯德尔等（Mckendall et al.，1999）、卡西尼斯和华夫斯（Kassinis and Vafeas，2002）以及刘（Liu et al.，2018），本章选取了如下控制变量：企业规模（*Size*），采用总资产的自然对数来衡量。资产负债率（*Lev*），以总负债占总资产的比例来衡量。总资产收益率（*ROA*），采用净利润占平均总资产比例来衡量。成长机会（*Growth*），采用营业收入增长率来衡量。企业年龄（*Age*），为当年年份减去上市年份。政治关联（*PC*），如果公司的董事长或总经理具有政府工作背景，则PC为1，否则为0。董事会规模（*Board*），采用董事会人数取自然对数来衡量。独立董事占比（*Independent*），衡量方式为独立董事人数占董事会总人数的比例。内部控制质量（*IC*），采用深圳迪博发布的内部控制指数评价来衡量，考虑到量纲差异，本章将内部控制指数除以1 000。机构投资者持股（*Institution*），用机构投资者持股数量占总股数的比例来衡量。行业竞争程度（*HHI*），采用一个行业中各市场竞争主体所占行业总收入百分比的平方和来衡量。同时，本章还控制了第二产业占比（*Second_Ind*）、市场化程度（*Market*）以及人均可支配收入（*PDI*）等地区特征变量对企业环境违规的影响，其中，第二产业占比采用当地第二产业GDP占GDP总量来衡量，市场化程度来源于王小鲁等（2019）发布的《中国分省份市场化指数》。最后，本章控制了年份固定效应（*YearFE*）和企业固定效应（*FirmFE*）。

10.2.3 模型构建

为了检验本章假说，本章将社会信用体系建设作为准自然实验，并借鉴曹雨阳等（2022），构建如下多时点双重差分模型进行实证检验。

$$Num\_Violate_{i,t} = \alpha_0 + \alpha_1 Treat\_Post_{i,t} + \alpha_2 X_{i,t} + \mu_i + \lambda_t + \varepsilon_{i,t} \qquad (10.1)$$

在（10.1）模型中，i表示企业，t表示年份。$Num_Violate_{i,t}$为企业环境违规，采用t期企业被环保部门或者政府进行环境处罚的总次数来衡量。$Treat_Post_{i,t}$为社会信用体系建设的虚拟变量。$X_{i,t}$为企业层面和地区层面的控制变量。λ_t为时间固定效应，μ_i为企业固定效应，$\varepsilon_{i,t}$为误差项。若α_1显著为负，则验证本章假说的成立。

10.3　实证结果

10.3.1　描述性统计

表10.1为本章主要变量的描述性统计结果。*Num_Violate* 的均值为0.222，表明样本期间内平均每个公司每年大约有0.222次环境违规行为；*Dum_Violate* 的均值为0.102，即样本期间内大约有731个公司年度环境违规样本，也即每10个重污染企业中就会有1个受到环保部门的处罚。虽然从违规次数和是否违规两个变量来看，企业的环境违规现象并不普遍。但考虑到环境违规与社会价值观不符，如果每个重污染企业都存在环境违规现象，则意味着整个社会的道德滑坡十分严重，显然，这与中国社会现状不符。*Treat_Post* 的均值为0.167，意味着大约16.7%的样本受到了社会信用体系建设的影响。此外，本章控制变量的描述性统计结果与之前研究基本保持一致，且符合常识。

表10.1　描述性统计分析

变量	观测值	平均值	标准差	最小值	p25	中位数	p75	最大值
Num_Violate	7 168	0.222	1.047	0.000	0.000	0.000	0.000	20.000
Dum_Violate	7 168	0.102	0.303	0.000	0.000	0.000	0.000	1.000
Treat_Post	7 168	0.167	0.373	0.000	0.000	0.000	0.000	1.000
Size	7 168	22.256	1.295	19.703	21.334	22.065	22.996	26.120
Lev	7 168	0.422	0.210	0.051	0.252	0.411	0.576	0.950
ROA	7 168	0.058	0.065	-0.207	0.030	0.053	0.089	0.249
Growth	7 168	0.121	0.249	-0.333	0.001	0.071	0.173	1.610
Age	7 168	11.105	6.931	1.000	5.000	11.000	17.000	25.000
PC	7 168	0.324	0.468	0.000	0.000	0.000	1.000	1.000
Board	7 168	2.263	0.177	1.792	2.197	2.303	2.303	2.773
Independent	7 168	0.372	0.051	0.333	0.333	0.333	0.429	0.571
IC	7 168	0.619	0.166	0.000	0.610	0.662	0.699	0.823
Institution	7 168	0.057	0.063	0.000	0.010	0.036	0.084	0.293
HHI	7 168	0.095	0.084	0.014	0.031	0.076	0.138	0.503
Second_Ind	7 168	0.431	0.081	0.186	0.404	0.447	0.484	0.556
Market	7 168	7.930	2.059	-1.420	6.580	8.080	9.680	11.400
PDI	7 168	3.647	1.181	1.950	2.826	3.401	4.233	7.362

10.3.2 平行趋势检验

多时点 DID 实施的前提条件是，处理组和控制组在受到政策冲击之前满足平行趋势假设，即在未实施社会信用体系建设试点之前，企业环境违规行为在处理组和控制组应当有相同的趋势变化。因此，本章进行了平行趋势检验。具体而言，本章以试点城市的社会信用体系建设年份作为第 0 年，以 -1 年作为比较基准，生成了 *Before_3*、*Before_2*、*Current*、*After_1*、*After_2* 和 *After_3* 六个用于区分样本所属事件年度的虚拟变量。其中，*Before_3* 和 *Before_2* 为企业所在城市进行社会信用体系建设的前 3 年和前 2 年。*Current* 在企业所在城市进行社会信用体系建设的当年。*After_1*、*After_2* 和 *After_3* 分别为企业所在城市进行社会信用体系建设后的第 1、第 2 和第 3 年。替换原核心解释变量 *Treat_Post* 进行回归分析，回归结果如表 10.2 的列（1）所示，*Before_3* 和 *Before_2* 的回归系数均不显著，即满足平均趋势假说。

表 10.2　社会信用体系建设与企业环境违规

变量	*Num_Violate*				
	(1)	(2)	(3)	(4)	(5)
Treat_Post		0.1360*** (-2.802)	-0.1259** (-2.539)	-0.1319** (-2.537)	-0.1349** (-2.562)
Before_3	-0.0749 (-0.909)				
Before_2	0.0526 (0.697)				
Current	-0.1724** (-2.229)				
After_1	-0.0876 (-1.113)				
After_2	-0.1532** (-2.292)				
After_3	-0.0119 (-0.109)				

续表

变量	*Num_Violate*				
	(1)	(2)	(3)	(4)	(5)
Size	-0.0218 (-0.568)		-0.0191 (-0.542)	-0.0212 (-0.566)	-0.0204 (-0.533)
Lev	0.0066 (0.050)		0.0076 (0.062)	0.0076 (0.059)	0.0050 (0.038)
ROA	0.0826 (0.325)		-0.0123 (-0.053)	0.0757 (0.304)	0.0787 (0.310)
Growth	-0.0874 (-1.608)		-0.0751 (-1.625)	-0.0820 (-1.532)	-0.0846 (-1.558)
Age	0.0153 (0.125)		0.0218 (0.186)	0.0195 (0.163)	0.0223 (0.183)
PC	0.0126 (0.316)			0.0145 (0.369)	0.0127 (0.318)
Board	0.2708* (1.677)			0.2846* (1.793)	0.2744* (1.700)
Independent	0.5052 (1.151)			0.5547 (1.295)	0.5057 (1.152)
IC	-0.2034** (-2.168)			-0.2054** (-2.243)	-0.2056** (-2.192)
Institution	0.4670* (1.821)			0.4675* (1.844)	0.4683* (1.827)
HHI	0.2603 (0.622)			0.2707 (0.653)	0.2336 (0.559)
Second_Ind	-0.0587 (-0.086)				-0.0808 (-0.118)
Market	-0.0771** (-2.168)				-0.0798** (-2.255)
PDI	0.0718 (1.275)				0.0714 (1.270)
常数项	0.0592 (0.044)	0.3013 (0.277)	-0.4231 (-0.337)	0.0047 (0.004)	0.0047 (0.004)

续表

变量	*Num_Violate*				
	(1)	(2)	(3)	(4)	(5)
年份固定效应	是	是	是	是	是
公司固定效应	是	是	是	是	是
观测值	7 168	7 668	7 273	7 168	7 168
F value	4.839***	8.883***	6.402***	5.785***	5.785***
$Within-R^2$	0.022	0.017	0.018	0.020	0.021
$Overall-R^2$	0.006	0.008	0.007	0.009	0.005

注：①括号内为基于城市聚类调整标准误计算得到的 *t* 值，*F value* 为 F 统计量。② *、**、*** 分别表示在 10%、5%、1% 水平上显著，下同。

为了更直观地观测处理组和控制组的环境违规变化趋势，本章绘制了 *Before_3*、*Before_2*、*Current*、*After_1*、*After_2* 和 *After_3* 的回归系数以及 95% 的置信区间，如图 10.1 所示。可以看到，*Before_3*、*Before_2* 的系数在 95% 的置信区间内包含 0，表明在社会信用体系建设前，控制组和处理组的环境违规变化趋势相一致，*Current*、*After_1*、*After_2* 的系数基本显著异于 0，这意味着社会信用体系建设后控制组和处理组的环境违规情况具有显著差异，即平行趋势假设得到了验证。

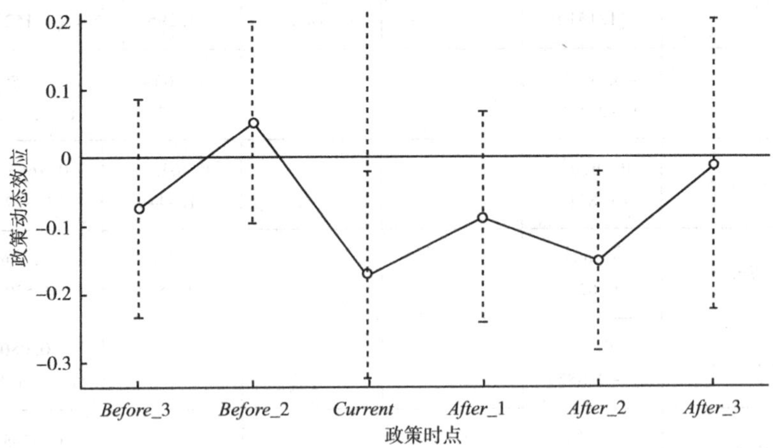

图 10.1 平行趋势检验

10.3.3 回归结果分析

在满足平行趋势假设的基础上，本章进行回归结果分析，如表 10.2 列（2）至列（5）所示。列（2）为仅加入社会信用体系建设（*Treat_*

Post）变量，并控制企业固定效应和年份固定效应后的回归结果。可以看到，在未控制影响企业环境违规的其他因素时，*Treat_Post* 的回归系数为 0.1360，且在1%水平上显著，表明社会信用体系建设抑制了企业环境违规，初步验证假说的成立。列（3）在列（2）的基础上加入影响企业环境违规的公司特征基本变量，列（4）则在列（3）基础上进一步加入了公司治理变量，在上述过程中，模型的 R^2 从 0.017 变为 0.020，表明企业基本特征及公司治理变量能够在一定程度上解释企业的环境违规行为。列（5）则在列（4）基础上进一步加入了地区层面的控制变量，模型的 R^2 上升至 0.021。在本章逐步加入控制变量的过程中，*Treat_Post* 的回归系数始终在5%水平上显著为负，即核心解释变量统计性质具有很强的稳定性。这也意味着，社会信用体系建设确实在一定程度上抑制了企业环境违规，总体上与本章的预期相符。

10.4 稳健性检验

10.4.1 交叠 DID 偏误的诊断与解决

双向固定效应模型（TWFE）在处理效应同质时，可以得到真实处理效应的无偏估计。但是，处理效应在不同处理组间或不同时间通常是不同的。如果处理效应在组间或异时存在异质性，TWFE 回归结果会得到很难解释的处理效应估计（Goodman - Bacon，2021；De Chaisemartin and D'Haultfoeuille，2020；Baker et al.，2022）。此时，估计系数可能不是各处理效应的凸加权平均和——即存在负权重问题。如果加在某些处理效应的负权重过大，可能导致尽管所有处理效应的符号都为正，但最终的估计系数却为负值，或者相反。在诊断交叠 DID 的偏误时，古德曼 - 培根（Goodman - Bacon，2021）提出了 Bacon 分解法，但这一方法仅适用于平衡面板。德谢兹马丹和豪特福伊尔（De Chaisemartin and D'Haultfoeuille，2020）采用新的分解方法得出正负权重数值。如果负权重很小，则不会对估计结果造成太大影响，此时 TWFE 方法依然可信。根据这一方法本章对处理效应的权重进行了分解。在双向固定效应估计中，有 1 049 个正权重，139 个负权重，因此，负权重的比重较低，不会对估计结果造成太大影响。

尽管如此，本章对可能存在的异质性处理效应进行了稳健性估计。贝克等（Baker et al.，2022）建议采用卡拉韦和圣安娜（Callaway and Sant'Anna，2021）提出的方法来解决负权重问题，或者使用从未进入过处理组的控制组对每个事件进行单独的 TWFE DID 回归估计。据此，本章提供了卡拉韦和圣安娜（Callaway and Sant'Anna，2021）的估计结果，如表 10.3 所示。可以看到，第一批社会信用体系建设试点（2015 年）对环境违规的影响的结果中，满足平行趋势，但不存在动态效应。而在第二批社会信用体系建设中，平行趋势和动态效应均存在。这可能是因为第一批试点的城市（区）数量较少（11），无法有效地对政策进行评估，而第二批城市（区）数量较多（32），能够得到较为显著的估计结果。此外，本章也将从未进入过处理组的样本作为控制组对每个事件进行单独的 TWFE DID 回归估计，结果见表 10.4。同样，第二批社会信用体系建设试点显著抑制企业环境违规。上述结果表明，TWFE 回归结果主要是由第二批信用建设试点推动的。

表 10.3　使用双重稳健估计法（DRIPW）估计所有 ATTGT

Outcome model：Least squares
Treatment model：inverse probability
Control：Never Treated

g2015

	系数	Z 值	P > |Z|
t_2012_2013	-0.0399	-0.55	0.583
t_2013_2014	0.2743	0.90	0.368
t_2014_2015	0.1761	1.08	0.281
t_2014_2016	-0.1069	-0.23	0.820
t_2014_2017	-0.2023	-0.46	0.643
t_2014_2018	-0.4243	-1.06	0.287
t_2014_2019	-0.4207	-0.97	0.334

g2016

	系数	Z 值	P > |Z|
t_2012_2013	0.0695	0.77	0.441
t_2013_2014	-0.1543	-0.59	0.010
t_2014_2015	0.2901	1.46	0.145

续表

g2016			
	系数	Z 值	P > |Z|
t_2015_2016	0.5291	−2.24**	0.025
t_2015_2017	−0.4110	−1.67*	0.095
t_2015_2018	−0.3168	−1.25	0.211
t_2015_2019	−0.2304	−0.85	0.394

注：以 g2015 为例，t_2012_2013、t_2013_2014 分别表示政策发生前逐年组间差异。t_2014_2015、t_2014_2016、t_2014_2017、t_2014_2018、t_2014_2019 表示以 2014 年为基准，政策发生年及之后年份产生的政策动态效应。

表 10.4　　　　使用从未进入处理组的样本作为控制组

变量	*Num_Violate*	
	第一批试点（2015）	第二批试点（2016）
	(1)	(2)
Treat_Post	−0.0522 (−0.663)	−0.1656** (−2.569)
控制变量	是	是
年份固定效应	是	是
公司固定效应	是	是
观测值	5 825	6 512
F value	6.0756***	5.2605***
Within − R^2	0.027	0.021
Overall − R^2	0.003	0.002

10.4.2　安慰剂检验

由于一些不可观测变量可能同时影响社会信用体系建设和企业环境违规，因此，本章采用安慰剂检验来削弱这一不利影响。具体而言，本章设定社会信用体系建设的城市虚拟变量，按照实际每年社会信用体系建设试点城市数量来随机选择相同数量的虚拟社会信用体系建设的试点城市，再重新定义社会信用体系建设的虚拟变量进行回归分析，并重复该过程 1 000 次。图 10.2 为随机抽样 1 000 次的回归系数和密度分布特征。其中，X 轴表示“伪政策虚拟变量”估计系数的大小，Y 轴表示密度值和 p 值大小，曲线是估计系数的核密度分布，蓝色圆点是估计系数对应的 p 值，垂直虚线是 DID 模型真实估计值 −0.1349，水平虚线是显著性水平 0.1。可以看到，随机选择社会信用体系建设试点城市的回归系数较为均匀地分布在0附近，且在10%水平上显著。绝大部分随机模拟的回归系数大于-0.1349，这表明，随机生成社会信用体系建设试点城市的方式并不能获得抑制企业环境违规的效果，即社会信用体系建设和企业环境违规的关系并非由不可观测的因素驱动。

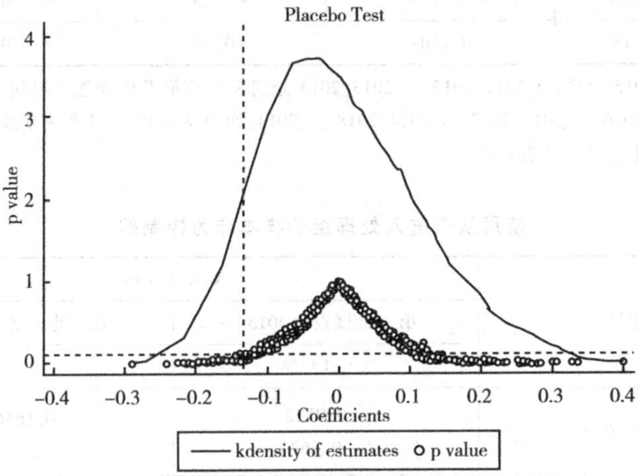

图 10.2 安慰剂检验

10.4.3 替代变量衡量方式

在前述回归结果中，我们采用某年度企业受到的环境处罚总次数来衡量环境违规。在本节，我们重新设定企业环境违规虚拟变量（*Dum_Violate*），若企业当年受到环保处罚，则取值为1，否则为0，回归结果如表10.5中列（1）所示。*Treat_Post* 的回归系数显著为负，表明本章的研究结论较少会受到变量衡量的干扰。

此外，本章的主要结论是，社会信用体系建设有利于减少企业环境违规，即抑制了企业环保失信。那么，社会信用体系建设是否促进了企业的环保守信？本章将从企业环保守信的角度为社会信用体系建设的价值评估提供更稳健的证据。本章从CNRDS数据库中获得了企业的环境优势得分（*Strength*）①，

① CNRDS数据库中从以下几个方面对企业的环境优势进行打分：公司开发了或运用了对环境有益的创新产品、设备或技术；公司为减少废气、废水、废渣及温室气体排放采取的政策、措施或技术；公司使用可再生能源或采用循环经济的政策、措施；公司有节约能源的政策措施或技术；公司有绿色办公政策或者措施；公司的环境管理系统通过ISO 14001认证；公司获得了环境表彰，或者其他正面评价；在上述指标中未涉及的公司环境方面的其他优势。

企业的环境优势建设会被当地政府进行信用记录，从而形成对环境履约企业的奖励，而这些守信奖励也会外溢到其他主体对企业的信用评价，因此，对于那些较少发生环境违规的企业而言，也会有动机增强自身的环境守信实践。即社会信用体系建设将会鼓励企业更多的环境守信行为。社会信用体系建设对企业环境优势影响的回归结果见表 10.5 列（2）。*Treat_Post* 的回归系数显著为正，表明社会信用体系建设鼓励企业积极履行环境义务，从而获得守信奖励，间接证明了本章研究结论的稳健性。

10.4.4 更换研究样本期间

在主回归结果中，本章采用多期 DID 模型研究社会信用体系建设对企业环境违规的影响。由于社会信用体系建设在 2015 年和 2016 年分批实施，因此，本章选择 2012—2019 年为研究期间。为了防止研究期间选取不当，或者研究期间跨度过长对研究结论产生影响，本章重新以 2014—2017 年作为新的研究期间进行回归分析，结果如表 10.5 列（3）所示，*Treat_Post* 的回归系数依然显著为负，表明本章研究结论不会受到研究期间选取的干扰。

表 10.5　　替代变量衡量和更换研究样本期间

变量	更换被解释变量		更换样本期间
	Dum_Violate	*Strength*	*Num_Violate*
	(1)	(2)	(3)
Treat_Post	-0.0317*** (-2.618)	0.0630** (2.031)	-0.2378*** (-2.894)
控制变量	是	是	是
年份固定效应	是	是	是
公司固定效应	是	是	是
观测值	7 168	7 168	3 411
F value	8.514***	13.217***	1.836**
Within - R^2	0.031	0.047	0.012
Overall - R^2	0.003	0.070	0.001

注：列（1）并未采用 logit 模型，这是因为面板 logit 无法应用于固定效应，因此，此处依然采用 OLS 模型。

10.4.5 是否通过验收成为社会信用体系建设示范城市

2015 年 8 月和 2016 年 4 月，国家发展改革委和中国人民银行联合发文，在全国范围内确立了两批创建社会信用体系建设的试点城市。2017年8月，两部门下发了《社会信用体系建设示范城市评审指标（2017年版）》，确定了示范城市的验收标准。随后，根据社会信用体系建设示范城市评审指标，2018年1月和2019年8月，两部门公布了第一批（12个）和第二批社会信用体系建设示范城市（16个）①。显然部分城市（区）未能满足社会信用体系建设示范城市的验收标准，即社会信任体系建设在这些地区尚未取得成功。鉴于验收成功与验收失败城市（区）之间的社会信任建设程度差异，我们认为，在验收成功的地区，社会信任体系建设后对企业环境违规的抑制作用更显著。我们将创建社会信用体系的城市分为两种类型：验收成功组（处理组1）和验收失败组（处理组2），并以未创建试点的城市为控制组，分样本进行回归分析，结果如表10.6所示。可以看到，相比于未进入社会信用体系建设试点的城市而言，社会信用试点城市创建并验收成功时对环境违规的抑制作用更显著。

表10.6　　是否通过验收成为社会信用体系建设示范城市

变量	*Num_Violate*	
	验收成功	未验收成功
	(1)	(2)
Treat_Post	-0.1490** (-2.324)	-0.1080 (-1.471)
控制变量	是	是
年份固定效应	是	是
公司固定效应	是	是
观测值	6 323	6 014
F value	6.000***	5.103***
Within - R^2	0.025	0.022
Overall - R^2	0.005	0.002

① 2018年1月9日，国家发展改革委办公厅、中国人民银行办公厅公布杭州市、南京市、厦门市、成都市、苏州市、宿迁市、惠州市、温州市、威海市、潍坊市、义乌市、荣成市等12个城市为社会信用体系建设示范城市；2019年8月，确定青岛市、武汉市、鞍山市、上海市浦东新区、上海市嘉定区、无锡市、合肥市、淮北市、芜湖市、安庆市、福州市、莆田市、郑州市、宜昌市、咸宁市、泸州市等16个城市（区）为第二批社会信用体系建设示范城市。

10.4.6　控制更多地区特征变量

在主回归结果中，本章控制了部分地区特征因素对企业环境违规的影响。实际上，当地宗教信仰也被认为是影响企业环境政策的重要社会规范（Du et al.，2014），而宗教信仰的价值规范往往与诚实守信相关。为了防止社会信用体系建设的衡量捕捉到地区层面的宗教信仰，本章在控制变量中加入了地区宗教信仰（*Religion*）。宗教信仰的衡量主要基于中国综合社会调查，采用各地区具有宗教信仰的人口占被调查人口的比例来衡量地区的宗教信仰程度。同时，不可忽视的是，社会信用体系建设与企业环境违规之间的关系还可能受到其他遗漏变量的共同驱动，如地区受教育水平、交通便利度等。因此，本章控制了地区受教育水平（*Education*）和交通便利度（*Highway*）。地区受教育水平主要采用当地中学以上人口比例占当地户籍人口的比例来衡量，交通便利度采用地区年度公路客运总量来衡量。控制地区宗教信仰、教育水平以及交通便利度的回归结果如表10.7列（1）所示，可以看到，交通便利度抑制了企业的环境违规，同时本章的主要结论并未发生明显变化。

10.4.7　其他替代性解释

本章采用社会信用体系建设试点城市的自然冲击来研究社会信用体系建设对企业环境违规的影响，社会信用体系建设试点集中在2015年和2016年，在该时间段内，全国范围内多项政策颁布实施。首先，“史上最严格”的《环保法》在2015年1月1日起开始实施。这一严格的环境制度建设势必给企业环境违规行为产生威慑作用，因此，本章观察到社会信用体系建设对企业环境违规的影响可能是新《环保法》实施的结果。其次，自2016年2月19日起，中国证监会批准投服中心在上海、广东（不包括深圳）、湖南三地开展持股行权试点，提高对中小投资者的保护。外部投资者保护制度也会在一定程度上抑制企业违规。最后，随着环境问题越来越受到重视，绿色债券、绿色信贷等融资手段也在支持企业环境治理。为了完善绿色债券顶层设计，配合绿色事业发展，2016年，国家发改委出台《绿色债券发行指引》，2016年为中国发行绿色债券的元年。但是，上述政策的实施对象与本章关注的社会信任体系建设试点的对象并不完全重合，出于谨慎性考虑，本章控制了上述政策试点对回归结果的替代性解释。

由于上述政策的实施时间集中在2015年和2016年，本章设置了时间虚拟变量（*Year*1），具体而言，将 2015 年及以后年份定义为 1，否则为 0。回归结果如表 10.7 的列（2）所示，控制政策实施的虚拟变量后，研究结论不变。在此基础上，本章细化了上述政策的度量方式。首先，虽然新《环保法》适用于中国所有城市，但不同城市的政府部门在执行具体的环境监督审查职能时具有一定的自由裁量权，导致不同地区环境规制力度有差异，从而对企业环境违规产生不同影响，因此，本章进一步控制地区环境规制力度。环境规制变量的衡量主要包括两种方式：一是根据各省工业废水、工业 SO_2 和工业烟尘排放量，并利用熵值法计算各个省份的环境规制指数（*Regulation*）；二是采用各城市政府工作报告中有关“环境”的词频数占报告总词数的比例来衡量地方政府的环境规制强度（*Report*）。其次，本章设置了中小投资者保护虚拟变量（*ISC*），将企业所在地被列入投服试点的当年和以后年份取值为 1，否则为 0。最后，本章设置了绿色债券发行虚拟变量（*Green_Bond*），将企业发行绿色债券当年及其以后年份取值为 1，否则为 0。本章也设置了省级层面绿色金融指数（*Green_Index*），根据绿色信贷、绿色投资、绿色保险和政府支持四个指标，运用熵权法计算出各省的绿色金融指数。控制同时期其他政策影响后的回归结果如表 10.7 列（3）所示，*Treat_Post* 的回归系数依然显著为负，表明社会信任体系建设对企业环境违规的抑制作用不是由同期其他政策驱动的。

表 10.7　　　　　　　　控制遗漏变量的影响

变量	*Num_Violate*		
	(1)	(2)	(3)
Treat_Post	-0.1640** (-2.481)	-0.1349** (-2.562)	-0.1774*** (-3.146)
控制变量	是	是	是
年份固定效应	是	是	是
公司固定效应	是	是	是
观测值	5 802	7 168	6 477
F value	5.066***	5.785***	4.988***
Within - R^2	0.024	0.021	0.025
Overall - R^2	0.002	0.005	0.003

10.5 进一步分析

以“政府推动，社会共建”为主要原则、以“奖惩制度”为重点的社会信用体系建设不只是政府部门对社会群体简单地“发号施令”，社会信用体系建设涉及多方主体参与，各大经济主体是否积极参与社会信用体系共建对于该项目的成功也发挥着不可忽视的作用。接下来，本章将从政府、媒体以及社会公众三方面来阐述各利益相关方在社会信用体系建设中扮演的角色。

10.5.1 异质性分析

（1）政府信任

政府诚信是社会诚信的根基，政府在社会信用体系建设中发挥设计者、施工者、监理者、保障者等角色功能。然而，在实际经济活动中，由政策失信、权力失信、规则失信、政绩失信等引发的政务失信比比皆是。“政者正也，子帅以正，孰敢不正”，“其身正，不令而行；其身不正，虽令不从”。在社会信用体系建设过程中，如果政府部门存在大量的失信行为，其推出的信用评价体系或奖惩机制将是“一言堂”式的建设，形式大于实质，社会群体将难以对政府建立社会信用体系的动机和举措产生信任感，那么配合政府落实社会信用体系建设的积极性也将大打折扣。因此，政府信任直接决定了社会信用体系建设的有效性（袁新峰，2013），进而影响信任机制对企业环境违规的治理结果。值得注意的是，在社会信用体系建设中，很多是关于行政方面信用基础的评价，如政务诚信建设、社会诚信建设、司法公信建设、金融生态环境建设、公共信用信息共建共享与监管等，这意味着政府信任也可能发生变化。有理由认为，只有在政府诚信得到不断增强的情况下，社会信用体系建设才能取得成效，即可以认为政府信任是社会信任试点影响企业环境违规的一种机制。

本章采用政府透明度来衡量政府的可信性。当政府透明度较高时，公众和上级政府部门能够掌握更多政府决策的信息，从而增加对政府的信任感（于文轩，2013）。以《中国政府透明度指数报告》为依据，本章获取了各省份政府透明度指数（*Gov_Trust*），并构建社会信用体系建设与政府透明度的交互项，回归结果如表 10.8 列（1）所示，可以看到，*Trust* 与

Gov_Trust 的交乘项系数在 10% 的水平上显著为负，即政府信任在一定程度上强化了社会信用体系建设的效力。

（2）媒体关注

社会信用体系建设以“奖惩制度”为重点，通过对守信行为进行表彰、对失信行为进行惩罚来促进诚信价值观形成。早期阶段，社会网络的存在对信任的形成起到了推动作用。在同一社会网络中（包括亲人、朋友以及经过反复交易形成的熟人关系），背叛信任会遭受社会网络的强力惩罚，而守信者会在更有活力的社会互动与合作中迅速赢得声誉，从而对持续诚信行为起到激励作用。然而，随着商品经济的发展，尤其是在当前跨区域交易以及交易主体更加多元化的背景下，小范围内的社会网络奖惩机制会受到限制。随着社会信用体系的建立，由国家引导的制度化社会信任将打破以关系网为约束的传统信任机制，转而让名声做成广告由大众媒体来传播。大众媒体在传播、解释和干预环境违规行为方面将更加发挥着独特的作用（Deephouse，2000；Sarkis et al.，2010）。一方面，媒体对守信者的积极宣传促使珍重信用记录者从遵守诚信中得到额外诚信收益；另一方面，媒体对失信行为的舆论监督与信息传递会通过对不守信的市场参与者进行威慑、约束、淘汰、驱逐，直至使其退出市场上。因此，有效的媒体监督亦是社会信用体系建设中较为重要的参与主体。本章预期，当媒体更加关注上市公司时，更容易将有关企业的环境守信/失信信息传播到市场上，进而通过“奖惩机制”实现对诚信价值观的引导，这将在一定程度上降低企业的环境违规倾向。

本章构建了社会信用体系建设与媒体关注的交互项（*Treat_Post* × *Media*）进行回归分析，媒体关注度采用当年企业所在地社交媒体发布的上市公司新闻总量的自然对数来衡量。媒体新闻报道数据来自 CNRDS 数据库，CNRDS 提供了对年度企业进行新闻报道的媒体所在地信息。当地媒体发布的关于上市公司的新闻报道数量越多，表示其关注度越高。媒体关注度的调节效应分析如表 10.8 列（2）所示，可以看到，当地媒体关注度强化了社会信用体系建设与企业环境违规之间的负相关关系。

（3）公众环保意识

政府信任确保了群体对社会信用体系建设的信心，是社会信用评价体系发挥效用的根本基石。媒体关注则通过奖惩机制来对守信与失信行为进行引导，是社会信用体系建设的有效手段。依此，政府和媒体在社会信用体系建设中发挥了硬约束的作用。但社会信用体系是否能够抑制企业环境违规还取决于群体对环保失信行为的感知，这决定了政府推行政策产生的直接效果以及媒体传递的信息具有的惩戒力度。当一个地区的社会群体对高质量的环境提出较高需求时，广大消费者和社区会通过对企业施压促使其改善环境绩效（Porter，1991；Rugman and Verbeke，1998）。此时，任何违反环境保护的行为都将受到当地居民的谴责，而那些积极履行环境责任的企业则会受到更多的社会表扬。因此，当地居民强烈的环保意识会对政府和媒体在社会信用体系建设中的作用产生正反馈，这将进一步抑制企业的环境违规，从而在企业的环境信用体系建设中发挥软约束作用。因此，本章预期，当地居民的环保意识会强化社会信用体系建设对企业环境违规的抑制作用。

本章根据中国环境文化促进会组织编制的《中国公众环保民生指数（2007）》中的公众环境意识得分来衡量公众环保意识（*Aware*），并构建社会信用体系建设与公众环保意识的交互项（*Treat_Post* × *Aware*），回归结果见表 10.8 列（3），可以看到，公众环保意识加强了社会信用体系建设与企业环境违规之间的负相关关系。

表 10.8　　异质性分析

变量	*Num_Violate*		
	(1)	(2)	(3)
Treat_Post	0.6423 (1.393)	0.2658 (0.952)	−0.0523 (−0.771)
Treat_Post × *Gov_Trust*	−0.0109* (−1.806)		
Gov_Trust	0.0035 (1.250)		
Treat_Post × *Media*		−0.0969** (−2.370)	
Media		0.1021** (2.046)	
Treat_Post × *Aware*			−0.1732* (−1.909)
Aware			0.1272 (1.523)
控制变量	是	是	是
年份固定效应	是	是	是

续表

变量	*Num_Violate*		
	(1)	(2)	(3)
公司固定效应	是	是	是
观测值	7 168	7 168	7 168
F value	3.504***	3.563***	5.523***
Within - R^2	0.018	0.019	0.022
Overall - R^2	0.003	0.006	0.005

10.5.2 信任重构：关系型信任与制度化信任

社会信任的基础是人际信任，人际信任是基于先天的特点或共同点，或者人与人之间在长期交往中后天拓展的信任。其他抽象的信任也是从基础的人际信任发展起来的，从家庭成员、朋友、商业伙伴，到更抽象的社会角色、社会机构、系统程序、制度等，都是社会环境中的人及其行动作用的结果。费孝通（1948）认为，中国社会是以家族为中心的差序格局，私人关系的增加形成一定范围内由亲及疏、由近及远的社会网络。人们往往会依托关系的远近程度来确定可信任的范围。因此，传统上中国的社会信任是以“关系”为约束机制的信任。然而，社会结构转型、经济不断发展以及人口流动性的增加正在促使熟人社会向陌生人社会迈进，物联网、大数据、区块链等新兴技术的兴起也使得人们之间的交往边界更加广阔，对陌生人的信任需求增加，这便迫使社会信任得到重构（杨慧，2020）。社会信用体系建设以信用活动参与者的信用记录为基础，规范信用数据的收集和使用，形成激励守信、惩戒失信的机制，旨在建立覆盖全社会的诚信系统工程，是一种制度化社会信任。在依靠关系作为社会信任约束机制的地区，社会信用体系建设将会通过其全方位的信用记录来建立更广泛交易主体间的互信机制，从而产生社会信任重构，弥补关系型信任的不足。

随着资本市场上的上市公司数量越来越多，信息供给将空前繁杂。但关系型社会信任导致有限的经济主体获得企业的信息，而位于网络之外的经济主体由于信息不对称以及有限精力，无法及时获得企业的全部信息，特别是关于企业的环境信息。此时，企业可能在环境行为方面表现出机会主义行为。尽管关系型社会信任机制能够在一定程度上约束企业在环境方面的投机主义，但企业可以通过构建新的社会关系来维持持续经营，如选择新的供应商、进军新的市场等。但社会信用体系的建设将企业的环境信用评估在全社会范围内共享，这使得传统上位于网络之外的主体也能够便利、及时地获得企业的信用情况，这对企业的环境违规行为施加了可置信威胁，在一定程度上能够减小企业的环境违规概率。因此，就企业环境违规而言，本章认为，社会信用体系建设对企业环境违规的抑制作用在更加依赖关系型社会信任的地区更加显著。本章从以下两个方面来验证上述猜想：

第一，采用中国综合社会调查数据（CGSS）中对社会上大多数人的信任态度来度量一个地区是否更加依赖关系型社会信任。在 CGSS 中，问卷参与者将回答如下问题：总的来说，您是否同意在这个社会上，绝大多数人都是可以信任的？根据参与者的回答，本章将非常同意、比较同意、比较不同意以及非常不同意分别赋值为 4、3、2、1，在此基础上计算地区所有问卷参与者对该问题回答的均值作为该地区关系型社会信任的衡量指标。该值越大，表明该地区认为社会上大多人都可以信赖，也即其在判断对方是否可信时，不以亲疏远近的关系网络作为基准，关系型信任在该地区发挥的作用较小。

第二，从方言角度来衡量地区的关系型社会信任。语言是人与人之间的沟通“桥梁”以及地区文化的载体。由于社会、历史、地理等方面的因素，在中国不同地区范围内，形成了独特的方言片区，方言是特定地区内划分族群和社会身份的重要维度（Pendakur and Pendakur，2002）。当一个地区方言多样性较低时，群体的相似性较强，人们会忽视方言在区分群体中的作用，导致整体社会信任水平可能较高；相反，较高的方言多样性会导致社会碎片化和社会对抗，人们会无意识地采用方言作为交易对象是否值得信任的标准，这种建立在地缘上的关系型信任显然会降低一个地区的普遍信任水平。因此，一个地区的方言种类与关系型社会信任程度正相关。

本章预期，社会信用体系建设对企业环境违规的抑制作用在更加依赖关系型信任的地区更显著。本章按照一个地区对大多数人的信任程度（普遍信任）、方言多样性的中位数将全样本划分为高关系型信任地区和低关系型信任地区，回归结果如表 10.9 所示。可以看到，社会信用体系建设对企业环境违规的抑制作用在普遍信任程度更低、方言多样性较高的样本中更加显著，验证了前述猜想，即社会信任体系建设旨在全方位提高社会信任，弥补了关系型信任的不足，从而为当前社会发展提供更好的制度保障。

表 10.9　　　　关系型社会信任与制度化社会信任

变量	Num_Violate			
	普遍信任低	普遍信任高	方言多样性低	方言多样性高
	(1)	(2)	(4)	(3)
Treat_Post	-0.1329** (-2.375)	-0.1398 (-1.193)	-0.0972 (-1.524)	-0.2017** (-2.035)
控制变量	是	是	是	是
年份固定效应	是	是	是	是
公司固定效应	是	是	是	是
观测值	3 559	3 609	3 694	3 474
F value	4.838***	3.522***	4.179***	2.592***
$Within-R^2$	0.038	0.031	0.032	0.022
$Overall-R^2$	0.001	0.002	0.003	0.001

注：费舍尔组合检验（permutation test）结果显示，500 次 bootstrap 的 P 值分别为 0.041 和 0.009，即两个分组检验的组间系数存在显著差异。

10.6　本章小结

2012 年党的十八大提出"加强政务诚信、商务诚信、社会诚信和司法公信建设"，勾画了全方位覆盖"政府—市场—社会—司法"领域的诚信建设宏大图景。这标志着国家层面的社会信用体系建设的相关工作已经全面展开，且社会信用体系建设正在向强制性制度变迁进行。社会信用体系建设是否发挥了应有的作用亟待评估。本章基于社会信用体系改革试点城市的准自然实验，研究了社会信用体系建设对企业环境违规的影响。研究发现，社会信用体系建设显著降低了企业的环境违规频率，即抑制了企业的环保失信行为；政府信任、媒体关注以及公众环境意识强化了社会信用体系建设对企业环境违规的抑制作用。考虑到社会信用体系建设通过信用记录、奖惩评价来引导社会诚信的价值观形成，进而实现社会从关系型信任到制度化信任的转变，本章研究了社会信用体系建设是否弥补了关系型社会信任的不足。本章发现社会信用体系建设对企业环境违规的抑制作用在普遍信任不足和方言多样性较高的地区更加显著，即制度化社会信任建设弥补了关系型社会信任的不足。针对本章的研究结论，提出如下政策建议：

第一，本章的研究结论表明，社会信用体系建设能够通过奖惩机制来制约经济主体的违规行为，这对于营造有序的经济环境具有重要意义。因此，国家应继续加大社会信用体系建设力度，将更多经济主体的信用情况纳入评估范围。同时，政府部门也应倡导数字化和信息化技术在社会信用体系建设中的应用，从而使得社会信用体系建设充满效率。第二，在社会信用体系建设中也应着重关注政府的信任问题。在全社会信用信息的生产中，政府既是政务信用信息的生产者，也是企业、个人和社会各类非政务信用信息的主要控制者。如果政府部门缺乏信任，政府的政策措施只能是“一言堂”，这会进一步制约社会信用体系建设的进程。另外，社会信用体系建设过程中也要大力发挥媒体以及社会公众的作用，社会信用体系的奖惩机制将通过媒体进行放大，而社会大众的道德感知又在一定程度上影响了奖惩效果。因此，社会信用体系建设离不开政府、媒体以及社会大众的共同努力。第三，社会信任作为非正式规则的重要组成部分，对环境保护具有相当重要的意义。因此，中国在追求高质量正式制度的同时，应不断完善非正式制度建设，这对于实现“碳中和”和“碳达峰”的环境目标具有重要作用。

第11章 社会信用体系建设与企业数字化转型

自党的十八大以来，党中央将数字经济上升到国家战略高度。中国不断完善数字基础设施，加快培育新业态新模式，在推进数字产业化和产业数字化方面取得了积极成效。2020年，我国数字经济核心产业增加值占国内生产总值（GDP）比重达到7.8%。《“十四五”数字经济发展》规划进一步明确提出，数字经济核心产业增加值占GDP的比重在2025年要提升至10%。习总书记在十九届中央政治局第三十四次集体学习时也明确指示，要不断做强做优做大我国数字经济。显然，数字经济成为构建现代经济体系的重要引擎。数字经济催生了大量新技术、新业态和新模式（陈德球和胡晴，2022），加剧了替代式竞争（戚聿东和肖旭，2020），从根本上颠覆了传统的商业模式。外部环境的剧烈变化使得企业难以通过传统的方式维持自己的竞争优势，企业目标也从传统的利润最大化变为创造消费者价值（陈剑等，2020），因此，越来越多的企业开始加入数字化转型浪潮，开启数字经济与实体产业融合的新模式。然而，数字化转型在各地区并非齐头并进，而是出现了极大的区域不平衡，整体上呈现“东快西慢”的态势（肖土盛等，2022）。本章拟从社会信用体系建设的角度来挖掘造成这些差异的原因。

《2021埃森哲中国企业数字化转型指数》的研究报告显示，在参与调研的320家中国企业中，2021年转型成效显著的领军企业只有16%。企业数字化转型需要投入大量的资金和沉没成本，甚至会经历“阵痛期”（刘淑春等，2021）。数字技术在很多企业尚属稀缺资源（陈剑等，2020），“数字产业化”的实践对大多数实体企业来说仍处于“概念”阶段（戚聿东等，2021）。究其原因：首先，数字化转型具有在短期内投入高、回报周期长、收益不确定性等高风险特征，这可能导致管理层对数字化转型并不积极，进而产生代理问题。其次，企业数字化转型在流程再造、技术升级、信息传递等方面需要新的技术、方法以及企业内部各部门之间的配合，这给企业员工带来新的成本，成为企业数字化转型升级的又一障碍。最后，数字化转型不是单一企业可以完成的。要实现转型成功，需要关联企业之间进行数据共享，从而协调销售、生产、物流服务等进程，因此数据信息可以广泛共享也是数字化转型的一个条件。

制度是调节社会行为和社会关系的刚性法则，其本质是对秩序的需求，以降低社会生活中的摩擦成本（张树华和王阳亮，2022）。广义的社会信用是一种非正式制度，指代非正式契约下的社会信任（戴昕，2019；沈岿，2019）。社会信用体系建设作为现代化社会治理的重要组成部分，以法律、法规、标准和契约为依据，以守信激励和失信约束为奖惩机制，旨在提高社会的诚信意识和信用水平。企业数字化转型是一项高投入、见效长的系统性工程，管理层和企业员工在转型中的积极性以及内外部信息分享的意愿影响着数字化转型的效率。信任作为交易中的“润滑剂”，能否通过社会信用体系建设降低企业数字化转型中产生的各种“摩擦”成本，从而促进企业数字化转型？这是本章关心的重点。

基于此，本章以2013—2020年A股上市公司为研究样本，探讨社会信用体系建设能否赋能企业数字化转型。研究发现：①社会信用体系建设能促进企业数字化转型，但是这种促进作用仅针对于数字化的底层技术，对技术实践应用则无显著作用。②社会信用体系建设对企业数字化转型的促进作用在代理成本较高的样本中更显著，即社会信用体系建设能够抑制数字化转型中管理层的机会主义心理。③在员工积极性较差的样本中，社会信用体系建设对企业数字化转型的影响更强烈，表明社会信用体系建设降低了数字化转型中员工的自利行为。④社会信用体系建设对企业数字化转型的促进作用在供应链企业信息分享意愿较低的样本中更显著，表明社会信用体系建设促进了关联企业之间的信息分享，从而为数字化转型赋能。考虑到交错DID的估计偏差，本章采用古德曼－培根（Goodman－Bacon）分解、权重分解以及使用单期双重差分模型进行修正，发现主要结论并未发生明显变化。此外，本章的研究结论在采用安慰剂检验、考虑样本选择偏误的影响、替代关键变量的衡量方法以及排除其他干扰后也依然成立。

本章可能的边际贡献在于：一是本章丰富了数字化转型影响因素的相关研究。现有大量文献探讨企业数字化转型的经济后果，而本章立足于企业数字化转型处于探索阶段，具有投入高、见效长的特征事实，来研究企业数字化转型的影响因素，为理解当前企业数字化转型的实践提供了新的启示。二是本章研究了宏观制度对企业数字化转型的影响。不同于从微观企业角度探究数字化转型影响因素的文献，本章以国家治理体系下的社会信用体系建设作为研究视角，旨在揭示宏观治理因素对微观企业数字化转型的影响。三是本章推进了中国社会背景下制度化社会信用的研究。在制度化产物出现之前，以关系为契约的社会信任引起了学者们的广泛关注。而随着“熟人”社会向“陌生人”社会迈进，关系型社会信任发挥的作用受到限制，社会信用体系建设作为制度化的产物应运而生。本章发现，社会信用体系建设作为中国特色的制度信用创新实践，会对微观企业数字化转型产生影响，这为评价当前中国的信用制度提供了参考。四是本章探究了社会信用体系建设影响企业数字化转型的机制。发现社会信用体系建设有助于降低代理成本，鼓励员工参与数字化建设以及促进关联企业信息共享来推动企业数字化转型，揭开了社会信用体系建设促进企业数字化转型的“黑箱”，对进一步指导企业进行数字化转型实践具有重要意义。

11.1 理论分析与研究假说

11.1.1 制度背景

2014 年 6 月，国务院印发《社会信用体系建设规划纲要（2014—2020 年）》，对社会信用体系建设的总体思路和重点任务做出了整体规划，旨在提高整个社会的诚信水平。通过梳理，本章将社会信用体系建设改革分为三个阶段（见表 11.1），分别是筹备与规划阶段、试点建设与评估阶段以及示范城市的确立阶段。2015 年 8 月和 2016 年 4 月，国家发展改革委和中国人民银行联合发文，先后批复了 43 个社会信用体系建设示范城市的创建。文件指出，创建示范城市的任务分两年，每一年都有具体的任务，且会有相关机构对创建工作进行评估验收。虽然各地区创建示范城市的具体做法不尽相同，但主要任务均包括建全各经济主体的信用档案、建成信用信息共享平台、大力推进守信联合激励和完善失信联合惩戒制度等。

社会信用体系建设是一项颇具中国特色的制度信用创新实践（王伟，2021），能发挥制度和信用的协同优势（王若磊，2019）。当前社会信用属于制度信用的范畴，不局限于经济信用，也包括公共信用（王伟，2021），其在生成机制、传播载体和影响范围上的优势使其比关系型信任或人格信用更适配当今时代（沈岿，2019）。戴昕（2019）指出，社会信用体系的设计和实施符合增强信息供给优化决策的声誉机制逻辑，压缩了机会主义行为空间。社会信用体系建设有利于规范市场经济秩序、改善市场信用环境、促进资源优化配置、增强社会诚信互信、提高国家软实力和国际影响力，这对整个社会的影响不言而喻，其对微观经济主体的影响也引起学者们的有限关注。少数研究发现社会信用体系建设能够提高企业社会责任表现（曹雨阳等，2022），而地区失信环境会阻碍民营企业成长（余泳泽等，2020）。

表 11.1　社会信用体系建设的历程

发展阶段	重要时点	具体内容
筹备与规划阶段	2014 年 6 月	国务院印发《社会信用体系建设规划纲要（2014—2020 年）》
试点建设与评估阶段	2015 年 8 月	国家发展改革委和中国人民银行联合发文，将沈阳等 11 个城市列入首批社会信用体系建设示范创建城市
	2016 年 4 月	国家发展改革委和中国人民银行联合发文，批复了 32 个城市（城区）为第二批社会信用体系建设示范创建城市
	2016 年 11 月 2017 年 8 月 2017 年 11 月	陆续设立评估标准，对城市信用体系建设的情况进行评估验收
示范城市的确立	2018 年 1 月	国家发展改革委和中国人民银行联合印发首批社会信用体系建设示范城市名单
	2019 年 8 月	国家发展改革委和中国人民银行联合印发第二批社会信用体系建设示范城市（区）
	2021 年 10 月	国家发展改革委和中国人民银行联合公布第三批社会信用体系建设示范区名单

11.1.2　企业数字化转型的经济后果及影响因素

现有大量文献研究了企业数字化转型的经济后果。企业数字化转型具有的“降成本”“强创新”“提效率”等优势在学界已基本达成共识（Mikalef and Pateli，2017；何帆和刘红霞，2019；陈剑等，2020；沈国兵和袁征宇，2020；吴非等，2021；袁淳等，2021）。具体而言，首先，数字化转型可以直接提升企业效率。数字化转型有利于企业同时兼具成本领先和差异化的竞争优势（戚聿东和肖旭，2020），能够刺激对外投资水平（杨德明和毕建琴，2019）、提升全要素生产率（赵宸宇等，2021；袁淳等，2021）和企业绩效（杨德明和刘泳文，2018；何帆和刘红霞，2019）。其次，数字化转型可以促进资本市场发展。数字化转型能够提高股票流动性（吴非等，2021）、降低股价崩盘风险（林川，2022）。再次，数字化转型有利于降低企业风险。胡海峰等（2022）研究发现数字化程度高的企业在2020年初新冠肺炎疫情期间的股票回报率更高，即数字化转型能显著提升企业在危机时期的韧性。同样地，在经济政策不确定性较高时，企业数字化转型对主业业绩也具有显著的促进作用（易露霞等，2021）。最后，一些研究也发现，数字化转型会对企业真实盈余管理（罗进辉和巫奕龙，2021）、现金持有（谭志东等，2022）、供应商创新决策（杨金玉等，2022）以及审计收费（杨德明等，2020）等产生影响。

相对而言，研究企业数字化转型影响因素的文献则较少。在定量研究中，夏常源等（2022）探究了社保缴费与企业数字化转型间的关系，研究发现社保缴费能通过人力成本和人力资本两个机制影响企业对数字化的投入。李华民等（2021）发现，不同类型的机构投资者持股对企业数字化转型的影响也不同，具体表现为：压力抵抗型机构投资者能通过优化信息环境、改善财务状况和促进企业创新来推动数字化转型；压力敏感性机构投资者，则会抑制企业数字化转型。在定性研究中，斑岩（Porfirio et al.，2021）认为，更加民主的领导风格和更高效的战略管理能力可以更好地促进企业数字化转型，管理者对企业使命的认同则在数字化转型中发挥了关键作用。肖静华等（2021）以美的集团为例，发现管理能力与智能技术相匹配是实现智能制造的前提，而后再通过智能化创新完成智能制造的转型升级。戚聿东等（2021）认为资源基础数字化和创新数字化是转型的共同基础。史密斯和贝雷塔（Smith and Beretta，2021）以一家实施混合型策略管理数字化转型的大型公司为例，探究了该组织形式可能会出现的悖论以及组织成员采取的措施如何影响混合型策略，以便更好地指导企业数字化转型实践。

综上所述，大量文献研究了企业数字化转型产生的经济后果，而较少关注数字化转型的影响因素。由于目前部分企业仍处于数字化转型探索阶段，且转型过程可能甚至存在“阵痛期”，因此如何帮助企业顺利实现数字化转型是学术界需要解决的问题。针对理论研究与现实的脱节，本章认为探究数字化转型的影响因素尤为重要。

11.1.3 社会信用与企业数字化转型

企业数字化转型存在短期投入大、回报周期长、不确定性高、学习成本高的问题，且企业内部各部门之间以及关联企业之间无法进行有效的信息共享是当前企业数字化转型面临的主要障碍。社会信任作为交易主体间的“润滑剂”，能否减少企业数字化转型中的“摩擦”，从而提高推动企业顺利实现数字化转型？

首先，社会信用体系建设通过缓解代理冲突，从而促进企业数字化转型。企业数字化转型是各行各业进入数字经济时代的必然选择，对提升企业价值具有重大意义。因此，一个具有道德责任感的管理者应当积极投身于数字化建设中，努力实现股东价值最大化。然而，数字化转型具有不确定性大、投入高、回报时间长等特点，极易引发管理者风险规避的短视行为。而且，数字化转型常伴随企业管理流程再造，需要管理者在新的管理流程中投入更多的时间和精力。在这种情况下，管理者可能没有意愿进行数字化转型或者在数字化转型过程中积极性低，体现为代理成本。代理成本作为一种隐形的交易成本，会降低企业数字化转型的意愿。然而，在同一个社会网络中，信任作为一种共享的价值观，能够减少预期不确定性，进而降低代理成本（邱保印和程博，2021）。社会信用体系建设改善了企业所处的信用环境，营造了诚实守信的道德氛围。从信用的“伦理”意义上看，地区良好的信用氛围有助于降低管理者的机会主义倾向（王若磊，2019），已有研究也显示出良好的信用环境能缓解所有者与管理者之间的代理问题（Qiu et al.，2021；曹雨阳，2022）。因此，本章认为，社会信用体系建设通过降低管理者在数字化转型中的机会主义行为，缓解代理冲突，进而赋能企业数字化转型。

其次，社会信用体系建设通过提高员工参与数字化建设的积极性，从而促进企业数字化转型。将数字技术融入企业生产经营管理的方方面面是数字化转型的核心，数字化转型在流程再造、技术升级、信息传递等方面对员工产生了新的要求，企业从管理层到一线员工均要通过学习、培训等提升自己以适应数字化转型的需求，这增加了员工额外的工作时间和学习成本。若员工将数字化转型带来的额外成本看作“负担”，则不利于数字化转型。社会信用体系建设在全社会范围内营造了诚实守信的道德观，有利于促进员工积极配合企业的数字化转型方针来实现股东价值，表现为积极参与企业数字化转型。同时，数字化转型的成功依赖于企业内部各部门之间的信息共享与传递。然而，企业内各部门之间有可能出于自身利益考量，不愿意将关键信息毫无保留分享给其他部门，这也在一定程度上导致企业内部存在“信息孤岛”，不利于数字化转型。社会信用体系的建设使得当地的信任水平更高，信任是企业员工之间合作的基础，可以促进各部门各员工之间相互合作、分享信息，从而助力企业数字化转型。因此，社会信用体系建设能通过减少员工在数字化转型中的懈怠行为以及增强各部门之间的信息分享意愿来促进企业数字化转型。

最后，社会信用体系建设通过提高关联企业进行信息共享的意愿，从而促进企业数字化转型。企业数字化转型并不是单一企业能够独立实现的，要达到更好的数字化转型效果需要整条供应链上的企业互相协作、齐头并进，这样才能实现数据共享，协调加快销售、生产、物流服务等进程。例如，美的集团在其数字化转型过程中能够取得成功，依赖于供应链上的企业能够为美的提供销售数据，从而降低了企业的库存、物流和资金成本。如果供应链上的关联企业无法提供数据支持，企业的数字化转型很难取得成功。但在实践中，供应链上的信息分享可能会泄露企业的商业机密，从而对自身发展产生不利影响。因此，关联企业之间的数字化协同效应可能因为信息无法共享而大打折扣。社会信用体系建设涵盖了经济主体的征信信息，这积累了大量的信用信息。信用信息的广泛提供有利于降低区域内企业和外部行为者之间契约和非契约互动的搜寻成本和交易成本，从而强化经济主体之间的互信。信任机制的建立通过缓解道德风险促进信息和知识的流动（Laursen et al.，2012）。因此，社会信用体系建立后，供应链企业将愿意分享关键数据，为企业数字化转型提供基础素材，从而推动企业数字化转型。

综上所述，本章认为，社会信用体系建设能够通过降低代理成本、促进员工积极参与数字化建设，以及增强关联企业之间的信息分享意愿来推动企业数字化转型。据此，提出本章的假说。

假说：在其他条件不变情况下，社会信用体系建设能促进企业数字化转型。

11.2 研究设计

11.2.1 样本选择与数据来源

本章选取 2013—2020 年沪深 A 股上市公司为研究样本。之所以将

2013 年作为起点，是因为 2013 年以前互联网的发展主要是以虚拟经济的形式为主，而在 2013 年以后才进入虚拟经济与实体经济结合阶段（杨德明和毕建琴，2019），企业的数字化转型也正是发生在虚实结合的背景下，选择这个区间能更好地捕捉企业数字化转型的变化趋势。本章对初始样本进行如下筛选：①剔除金融行业的上市公司；②剔除当年被 ST 或 *ST 的上市公司；③剔除在 IPO 年度的上市公司；④剔除关键变量缺失的上市公司。最终得到 23 777 个公司年度观测值，并对所有连续变量进行上下各 1% 水平的缩尾处理。城市层面的数据来源于《中国城市统计年鉴》（2013—2020 年），其他数据来自国泰安（CSMAR）数据库。

11.2.2 变量定义

（1）企业数字化转型

借鉴吴非等（2021）的做法，先构建数字化转型特征词图谱，如图 11.1 所示。将企业数字化转型分为两个维度，分别是底层技术应用（*ABT*）和技术实践应用（*ADT*）。根据技术不同，本章将底层技术应用分为人工智能技术（*AI*）、大数据技术（*DT*）、云计算技术（*CC*）和区块链技术（*BD*）四类。其中底层技术应用侧重于将数字技术嵌入企业生产经营管理等方面，偏向于数字化转型的内化阶段。而技术实践应用则侧重于将数字技术与复杂业务场景创新融合，是一种更深层次的变革，偏向于数字化转型的价值输出阶段。以图 11.1 为参考，本章根据公司年报中数字化转型特征词出现的频数，构建衡量企业数字化转型的指标体系，包括代表企业总体数字化转型的指标 *DCG*，以及根据其口径分解的指标 *AI*、*BD*、*CC*、*DT* 和 *ADT*。由于数据具有“右偏性”，本章对词频数加 1 后取自然对数处理。

（2）社会信用体系建设试点

本章引入 *Treat - Post* 表示试点政策效应的虚拟变量，如果企业注册地位于社会信用体系建设的试点城市，在试点当年及以后年度取值为 1，否则为 0。

（3）控制变量

借鉴吴非等（2021）、李华民等（2021）和夏常源等（2022），本章加入如下控制变量：①企业特征变量，包括企业年龄（*Age*）、企业规模（*Size*）、财务杠杆（*Lev*）、盈利能力（*ROE*），成长能力（*Growth*）、资本密集度（*Capital*）和研发投入（*RD*）；②治理特征变量，包括有大股东

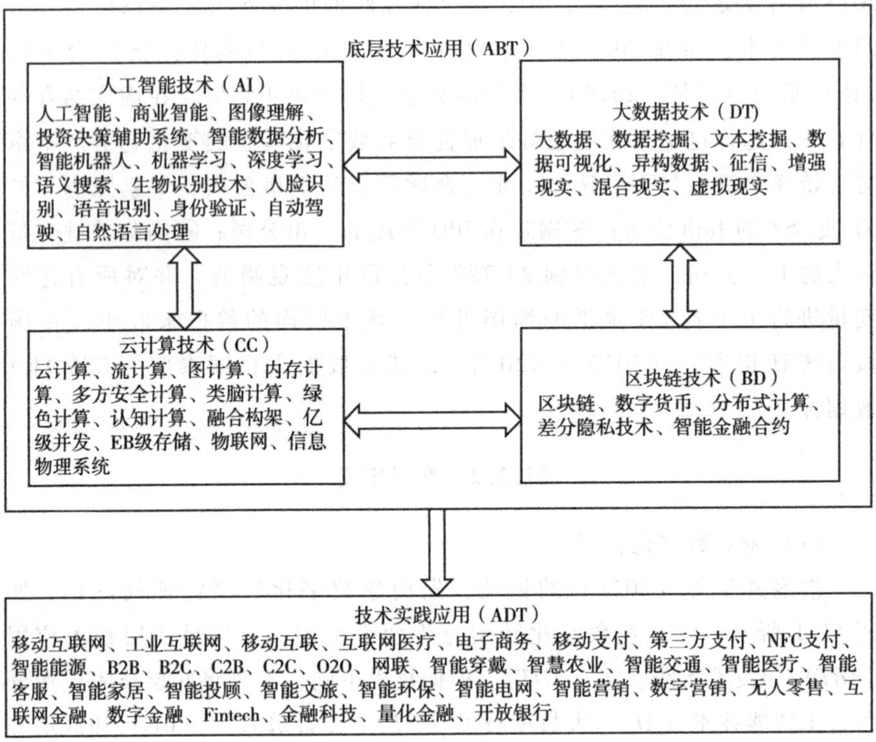

图 11.1　数字化转型特征词图谱

持股（*Top*1）、管理层年龄（*Mage*）、管理层持股（*Mshare*）、董事会规模（*Board*）、两职合一（*Dual*）和行业竞争程度（*HHI*）；③地区特征变量，包括经济发展水平（*PGDP*）、市场化程度（*Market*）、信息化水平（*Internet*）。

各变量的具体衡量方式如表 11.2 所示。

表 11.2　变量定义

变量类型	变量符号	变量名称	变量定义
被解释变量	*DCG*	企业数字化转型	年报中图 2 特征词频数加 1 取自然对数
	AI	人工智能技术	年报中与 AI 相关的词频数加 1 取自然对数
	DT	大数据技术	年报中与 DT 相关的词频数加 1 取自然对数
被解释变量	*CC*	云计算技术	年报中与 CC 相关的词频数加 1 取自然对数
	BD	区块链技术	年报中与 BD 相关的词频数加 1 取自然对数
	ADT	技术应用实践	年报中与 ADT 相关的词频数加 1 取自然对数

续表

变量类型	变量符号	变量名称	变量定义
解释变量	*Treat - Post*	社会信用体系建设试点	虚拟变量，如果企业注册地位于社会信用体系建设的试点城市，在试点当年及以后年度取值为1，否则为0
控制变量	*Age*	企业年龄	企业上市年龄的自然对数
	Size	企业规模	企业总资产的自然对数
	Lev	财务杠杆	总负债与总资产的比值
	ROE	盈利能力	净利润与净资产的比值
	Growth	成长能力	营业收入增长率
	Capital	资本密集度	固定资产净值与员工人数的比值
	RD	研发投入	研发投入与营业收入的比值
	Top1	大股东持股	第一大股东持股比例
	Mage	管理层年龄	管理层平均年龄的自然对数
	Mshare	管理层持股	管理层持股比例
	Board	董事会规模	董事会总人数的自然对数
	Dual	两职合一	虚拟变量，董事长和总经理为同一人时取值为1，否则为0
	HHI	行业竞争程度	行业中各市场竞争主体占行业总收入比重的平方和
	PGDP	经济发展水平	各城市人均生产总值（元）的自然对数
	Market	市场化程度	企业所在省份的市场化指数（王小鲁，2021）
	Internet	信息化水平	各城市互联网宽带接入用户数（万户）的自然对数

11.2.3 模型构建

根据前文对社会信用体系建设过程的梳理，社会信用体系建设试点的两批城市名单分别在2015年8月和2016年4月陆续出台。因此本章借鉴贝克等（Beck et al.，2010）的做法，采用交错情境下的双重差分模型检验该试点的政策效应，如模型（11.1）所示。

$$DCG_{i,t} = \beta_0 + \beta_1 Treat - Post_{i,t} + \sum_{j=2}^{17} \beta_j Control_{i,t} + \mu_i + \lambda_t + \varepsilon_{i,t} \tag{11.1}$$

其中，*DCG* 为本章的被解释变量，代表企业数字化转型程度。*Treat* -

Post 为本章的核心解释变量，预期其系数 β_1 显著为正。Control 为一系列可能影响企业数字化转型的控制变量，包括企业特征、治理特征和地区特征变量。μ_i 为个体固定效应，控制了企业层面不随时间变化的因素对数字化转型的影响；λ_t 为时间固定效应，控制了随时间变化的因素对数字化转型的影响；$\varepsilon_{i,t}$ 为随机扰动项。

11.3 实证结果

11.3.1 描述性统计

表 11.3 展示了关键变量的描述性统计结果。其中，*DCG* 的均值为 1.44，最小值为 0.00，最大值为 5.06，标准差为 1.39，说明不同样本间的数字化转型程度存在较大差异，这与吴非等（2021）的研究较为一致。底层技术 *AI*、*BD*、*CC* 和 *DT* 的最小值和中位数均为 0.00，即目前底层技术应用还处于一个起步阶段。*BD* 的均值最小，为 0.01，表明目前区块链技术的应用比较有限。*ADT* 的均值为 0.97，标准差为 1.12，最小值为 0.00，最大值为 4.13，同样说明不同样本在技术实践应用层面的差异较大。*Treat - Post* 的均值为 0.30，意味着大约有 30% 的样本受到了社会信用建设体系试点的影响。其余控制变量的描述性统计与现有研究较为一致。

表 11.3　　　　描述性统计

变量名	观测值	均值	标准差	最小值	中位数	最大值
DCG	23 777	1.438	1.394	0.000	1.099	5.056
AI	23 777	0.331	0.715	0.000	0.000	3.332
BD	23 777	0.014	0.097	0.000	0.000	0.693
CC	23 777	0.544	0.954	0.000	0.000	3.912
DT	23 777	0.532	0.894	0.000	0.000	3.807
ADT	23 777	0.967	1.119	0.000	0.693	4.127
Treat - Post	23 777	0.305	0.460	0.000	0.000	1.000
Age	23 777	2.076	0.917	0.000	2.197	3.296
Size	23 777	22.200	1.293	19.875	22.024	26.181

续表

变量名	观测值	均值	标准差	最小值	中位数	最大值
Lev	23 777	0. 418	0. 204	0. 057	0. 407	0. 888
ROE	23 777	0. 049	0. 157	-0. 988	0. 068	0. 303
Growth	23 777	0. 160	0. 416	-0. 590	0. 095	2. 636
Capital	23 777	12. 523	1. 152	9. 203	12. 536	15. 581
RD	23 777	0. 040	0. 046	0. 000	0. 032	0. 253
*Top*1	23 777	0. 340	0. 147	0. 087	0. 319	0. 740
Mage	23 777	3. 915	0. 063	3. 751	3. 919	4. 053
Mshare	23 777	0. 142	0. 199	0. 000	0. 010	0. 681
Board	23 777	2. 232	0. 174	1. 792	2. 303	2. 708
Dual	23 777	0. 294	0. 456	0. 000	0. 000	1. 000
HHI	23 777	0. 152	0. 146	0. 017	0. 111	0. 837
PGDP	23 777	11. 444	0. 499	10. 041	11. 550	12. 223
Market	23 777	8. 822	1. 770	4. 150	9. 370	11. 310
Internet	23 777	5. 506	0. 875	3. 136	5. 631	6. 792

11. 3. 2　平行趋势检验

为了检验时间交错的社会信用体系建设试点是有效的外生冲击事件，本章首先进行了平行趋势检验，即满足政策实施之前，处理组和控制组的结果变量有着一致的发展趋势。具体而言，本章以政策实施年份为第 0 年，分年度引入 3 个政策实施前的处理效应虚拟变量 *pre*3、*pre*2、*pre*1，1 个政策当期的处理效应虚拟变量 *current*，以及 5 个政策实施后的处理效应虚拟变量 *post*1、*post*2、*post*3、*post*4、*post*5。预期政策实施前的处理效应虚拟变量均不显著，即满足平行趋势假设。预期政策实施后的处理效应多期显著，即满足政策效应的动态效果。本章以政策实施前最远的一期为基准期，即删除 *pre*3 再进行回归。

根据表 11.4 列（1）平行趋势和动态效应检验的结果，并借鉴事件研究法的思想，本章在图 11.2 中绘制了每一期估计系数的大小及其在 90%置信度下的取值范围。从图 11.2 可以看出，政策实施前两期以及政策实施当期的估计系数在 90%置信区间内与 0 无差异，政策实施当期不显著的原因可能是初期的社会信用体系建设并不完善，抑或政策效果会存在一定的滞后性。总之，上述结果支持平行趋势假设，即社会信用体系建设试点是一个有效的外生冲击事件，本章利用交错双重差分模型检验试点的政策效应是可靠的。政策实施后第 1 期到第 5 期的回归系数均为正且基本显著异于0，说明了政策影响的动态效应存在，这初步验证了本章的假说。

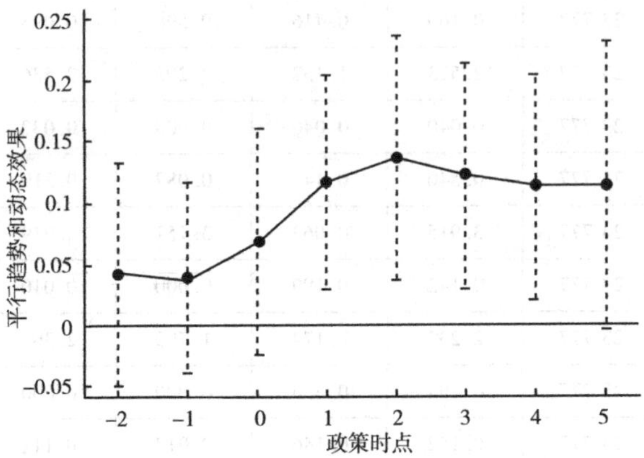

图 11.2　平行趋势和动态效果检验

11.3.3　回归结果分析

在满足平行趋势假设的基础上，本章进行回归分析。表 11.4 列（2）是仅控制公司固定效应和年度固定效应后的回归结果，可以看出，核心解释变量 *Treat - Post* 的系数在 1% 的显著性水平上为正，说明社会信用体系建设促进了企业数字化转型。列（3）是在列（2）的基础上，进一步控制企业特征后的回归结果，*Treat - Post* 的系数在 1% 的显著性水平上为正。列（4）是进一步控制治理特征后的结果。列（5）则进一步控制了地区特征对企业数字化转型的影响。可以看到，在逐步加入控制变量的过程中，*Treat - Post* 的系数始终显著为正，说明在控制企业层面、治理层面和地区层面等可能影响企业数字化转型的因素后，社会信用体系建设试点能显著促进企业进行数字化转型。从经济意义①上看，在控制其他因素影响后，相比于控制组上市公司，处理组上市公司数字化转型在社会信用体系建设试点后增加的程度相当于其样本均值的 5.36%（0.0771/1.4377），这说明社会信用体系建设在促进企业积极进行数字化转型上发挥了不可忽视的作用，验证了本章的假说。

① 经济显著并没有明确的定义（吴小康，2019），本章所有的经济意义都以结果变量均值为基准。

表 11.4　　　　社会信用体系建设与企业数字化转型

变量	(1)	(2)	(3)	(4)	(5)
	DCG	*DCG*	*DCG*	*DCG*	*DCG*
Treat - Post		0.1004 *** (3.428)	0.0766 *** (2.693)	0.0810 *** (2.782)	0.0771 ** (2.528)
pre2	0.0415 (0.751)				
pre1	0.0383 (0.812)				
current	0.0688 (1.231)				
post1	0.1178 ** (2.196)				
post2	0.1367 ** (2.262)				
post3	0.1223 ** (2.205)				
post4	0.1125 ** (2.009)				
post5	0.1133 (1.598)				
Age	0.1830 *** (5.610)		0.1814 *** (5.721)	0.1849 *** (5.701)	0.1838 *** (5.645)
Size	0.2726 *** (11.068)		0.2769 *** (10.776)	0.2729 *** (10.971)	0.2730 *** (11.111)
Lev	-0.2018 ** (-2.405)		-0.2095 ** (-2.421)	-0.1964 ** (-2.314)	-0.2004 ** (-2.362)
ROE	-0.0289 (-0.556)		-0.0384 (-0.714)	-0.0297 (-0.565)	-0.0302 (-0.580)
Growth	0.0375 *** (2.677)		0.0393 *** (2.789)	0.0376 *** (2.666)	0.0372 *** (2.649)
Capital	-0.0657 *** (-3.507)		-0.0690 *** (-3.545)	-0.0650 *** (-3.482)	-0.0655 *** (-3.477)

续表

变量	(1)	(2)	(3)	(4)	(5)
	DCG	*DCG*	*DCG*	*DCG*	*DCG*
RD	1.1938 *** (2.836)		1.3026 *** (3.106)	1.2234 *** (2.841)	1.1931 *** (2.805)
*Top*1	-0.3859 ** (-2.275)			-0.3918 ** (-2.296)	-0.3847 ** (-2.256)
Mage	-0.8788 *** (-3.134)			-0.8639 *** (-3.073)	-0.8715 *** (-3.097)
Mshare	0.1503 (1.124)			0.1499 (1.135)	0.1460 (1.099)
Board	0.3239 *** (4.515)			0.3215 *** (4.468)	0.3237 *** (4.505)
Dual	-0.0263 (-0.974)			-0.0266 (-0.982)	-0.0266 (-0.986)
HHI	-0.1180 (-1.047)				-0.1184 (-1.052)
PGDP	-0.0054 (-0.119)				-0.0062 (-0.138)
Market	0.0214 (0.927)				0.0251 (1.119)
Internet	0.0203 (0.599)				0.0186 (0.559)
截距项	-1.5623 (-1.091)	1.4071 *** (159.012)	-4.2149 *** (-6.595)	-1.4014 (-1.073)	-1.6042 (-1.122)
公司固定效应	是	是	是	是	是
年度固定效应	是	是	是	是	是
观测值	23 777	23 777	23 777	23 777	23 777
Within - R^2	0.0404	0.0014	0.0352	0.0398	0.0401
Adj - R^2	0.7987	0.7907	0.7977	0.7986	0.7986

注：①括号内为经过 White 异方差修正且在城市层面聚类调整后的 t 值；②*、**、*** 分别表示在 10%、5%、1% 水平上显著。本章下同。

本章构造的企业数字化转型指标基于两个维度，即底层技术应用和技术实践应用。鉴于底层技术应用和技术实践应用是数字化转型不同应用阶段和深度的体现，那么社会信用体系建设试点是否会对两者产生差异影响呢？基于此，本章根据数字化转型的口径分解的5个指标作为被解释变量，分别应用模型（11.1）检验了政策效应，回归结果如表11.5所示。可以看出，社会信用体系建设促进了数字化的底层技术应用，其中对人工智能技术（*AI*）、云计算技术（*CC*）、大数据（*DT*）的促进作用均在1%的显著性水平上为正，在经济意义上，促进作用分别相当于其样本均值的58.59%（0.1938/0.3308）、21.37%（0.1163/0.5443）、25.19%（0.1340/0.5320）；对区块链技术（*BD*）的促进作用在10%的显著性水平上为正，促进作用相当于其样本均值的45.32%（0.0063/0.0139），以上说明社会信用体系建设能促进底层技术应用，且对人工智能技术（*AI*）和区块链技术（*BD*）的促进作用较大。列（5）显示，*Treat-Post* 的回归系数为负且不显著，说明社会信用体系建设并不能促进技术实践应用。可能是因为技术实践应用是建立在底层技术应用的基础上，且目前企业数字化转型还处于起步阶段，因而社会信用体系建设仅对前期的底层技术应用具有明显的促进作用，而对后期的技术实践应用无明显作用。

表11.5　社会信用体系建设与企业数字化转型：基于数字化转型的口径分解

变量	人工智能	区块链	云计算	大数据	技术实践应用
	(1)	(2)	(3)	(4)	(5)
	AI	*BD*	*CC*	*DT*	*ADT*
Treat-Post	0.1938***	0.0063*	0.1163***	0.1340***	-0.0080
	(5.570)	(1.817)	(3.206)	(4.412)	(-0.280)
Age	0.0726***	0.0026	0.0941***	0.0819***	0.1286***
	(2.681)	(0.899)	(3.305)	(2.818)	(5.801)
Size	0.1454***	0.0054**	0.1624***	0.1846***	0.1724***
	(7.749)	(2.531)	(9.301)	(10.589)	(7.807)
Lev	0.0218	-0.0041	-0.0749	-0.0344	-0.1510*
	(0.411)	(-0.443)	(-1.220)	(-0.482)	(-1.770)
ROE	-0.0301	-0.0145**	-0.0117	-0.0473	-0.0464
	(-0.966)	(-2.510)	(-0.313)	(-1.240)	(-0.967)
Growth	-0.0239***	-0.0022	-0.0132	0.0050	0.0388***
	(-2.901)	(-1.502)	(-1.181)	(0.412)	(3.248)
Capital	-0.0293**	0.0002	-0.0059	-0.0463***	-0.0451***
	(-2.433)	(0.123)	(-0.537)	(-2.797)	(-2.728)

续表

变量	人工智能	区块链	云计算	大数据	技术实践应用
	(1)	(2)	(3)	(4)	(5)
	AI	*BD*	*CC*	*DT*	*ADT*
RD	1.1496*** (3.632)	0.0345 (0.825)	0.8521** (2.520)	0.6566** (2.095)	0.4281 (1.137)
*Top*1	-0.2973*** (-3.327)	-0.0121 (-0.863)	-0.2644** (-2.509)	-0.3895*** (-3.501)	-0.1499 (-0.917)
Mage	0.0301 (0.113)	-0.0415 (-1.363)	0.0818 (0.469)	-0.3293 (-1.510)	-0.7764*** (-3.115)
Mshare	-0.1666 (-1.550)	-0.0139 (-1.116)	0.0722 (0.847)	-0.0490 (-0.460)	-0.0057 (-0.047)
Board	0.1329** (2.112)	0.0171** (2.449)	0.1835*** (3.522)	0.1358** (2.274)	0.2377*** (4.007)
Dual	0.0165 (0.993)	0.0001 (0.048)	0.0078 (0.471)	-0.0003 (-0.019)	-0.0317 (-1.260)
HHI	0.0739 (1.084)	-0.0081 (-0.805)	0.0201 (0.287)	-0.0793 (-0.798)	0.0861 (0.811)
PGDP	0.0059 (0.195)	0.0087** (2.320)	-0.0232 (-0.630)	0.0014 (0.040)	0.0016 (0.042)
Market	0.0528** (2.548)	0.0001 (0.045)	0.0451* (1.736)	0.0070 (0.312)	0.0112 (0.478)
Internet	-0.0774 (-1.648)	-0.0033 (-0.914)	-0.0296 (-1.221)	-0.0354 (-1.310)	0.0248 (0.641)
截距项	-3.2033*** (-2.596)	-0.0654 (-0.512)	-3.8433*** (-3.471)	-1.9545* (-1.742)	-0.2150 (-0.190)
公司固定效应	是	是	是	是	是
年度固定效应	是	是	是	是	是
观测值	23 777	23 777	23 777	23 777	23 777
Within - R^2	0.0424	0.0033	0.0292	0.0325	0.0218
Adj - R^2	0.6341	0.3789	0.7687	0.7112	0.7481

11.4 稳健性检验

11.4.1 交错双重差分模型的偏误处理

（1）交错双重差分偏误的诊断

交错DID采用双向固定效应模型（TWFE）来估计模型的平均处理效应，当处理效应同质时，TWFE可以得到真实处理效应的无偏估计。但实际上，不同时期或者不同处理组的处理效应往往是不同的，此时，采用简单的平均处理效应将会导致模型出现估计偏误（De Chaisemartin and D'Haultfoeuille，2020；Goodman－Bacon，2021；Baker et al.，2022）。

因此，古德曼－培根（Goodman－Bacon，2021）提出将双向固定效应的估计量拆解成若干个2×2DID组合，其估计量的大小等于每类2×2DID的平均估计量的加权之和。表11.7列（1）为使用古德曼－培根（Goodman－Bacon）分解样本不加控制变量进行回归的结果，其系数为0.14，且在1%的显著性水平上为正。表11.6呈现了古德曼－培根（Goodman－Bacon）分解的结果①，以"较早接受处理组"为控制组即为"坏的控制组"，其权重为5.2%，因为权重较小，所以对本章的估计结果影响并不大。图11.3呈现了2×2DID估计量权重分布散点图，可以看出，以"较早接受处理组"为控制组的权重都集中分布在左侧，同样说明权重并不大，不会对估计结果产生太大的偏误。值得注意的是，在以"较早接受处理组"为控制组的组别中，平均估计量为0.02，相较于总的DID估计量0.14来说数值过小，说明它拉低了平均估计值，因此至少对于平衡面板数据来说，本章使用交错双重差分模型其实低估了政策的实际效应，社会信用体系建设对企业数字化转型的促进作用应该更大。此外，表11.7列（2）为使用古德曼－培根（Goodman－Bacon）分解的样本加入控制变量进行交错双重差分回归的结果，*TreatPost*的系数在1%的水平上显著为正，进一步说明了本章结论是稳健的。

① Goodman－Bacon分解仅适用于平衡面板数据且处理个体不退出的情况。本章先将非平衡面板数据转换为平衡面板数据，再将2015年及以后年度，公司注册地由试点城市搬迁到非试点城市的样本予以剔除，因为这种类型的注册地搬迁属于人为的"政策退出"。本章的Goodman－Bacon分解结果是使用平衡面板数据，剔除人为"政策退出"的样本，且不加控制变量的结果。

表 11.6　　　　　　　　Goodman－Bacon 分解结果

总的 DID 估计量		0.144
类别	权重	平均 DID 估计量
以“尚未接受处理组”为控制组	0.024	0.043
以“较早接受处理组”为控制组	0.052	0.019
以“从未接受处理组”为控制组	0.924	0.154

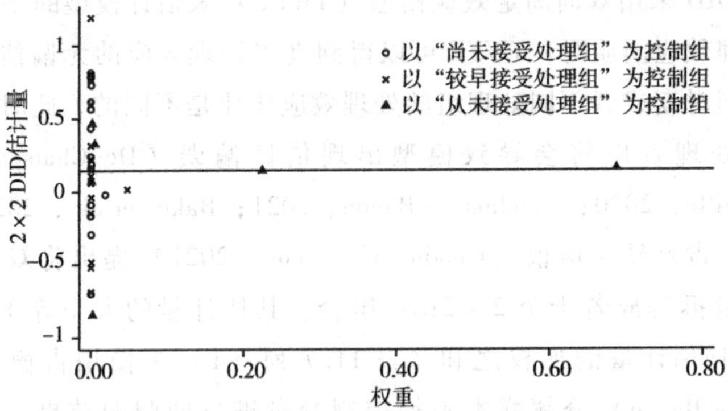

图 11.3　2×2DID 估计量权重分布散点图

由于古德曼－培根（Goodman－Bacon）分解损失了一定数量的样本，本章还使用德谢兹马丹和豪特福伊尔（De Chaisemartin and D'Haultfoeuille，2020）提出的诊断方法。德谢兹马丹和豪特福伊尔（De Chaisemartin and D'Haultfoeuille，2020）指出，交错双重差分估计出来的效应可以视作所有处理个体的处理效应加权之和的期望，即使权重之和为 1，但是权重可能为负数。如果负权重占比较大，那么使用交错双重差分估计出来的结果可能并不稳健。本章使用 twowayfeweights 命令检验异质性处理效应，发现负权重占比仅为 8.63%，因此不会对估计结果造成太大的影响。

（2）使用单期双重差分模型修正

参考黄俊威（2020）和张克中等（2021）对其他分批试点政策评估的做法，将上半年开始实施的试点视为本年度开始实施，下半年开始实施的试点视为下一年度开始实施。按照这种做法，两批试点都可以视为 2016 年开始实施的政策，符合做单期双重差分的条件。表 11.7 列（3）为单期双重差分的回归结果，可以看出，在规避了异质性处理效应的问题后，*Treat*－*Post* 的系数为 0.08，并在 5% 的显著性水平上为正，其系数的大小略大于主回归的结果，说明主回归可能低估了政策的实际效应，但这并未改变本章的结论。

本章还尝试将第一、第二批试点城市分开，均利用从未开展过社会信用体系建设的控制组使用单期双重差分模型。表 11.7 列（4）和列（5）分别为第一批和第二批试点城市的单期双重差分模型的回归结果，可以看出，在第一批社会信用试点建立后，*Treat - Post* 的系数不显著，而在第二批试点建立后则显著为正。本章认为第一批试点效应不显著的原因可能有两个：一是第一批试点城市的样本太少，与控制组样本数量相比悬殊过大；二是第一批试点城市没有可以借鉴的经验，靠“摸着石头过河”的方式进行探索，因而政策效应并不明显。但是，上述结果依然能表明社会信用体系建设对企业数字化转型有促进作用。

表 11.7　　交错双重差分偏误的诊断与修正

变量	Goodman - Bacon 分解的样本		单期双重差分	单期双重差分：分批次考察	
	(1)	(2)	(3)	(4)	(5)
	DCG	*DCG*	*DCG*	*DCG*	*DCG*
Treat - Post	0.1442 *** (3.731)	0.1122 *** (2.926)	0.0798 ** (2.123)	0.0828 (1.106)	0.0894 ** (2.585)
控制变量	否	是	是	是	是
公司固定效应	是	是	是	是	是
年度固定效应	是	是	是	是	是
观测值	14 512	14 512	23 777	16 853	20 802
$Within - R^2$	0.0033	0.0421	0.0401	0.0394	0.0397
$Adj - R^2$	0.7839	0.7920	0.7987	0.7779	0.7936

11.4.2 安慰剂检验

（1）虚假处理组

考虑到可能存在其他不可观测因素会影响社会信用体系建设与企业数字化转型之间的关系，本章借鉴拉费拉拉等（La Ferrara et al.，2012）和周茂等（2018）的做法，通过多次随机化的处理反推出，遗漏不可观测因素不会对估计结果产生影响。基于此，本章使社会信用体系建设试点对特定城市的冲击变得随机，并重复此过程 1 000 次。表 11.8 呈现了 1 000 次抽样下 *Treat - Post* 回归系数的描述性统计，估计系数的均值和中位数均非常接近 0。图 11.4 绘制了随机 1 000 次后的估计系数分布及对应的 P 值。

可以看到，估计系数的均值（对应图 11.4 中的短虚线）相比于主回归检验的结果（对应图 11.4 中的点画线）非常接近于 0，且绝大多数 P 值都大于 0.1，即未能通过显著性检验。从而证明不可观测的因素不会影响本章的估计结果，本章结论稳健。

表 11.8　　1 000 次抽样下 *Treat - Post* 回归系数的描述性统计

	均值	5% 分位数	25% 分位数	中位数	75% 分位数	95% 分位数	标准差
回归系数	0.0032	-0.0777	-0.0315	0.0010	0.0379	0.0871	0.0509
t 值	0.0149	-1.6817	-0.7192	0.0205	0.7592	1.7760	1.0887

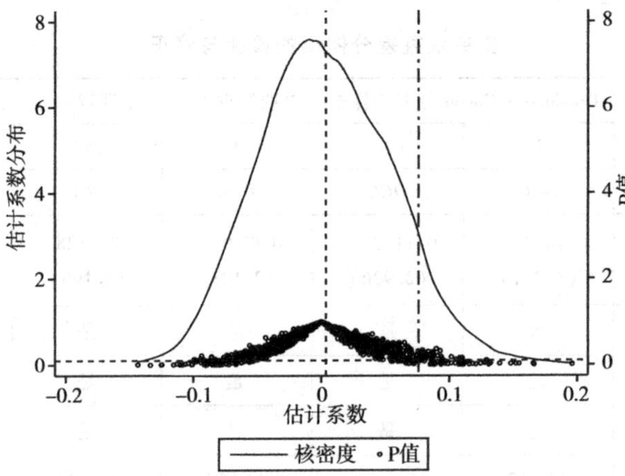

图 11.4　安慰剂检验：虚假处理组

（2）虚假处理时间

如果企业数字化转型程度的增加仅仅来源不同企业自身发展的需要，而与社会信用体系建设没有任何关系，那么即使是虚假的政策实施时间，其结果也会显著为正。为了排除这种可能性，本章借鉴吉尔杰（Gilje，2016）、黄俊威和龚光明（2019）的做法，将第一批和第二批试点建设的时间分别向前平推两年设置处理效应虚拟变量。检验结果如表 11.9 列（1）所示，*Treat - Post* 的系数未能通过显著性检验，这说明企业数字化转型的增加在一定程度上依赖于社会信用体系的建设，本章结论稳健。

11.4.3　样本选择偏误

社会信用体系建设选择的试点城市可能并不是完全随机的，这会受地理区位、经济发展和产业构成等因素的影响，从而带来样本选择偏误的内生性问题，本章采用基于倾向得分匹配法下的双重差分法（PSM - DID）来缓解城市异质性所带来的内生性问题。具体的做法是：本章选择人均GDP（*PGDP*）、GDP 增长率（*GDPGrowth*）、第三产业占比（*TerInd*）、人口密度（*PD*）、城镇化比例（*Urban*）为协变量，采用 1∶1 有放回的最近邻匹配方法对样本进行匹配，并得到基于 PSM 配对的样本，表 11.9 列（2）为使用满足 PSM 共同支撑假设的样本得到的回归结果，列（3）是使用匹配成功的样本进行回归的结果，列（4）是使用频数加权进行回归的结果。可以看到，*Treat - Post* 的系数均在 5% 的显著性水平上为正，说明在消除试点城市与非试点城市之间固有的差异后，本章结论稳健。

11.4.4 更换核心变量的衡量方式

本章借鉴蒋灵多等（2018）和陆等（Lu et al.，2017）对处理期虚拟变量赋值的做法进行了稳健性检验，将第一批试点城市样本的 *Treat - Post* 在 2015 年时赋值为 5/12，将第二批试点城市样本的 *Treat - Post* 在 2016 年时赋值为 3/4，其他年份的取值保持不变。回归结果如表 11.9 列（5）所示，*Treat - Post* 的回归系数在 5% 的显著水平上为正，本章结论稳健。

表 11.9　安慰剂检验、样本选择偏误和更换核心变量的衡量方式

变量	安慰剂：虚假处理时间	PSM - DID：满足共同支撑假设的样本	PSM - DID：匹配成功的样本	PSM - DID：频数加权回归	更换核心变量衡量方式
	(1)	(2)	(3)	(4)	(5)
	DCG	*DCG*	*DCG*	*DCG*	*DCG*
Treat - Post	0.0792 (1.608)	0.0689 ** (1.977)	0.1005 ** (2.255)	0.0899 ** (2.082)	0.0904 ** (2.336)
控制变量	是	是	是	是	是
公司固定效应	是	是	是	是	是
年度固定效应	是	是	是	是	是
观测值	23 777	17 313	7 083	8 668	23 777
Within - R^2	0.0396	0.0422	0.0516	0.0626	0.0403
Adj - R^2	0.7986	0.7855	0.7894	0.8095	0.7987

11.4.5 排除其他干扰

（1）排除示范城市的干扰

根据前文关于社会信用体系建设制度背景的梳理，在样本期间内，确立了两批示范城市。示范城市的确立会给本章的估计结果产生干扰。本章首先将全样本中的处理组分为示范城市和非示范城市，分别应用交错双重差分模型检验其处理效应。结果如表 11.10 列（1）和列（2）所示，*Treat - Post* 的系数均在 5% 的显著性水平上为正，但是入选为示范城市的系数为 0.09，未入选示范城市的系数为 0.07，这说明在样本观测期间内，示范城市因为在社会信用体系建设方面做得更好，因而对数字化转型的促进作用更大，这符合本章的预期。考虑到示范城市的确立会带来潜在的干扰，本章仅使用 2013—2017 年的观测值，因为在这段时间内，没有任何示范城市被确立。回归结果如表 11.10 列（3）所示，*Treat - Post* 的回归系数在 1% 的显著性水平上为正，说明社会信用体系建设能促进企业数字化转型，结论稳健。

表 11.10　　排除示范城市的干扰

变量	入选为示范城市	未入选为示范城市	2013—2017 年
	(1)	(2)	(3)
	DCG	*DCG*	*DCG*
Treat - Post	0.0924** (2.1315)	0.0691** (1.9753)	0.0742*** (2.8071)
控制变量	是	是	是
公司固定效应	是	是	是
年度固定效应	是	是	是
观测值	19 145	18 510	13 468
Within - R^2	0.0421	0.0371	0.0432
Adj - R^2	0.7826	0.7920	0.7863

（2）排除因为行政管辖和地理邻近可能存在溢出效应的干扰

应用双重差分模型的另一个重要核心假设是 SUTVA（黄炜等，2022），即个体处理稳定性假设，这要求政策产生的影响不存在溢出效应。然而事实上，存在那些被选中社会信用体系建设试点的副省级市或地级市，但是其代为管辖的县级市并没有被选中的情况。如果这些县级市因为行政管辖受到政策的影响，即溢出效应存在。本章首先把这部分可能受到影响的县级市样本从控制组中剔除，回归检验结果如表 11.11 列（1）所示。*Treat - Post* 的系数依然在 5% 的水平上显著为正，不改变本章的结论。此外，本章还借鉴高和雷（Gao and Lei，2021）对溢出效应的做法，引入行政管辖虚拟变量 *Administer*，若该县级市的样本可能因为行政管辖受到政策的影响，取值为 1，否则为 0。回归结果如表 11.11 列（2）所示，*Administer* 的回归系数为负且不显著，*Treat - Post* 的系数在 5% 的水平上显著为正，说明行政管辖可能产生的溢出效应对基准结果的影响几乎可以忽略不计。

同样地，在社会信用设点名单中，涉及3个直辖市的城区，分别是北京市海淀区、上海市浦东新区和嘉定区，然而其他区可能因为地理邻近而存在溢出效应。本章同样用上述方法检验地理邻近的溢出效应是否会对结论造成影响。表 11.11 列（3）剔除了北京市和上海市未受到政策冲击影响的样本，*Treat - Post* 的系数在 5% 的显著水平上为正，本章的核心结论保持不变。在列（4）中引入地理邻近虚拟变量 *Neighbor*，若该区的样本可能因为地理邻近受到政策的影响，取值为 1，否则为 0。同样地，*Neighbor* 的系数为负且不显著，*Treat - Post* 的系数依然在 5% 的显著性水平上为正，因此可以忽略地理邻近可能产生的溢出效应，本章结论稳健。

表 11.11　排除溢出效应的干扰

变量	行政管辖的溢出效应		地理邻近的溢出效应	
	(1)	(2)	(3)	(4)
	DCG	*DCG*	*DCG*	*DCG*
Treat - Post	0.0754 ** (2.5307)	0.0765 ** (2.5828)	0.0760 ** (2.3891)	0.0754 ** (2.4356)
Administer		-0.0113 (-0.1264)		
Neighbor				-0.0096 (-0.1415)
控制变量	是	是	是	是
公司固定效应	是	是	是	是
年度固定效应	是	是	是	是
观测值	22 796	23 777	21 182	23 777
Within - R^2	0.0403	0.0401	0.0408	0.0401
Adj - R^2	0.8017	0.7986	0.7959	0.7986

（3）排除变量衡量偏误产生的干扰

考虑到有些行业的上市公司所从事的业务与数字技术密不可分，这些上市公司的年报词频数不能很好地体现数字化转型程度，因此本章剔除与数字技术关联度较高的行业①重新回归。结果如表 11.12 列（1）所示，*Treat - Post* 的系数在 1% 的显著性水平上为正，结论稳健。

本章根据与数字化有关的特征词在年报中出现的频数构造数字化转型的指标，能够比较全面地捕捉到微观企业数字化转型的程度，但是企业可能会存在策略性信息披露行为。已有研究表明企业或高管有动机夸大对"互联网 +"相关信息的披露（赵璨等，2020），从而导致文本使用的结果变量高估了企业真实数字化转型的程度。基于此，本章借鉴袁淳等（2021）的做法进行稳健性检验，仅保留证券交易所信息披露考评结果为优秀和良好的样本，以及剔除样本期间因为信息披露问题受到过中国证券监督管理委员会或证券交易所处罚的样本，这两种样本具有更少的策略性信息披露行为。表 11.12 中列（2）和列（3）分别呈现了以上两种样本的回归结果，可以看出 *Treat - Post* 的系数均在 1% 的显著性水平上为正，说明在考虑企业存在策略性信息披露的行为后，本章结论稳健。

表 11.12　　　　排除变量衡量产生的干扰

变量	剔除与数字技术关联度较高的行业	排除企业策略性信息披露行为	
	（1）	（2）	（3）
	DCG	*DCG*	*DCG*
Treat - Post	0.0635* （1.891）	0.1371*** （3.423）	0.0847*** （2.782）
控制变量	是	是	是
公司固定效应	是	是	是
年度固定效应	是	是	是
观测值	19 794	15 650	23 113
Within - R^2	0.0344	0.0379	0.0390
Adj - R^2	0.7221	0.8125	0.7981

① 与数字技术关联度较高的行业：C39（计算机、通信和其他电子设备制造业）、I63（电信、广播电视和卫星传输服务）、I64（互联网和相关服务）、I65（软件和信息技术服务业）。

11.5 进一步分析

根据前文的分析，社会信用体系建设能通过降低代理成本、促进员工参与并增强关联企业之间的信息分享意愿来推动企业数字化转型，本章将进行如下异质性分析来验证上述猜想。

11.5.1 代理成本

首先，本章认为，企业数字化转型具有的高投入、长周期以及收益不确定性等特征会导致管理层出现风险规避的短视行为，进而降低管理者投身企业数字化转型的意愿。而社会信用体系建设能够通过形成具有道德的社会规范，对管理层的机会主义行为进行约束，从而促进企业数字化转型。如果上述猜想成立，应当观察到在管理层机会主义较强（代理问题更严重）的样本中，社会信用体系建设对企业数字化转型的影响更显著。

其次，本章借鉴权小锋等（2010）的做法，采用超额高管在职消费水平来衡量股东与管理层之间的代理成本，超额高管在职消费水平越高，表示股东与管理层之间的代理问题越严重。本章以超额在职消费水平的"年度—行业"中位数为标准，进行分样本回归分析，结果如表 11.13 中列（1）和列（2）所示。*Treat - Post* 的回归系数在超额在职消费水平高的组别中显著为正，而在超额在职消费水平低的组别中不显著。这说明社会信用体系建设作为一项制度化安排，有规制企业管理者利己行为的作用，从而使得管理层更积极地进行数字化转型。

最后，本章借鉴杨国超等（2021）的做法，采用自由现金流比率来衡量代理成本。自由现金流比率采用净利润与利息费用、非现金支出之和减去营运资本和资本性支出后除以总资产衡量，自由现金流比率越大，说明企业代理问题越严重。本章以自由现金流比率的中位数为依据，将全样本分为自由现金流比率较低组和自由现金流比率较高组，回归结果如表 11.13 中列（3）和列（4）所示，可以看到，在自由现金流比率高的组别中，*Treat - Post* 的系数在 5% 的显著性水平为正，而在自由现金流比率低的组别中不显著。这表明社会信用体系建设通过缓解管理者与股东之间代理冲突，更好地将管理者个人利益与股东利益捆绑在一起，从而提高对企业数字化转型的意愿。

表 11.13　社会信用体系建设、代理成本与企业数字化转型

变量	超额在职消费高	超额在职消费低	自由现金流比率高	自由现金流比率低
	(1)	(2)	(3)	(4)
	DCG	*DCG*	*DCG*	*DCG*
Treat - Post	0.1027* (1.834)	0.0531 (1.1350)	0.0971** (2.178)	0.0725 (1.640)
控制变量	是	是	是	是
公司固定效应	是	是	是	是
年度固定效应	是	是	是	是
观测值	10 763	10 763	11 888	11 888
Within - R^2	0.0299	0.0389	0.0351	0.0544
Adj - R^2	0.8084	0.8073	0.7897	0.8038

11.5.2　员工数字化建设参与

企业数字化转型的实现不仅需要管理者具有长远的战略眼光，更离不开员工在数字化转型过程中的配合与努力。然而，数字化转型一方面给员工带来了额外的学习和时间成本，"懈怠"的员工参与数字化建设的积极性较低；另一方面，数字化转型要求员工之间打破信息孤岛，而出于各自部门利益的考量，员工之间共享信息的意愿不高。这两个方面成为阻碍企业数字化转型的又一障碍。如果上述猜想成立，应当观察到在员工懈怠更严重，以及企业内部信息分享意愿较低的样本中，社会信用体系建设对企业数字化转型的影响更显著。

(1) 员工努力程度

本章借鉴孟庆斌等（2020）的做法，采用单位员工成长性衡量员工努力程度，单位员工成长性采用股东权益的市场价值减去股东权益的账面价值后除以员工人数衡量。单位员工成长性越高，说明单位员工创造的价值越大，其努力程度越高。而单位员工成长性较低时，说明单位员工创造的价值不大，其努力程度较低，在工作中更容易消极怠工。本章以单位员工成长性的"年度—行业"中位数为依据，将全样本分为高员工成长性和低员工成长性两个组别，回归结果如表 11.14 中列（1）和列（2）所示。可以看出，在单位员工成长性低的组别中，*Treat - Post* 的系数在 10% 的水平上显著为正，而在单位员工成长性高的组别中则不显著。说明社会信用体系建设能起到道德约束的作用，减少企业员工在数字化转型中消极怠工的情况，从而赋能于企业数字化转型。

(2) 企业内部信息分享意愿

在员工稳定性高的企业中，企业人员变动较小，彼此间的熟悉和共事经验使得员工之间乐意分享信息。而在员工稳定性低的企业中，人员变动较大，员工彼此间的陌生感大大降低了信息分享意愿，从而降低了信息交流的效率。基于此，本章以员工稳定性作为信息分享意愿的代理变量，员工稳定性采用过去 5 年企业员工人数的标准差来衡量（Bentley et al.，2013；孟庆斌等，2019），并以该标准差的“年度—行业”中位数为划分依据，将全样本分为员工稳定性低和员工稳定性高的组别进行回归分析，结果见表 11.14 中列（3）和列（4）。在员工稳定性低的组别中，*Treat - Post* 的系数在 1% 的水平上显著为正，在员工稳定性高的组别中则不显著。说明社会信用体系建设能增加企业员工之间信任度，提高内部信息分享意愿。

此外，企业部门集中度也会影响着员工之间信息分享意愿。当企业部门较为分散时，各部门之间的业绩考核要求会加剧各部门之间的利益冲突，进而在企业内部形成信息“孤岛”，不利于企业数字化转型。而当企业部门较为集中时，部门之间的利益冲突大大减少，信息分享意愿便会提高。因此，本章采用部门集中度作为衡量员工信息分享意愿的代理变量。部门集中度参考孟庆斌等（2019），采用各部门员工人数占员工总人数比例的赫芬达尔指数来衡量企业部门集中度。根据部门集中度的“年度—行业”中位数为分组依据进行回归分析，结果如表 11.14 中列（5）和列（6）所示。在部门集中度低的组别中，*Treat - Post* 的系数在 10% 的显著性水平上为正，而在部门集中度高的组别中不显著，这说明社会信用体系建设通过提高企业各部门之间的信息分享意愿，从而赋能数字化转型。

表 11.14　社会信用体系建设、员工数字化建设参与与企业数字化转型

变量	单位员工成长性低	单位员工成长性高	员工稳定性低	员工稳定性高	部门集中度低	部门集中度高
	(1)	(2)	(3)	(4)	(5)	(6)
	DCG	*DCG*	*DCG*	*DCG*	*DCG*	*DCG*
Treat - Post	0.0864*	0.0707	0.1119***	0.0506	0.0723*	0.0440
	(1.8741)	(1.5999)	(2.7975)	(0.9749)	(1.7200)	(0.9520)
控制变量	是	是	是	是	是	是
公司固定效应	是	是	是	是	是	是
年度固定效应	是	是	是	是	是	是

续表

变量	单位员工成长性低	单位员工成长性高	员工稳定性低	员工稳定性高	部门集中度低	部门集中度高
	(1)	(2)	(3)	(4)	(5)	(6)
	DCG	*DCG*	*DCG*	*DCG*	*DCG*	*DCG*
观测值	11 456	11 456	8 761	8 761	11 593	11 593
$Within-R^2$	0.0319	0.0438	0.0316	0.0330	0.0383	0.0302
$Adj-R^2$	0.8163	0.8107	0.8174	0.8125	0.8055	0.8094

11.5.3 供应链企业信息分享意愿

企业进行数字化转型不仅仅是企业内部转型升级的行为，还需要与产业链上下游企业进行信息互通合作交流，关联企业之间的信息分享意愿对企业实现产业链数字化也很重要。在实践中，产业链上的信息分享容易造成信息泄露，对关联企业产生不利影响。而社会信用体系建设能够增强关联企业之间的信任感，促进信息有效分享，进而推动企业数字化转型。因此，可以预期，在关联企业信息分享意愿较低的样本中，社会信用体系建设对企业数字化转型的影响更显著。

首先，本章以客户集中度和供应商集中度分别代表企业与客户、供应商（关联企业）之间信息分享意愿的代理变量。客户集中度越大，表明客户跟企业之间建立了长久的合作关系，重复博弈产生的信任机制已经建立，信息分享意愿越高。而较低的客户集中度表明客户比较分散，企业与客户之间的“交情”浅，因而客户进行信息分享的意愿也就越低。客户集中度的衡量方式为前五大客户销售额占全年销售额的比重，并以“年度—行业”的中位数为依据进行分组回归，回归结果如表 11.15 中列（1）和列（2）所示。可以看出，在客户集中度低的组别中，*Treat - Post* 的系数在 1% 的显著性水平上为正，而在客户集中度高的组别中则不显著。这说明社会信用体系建设通过增加企业与下游客户之间的信任度，提高彼此间信息分享的意愿，从而促进企业数字化转型。

同理，当供应商集中度高的时候，表明两者之间建立了重要的合作关系，供应商对企业的信息分享意愿较高。反之，当供应商集中度低时，对信息分享的意愿也就较低。供应商的衡量方式为前五大供应商采购额占全年采购额的比重，并以“年度—行业”的中位数为依据进行分组回归，回归结果如表 11.15 中列（3）和列（4）所示。可以看出，在供应商集中低的组别中，*Treat* - *Post* 的系数在 1% 的显著性水平上为正，而在供应商集中度高的组别中不显著。这说明社会信用体系建设通过增加企业与上游供应商之间的信任度，提高信息分享意愿，从而促进企业数字化转型。

其次，本章还采用供应链集中度这个指标衡量企业同时对客户和供应商的依赖程度，其衡量方式为客户集中度与供应商集中度之和，并根据供应链集中度的“年度—行业”中位数为分组标准进行回归，回归结果如表 11.15 中列（5）和列（6）所示。可以看出，在供应链集中度低的组别中，*Treat* - *Post* 的系数在 1% 的水平上显著为正，而在供应链集中度高的组别中不显著。这再一次验证了本章的猜想，表明社会信用体系建设通过增进企业与供应链上下游企业之间的信任度，大大减少了企业之间信息互通存在的摩擦，从而提高供应链上信息分享的意愿，赋能于企业数字化转型。

表 11.15　信用体系建设、关联企业信息分享与企业数字化转型

变量	客户集中度低	客户集中度高	供应商集中度低	供应商集中度高	供应链集中度低	供应链集中度高
	(1)	(2)	(3)	(4)	(5)	(6)
	DCG	*DCG*	*DCG*	*DCG*	*DCG*	*DCG*
Treat - *Post*	0.1344*** (3.2593)	0.0274 (0.5437)	0.1156*** (2.8038)	0.0578 (1.2197)	0.1382*** (3.6041)	0.0672 (1.3590)
控制变量	是	是	是	是	是	是
公司固定效应	是	是	是	是	是	是
年度固定效应	是	是	是	是	是	是
观测值	11 117	11 122	10 563	10 562	11 249	11 248
$Within - R^2$	0.0277	0.0471	0.0230	0.0476	0.0257	0.0503
$Adj - R^2$	0.8153	0.8040	0.8119	0.8211	0.8147	0.8063

11.6 本章小结

社会信用体系是社会主义市场经济体制和社会治理体制的重要组成部分，加快社会信用体系建设是建设高水平社会主义市场经济体制、提高社会治理现代化水平的重要举措。本章以 2013—2020 年 A 股上市公司为研究样本，从企业数字化转型的视角考察了社会治理体系中社会信用体系建设的价值效应。研究发现，社会信用体系建设能促进企业积极进行数字化转型，但是这种促进作用主要表现在对于数字化的底层技术应用，社会信用对技术实践应用则无显著作用。异质性分析表明，降低代理成本、提高员工参与数字化转型的积极性以及增强关联企业的信息分享意愿是社会信用体系建设赋能于企业数字化转型的重要机制。

对于微观企业数字化转型来说，在面对“转型找死，不转型等死”的两难现状和数字化转型“阵痛期”时，要意识到由于各种摩擦的存在而导致转型效率低下的问题，并注意到社会信用对其产生的作用。具体地：①由于数字化转型投入大、见效长的特点，阶段性的失败是不可避免的，股东应该给予管理者更多的信任和激励，提高管理者在数字化转型中风险承担能力，从而有效增加企业管理者对数字化转型的积极性。②企业要积极建立并维持诚实守信的社会形象，好的形象不仅有利于与供应链上下游企业建立合作伙伴关系，减少与外部企业信息互通的摩擦，也有利于加强员工对企业的认同感，提高在数字化转型中的积极性。③除了宏观层面建设社会信用体系外，企业自身也要意识到诚信的重要性，可以自行举办一些诚信教育活动，形成企业内部的诚信文化，提升企业内部的信任水平，从而有助于企业自身发展。

对于政府建设社会信用体系来说，社会信用体系建设是国家治理能力现代化的重要举措，对人类文明进步以及整个社会发展有着不可忽视的作用，因此要加大力度并不断完善现有的社会信用体系。具体地：①要进一步完善在试点地区开展的社会信用体系建设，并推进非试点地区的社会信用体系建设，从而提高整个社会的诚信水平，优化营商环境，着力挖掘和发挥信用信息的价值，规范市场秩序，推动经济高质量发展。②加快推进社会信用法的制定，使政策效应的发挥建立在政策能得到有效实施和执行的基础上。目前社会信用体系建设实践具有明显的“政策推动、行政主导”特征，然而实践过程中却出现了一系列的问题，比如“泛信用化”或在关键点上缺乏可操作性的规定，社会信用法通过规定失信惩戒的法治原则和规则，能有效解决上述问题，从而保证政策的效力能得到最大程度的发挥。③加大对社会信用的宣传和教育。法治只是手段，使诚信意识内化于心才是根本。政府可以挖掘与诚信有关的典型事例，利用新闻网络媒体加强宣传，通过正面报道倡导诚信道德规范，使得诚信成为全社会的自觉追求。

第12章　结论与讨论

12.1　研究结论

中国作为渐进式改革的市场经济国家，很多企业行为内生于其所在地的制度环境。近40多年来，中国经济高速增长，离不开其相依相存的制度环境，且过去经济快速增长是在我国各项制度不够完善情况下完成的。因此，在未来经济发展中，只有厘清制度对经济的作用机制，才能保证经济的继续健康发展。斯图尔茨和威廉姆森（Stulz and Williamson，2003）提出的制度分析框架认为，公司治理结构及其经济后果应分别置于第一层次的非正式制度（如规范、习俗、传统及宗教）和第二层次正式制度（如规章、法律和产权）下进行分析。本书将非正式制度安排归结为社会长期发展形成的社会信任水平，将正式制度归结为一个地区的法律执行，系统探寻社会信任、法律执行影响微观资源配置的机制和渠道，以及相应的经济后果。借用社会资本理论、政治理论和新制度经济学等经济理论，研究了企业组织结构、企业的经理人选取及对企业创新投入的影响，进一步，研究了企业的会计信息治理效应、融资违规治理效应及企业供应链治理效应受社会信任及法律效率的影响。在对上述问题进行了系统研究后得出以下重要结论：

第一，通过理论梳理得出社会信任形成的机理及影响经济的机制如下：①社会信任是一种社会文化的主要体现，被看作是共同行为、分享信仰和共同价值观、性情。在企业内部，它一定程度上是产生凝聚力、认知力和共同的意志。这不仅可以增进企业员工的努力程度，还能够降低相关的监督成本和交易成本，进而促进企业的效率提升。②社会信任可以看作是关系网络的集合，是社会学家经常称之为“人们被社会化”或者“希望被社会化”的社会组织。不同企业处于同一社会信任的语境中，知道对方应该有什么样的行为举止，知道对方企业的期望是什么，从而增进了企业间合作的可能性。③社会信任是声誉的一个集合和区分声誉的一种途径。企业声誉体现出企业对市场、消费者、供应商及社会公众承诺的履行状况，声誉机制是企业的产品和服务质量最好的广告，可以提高企业的销售能力，进而影响企业的行为。基于上述社会信任的机理，本书认为，社会信任可以促进一个区域内活动主体之间的合作，减少交易费用，降低信息不对称，发挥优化企业的资源配置作用。

第二，改革开放以来，中国经济的快速发展不仅受到诸如法律、政治、政府、媒体等正式制度安排的影响，也受到诸如文化、道德、关系网络等非正式制度安排的影响。本书将非正式制度落脚为一个社会长期发展形成的社会信任水平，基于新制度经济学理论视角，以中国沪深 A 股公司为样本，考察了社会信任对企业多层股权结构的影响。研究结果表明：①企业所在地区社会信任度越高，所在地区的企业股权层级结构越低，企业的控制权和现金流量权分离越小。②企业股权层级结构随着地区社会信任程度的提高而减少的这一现象可能会在法制环境较差的地区更加明显。③社会信任通过债务融资成本和信用融资两条路径影响企业多层股权结构。

第三，企业董事会中女性比例不足，是一个重要的伦理问题，引发了人们对董事会性别平等的严重担忧。依托新兴经济体中国，有着悠久的“男尊女卑”传统文化，我们研究了社会信任如何影响女性董事的供需关系。研究结果表明：①地区社会信任与董事会中女性董事比例呈显著正相关。②采用地区强奸案刑事案件数量和地区市场化指数来衡量地区法律执行效率，发现地区强奸案刑事案件数量与董事会中女性董事比例呈显著负相关、地区市场化指数与董事会中女性董事比例呈显著正相关，并且发现社会信任对女性决策参与的影响在两性平等观念较低、女性受教育程度更高的地区以及董事长为女性的样本中更加显著。③进一步分析表明，女性董事比例的增加是社会信任提升企业 ESG 评级的重要渠道。总之，我们的研究表明，社会信任对企业管理中的性别多样性有积极的贡献。

第四，企业高级管理人员选聘，是公司治理的重要话题，即中国传统文化之由近及远，由内到外的关系型信任逻辑是否影响企业高级管理人员的选择。研究结果表明：①通过对社会信任与企业选聘之间关系的直接检验发现，在高信任度地区，人们之间更容易形成合作，尤其确保在陌生人或不经常见面的人之间形成合作。即社会信任度越高的地区，企业选聘外部职业经理人的可能性越大。②企业所在地区法律执行越高，企业所有者更可能选聘外部职业经理人。企业所有者选聘外部职业经理人的主要障碍就是由此产生的代理问题，一个致力于提倡财产权和合同执行的法律，不仅为经济交易中的伙伴提供了一种可以相互信任的基础，还使得人们相信这样的法律执行部门，即法院本身也可以被信赖，能够公平地执行交易，并履行其协约职责。既然在高法律执行环境中，可以找到解决这种代理问题的终端机制，企业所有者就可能更倾向招聘外部职业经理人。③进一步研究发现，社会信任与外部职业经理人正相关，在我国民营企业中影响会更大，因为在国有企业中，政府委派仍然占据了国有企业经理人市场的重心，而较少受到企业外部环境，尤其非正式制度社会信任的影响。

第五，股价同步性反映了企业股票价格一起变动的程度。基于信息对资产价格的解释表明，股票价格的联动性取决于资本化为股票价格的公司特有的和市场范围信息的相对数量（Roll，1988）。了解公司股价同步性的决定因素，对于在理论上建立资产定价模型以及在实践中做出投资和风险管理决策都是至关重要的。社会信任作为影响投资行为的重要因素已得到证实，本书通过检验社会信任对股价同步性的影响，研究结果表明：①在信任度较高的地区，企业特质信息更容易反映在股价中，股价同步程度较低。社会信任每增加一个标准差，公司股价同步性降低 10.3% ~ 17.7%。②本书也发现在法制环境较差的地区，股价同步性、股价崩盘的概率、企业的系统风险、违规概率随着地区社会信任程度的提高而减少的这一现象更加明显。③进一步研究发现，社会信任效应对国有企业（SOE）影响要比非国有企业（Non-SOE）更为显著，这些结果与“当正式制度较弱时，信任发挥更突出的作用”的观点相一致（Guiso et al.，2004）。

第六，按照詹森和梅克林（Jensen and Meckling，1976）分析框架，在企业融资时，资金提供者因预期企业内部人存在不必要的非生产性在职消费或偷取，企业获得资金时的代理成本（购买股票的折价和债务融资的高利息）将由企业内部人承担，与这种高昂的代理成本相比，内部人更愿意进行自我监督让资金提供者信任自己。基于此，考察社会信任作为一种非正式制度对企业融资违规行为的影响。研究结果表明：①当企业位于社会信任度较高的地区时，其融资违规行为比社会信任度较低地区的企业要少。②在法制环境较差的地区，企业融资违规程度随着地区社会信任程度的提高而减少的这一现象更加明显。③进一步分析表明，在利息成本较低、行业竞争较弱、市场高度发达、内部控制良好的企业中，社会信任对抑制融资违规行为的影响更为显著。研究结果表明，社会信任对融资违规行为的影响受到企业经济现实（利息成本和竞争）、正式制度环境（市场化水平）和企业内部治理（内部控制）的调节。

第七，供应链的稳定性不仅关乎企业的生存，也是宏观经济发展的基石。供应链稳定性既反映了企业经营管理水平，也是客户、企业、供应商相互信任的结果。研究企业所在地的社会信任度对其客户/供应商稳定性的影响，结果表明：①企业所在地区社会信任度越高，其客户/供应商稳定性越强。表明社会信任作为一种非正式制度为建立契约关系提供了一种重要保障机制，尤其是在签订契约时人们对未来认知有限、对事后不当行为的惩罚能力有限时。在一个供应链网络中，由过去重复的行为而形成的对未来的一种预期，行为人对于其过去的行为的判断，得到了一种可信任（或者不可信任）的基础。②进一步研究表明，在法制环境较差的地区，客户/供应商稳定性随着地区社会信任程度的提高而增强的这一现象更加明显。按照诺斯（1971）将制度结构分为他律的制度和自律的制度，两者形成互补。本书进一步把法律制度作为他律的制度与社会信任作为自律的制度一起进行检验，发现在法制环境较差的地区，客户/供应商稳定性随着地区社会信任程度的提高而增强的这一现象更加明显。

第八，本书采用文本分析法度量信任文化，这不仅在文化指标度量上有所贡献，而且扩展了“法与金融”中强调正式制度对经济运行的研究框架，将信任文化这一非正式制度嵌入公司创新行为的决策模型，丰富了企业文化方面的研究，也为文化的治理作用提供经验证据。研究结果表明：①信任文化作为一项重要的非正式制度，无论是其激励作用，还是其约束作用，抑或激励和约束共同作用，都将潜移默化地影响企业管理者和员工的价值取向和行为，都有助于公司创新活动的开展。②公司创新水平随高管团队内部薪酬差距的增加而增强，支持锦标赛理论，表现出随着高管团队内部薪酬差距的增加，信任文化对公司创新活动的促进作用有所增强。③高管与员工之间的薪酬差距可以激励企业员工付出更多努力，促进企业团队内部竞争，激发员工的创造性和创新意愿，同样也有利于公司创新绩效的提高，表征出公司创新水平随高管员工内部薪酬差距的增加而随之增强。

第九，本书基于社会信用体系改革试点城市的准自然实验，研究了社会信用体系建设对企业环境违规的影响。研究发现，社会信用体系建设显著降低了企业的环境违规频率，即抑制了企业的环保失信行为。而且政府信任、媒体关注以及公众环境意识强化了社会信用体系建设对企业环境违规的抑制作用。考虑到社会信用体系建设通过信用记录、奖惩评价等来引导社会诚信的价值观形成，进而实现社会从关系型信任到制度化信任的转变，本书研究了社会信用体系建设是否弥补了关系型社会信任的不足。研究发现，社会信用体系建设对企业环境违规的抑制作用在普遍信任不足和方言多样性较高的地区更加显著，即制度化社会信任建设弥补了关系型社会信任的不足。

第十，本书基于社会信用体系改革试点城市的准自然实验，研究了社会信用体系建设对企业数字化转型的影响。研究发现，社会信用体系建设能显著促进企业进行数字化转型，且该效应主要体现在社会信用体系建设对数字化底层技术赋能的影响，而对数字化实践应用的影响并不显著。进一步研究发现，社会信用体系建设对企业数字化转型的促进作用在代理成本较高、员工积极性较差，以及供应链信息分享意愿较低的样本中更显著，表明社会信用体系建设通过降低代理成本、促进员工参与并增强关联企业之间的信息分享意愿来推动企业数字化转型。本书从企业数字化转型的角度考察了社会信用建设的价值，对进一步完善社会信用体系建设，促进数字经济发展具有指导意义。

12.2 政策建议

中国在经历了粗放快速增长后，面对复杂的国际经济形势和国内增长放缓情况，如何保证微观企业经济持续健康发展，就成为中国资本市场获得深层次发展并与国际资本市场实现深度有效对接的重要战略性问题。厘清社会信任、法律执行对企业资源配置影响的特征，能够增进对现有体制安排的长处和不足的理解，本书提出如下具体的政策建议。

其一，中国转型过程中，正式制度安排仍然不健全（Peng and Zhou, 2005）。政府及其代理人是制度的直接制定人和执行人，因此制度安排对经济增长的作用，离不开政府及其代理人的推动。政府通过制度安排对经济的影响一般分为“掠夺之手”“扶持之手”“无为之手”。“掠夺之手”将政府看成是由追求自利的政治家对企业的一种侵害，企业往往为了应对政府的“掠夺之手”而偏离正常的经营。因此，在理顺制度与市场关系时，除应长期坚持政府的“扶持之手”和“无为之手”外，还应该加强权力的制度建设，规制好政府的“掠夺之手”。

其二，过去改革开放进程中，对中国软实力构造有重要影响的社会信任，出现严重社会供给不足（张维迎，2002），如何建立适应于中国社会长远发展的信任机制，将其与各种正式制度尤其是法律执行安排有机融合，形成促进中国经济可持续发展、构筑突破“中等收入陷阱”的条件与基础，仍然是当下中国必须直面的重大挑战。虽然社会信任看不到、摸不着，但社会信任构成一个地区和社会的意识环境，形成特定的社会生态，从长远看将影响个人或企业的行为方式。无论是从政体改革还是社会环境优化视角，社会信任都影响公司治理及其经济后果，进而影响到企业资源配置。

其三，根据研究发现，企业组织层级虽然由2007年均值2.4下降到2013年的2.1，也可以看到，层级制在我国企业中是普遍存在的。这种现象是企业成长的随机选择还是由中国特有正式制度和非正式制度内生决定的？通常，在组织结构决定问题上，合法性比效率更重要。合法性是指组织如果想要在其外部制度环境中生存下来并做到基业长青，除需要物质和技术信息资源外，还需得到社会的认可、接受与信任（Scott et al.，2000）。多层级的企业组织结构和单层级的相比，可以为控制人带来益处，比如掠夺财富、融资便利等这种组织结构也为控制人带来成本，比如权利分析、代理成本、信息成本等。这种收益和成本并存的组织结构，在我国上市公司中大比例出现。解读这种现象，需要从正式制度安排和非正式制度形成的特殊环境去寻求答案。

其四，根据数据分析，在高管选聘中，以CEO更替公司为样本。全样本873个CEO更替公司中，选聘内部经理人员为156人，占比18%。国有企业选聘内部CEO为59人，占比13%，民营企业97人，占比23%。尤其我国民营企业经历了几十年的发展之后，第一代经理人（大多为企业最早创业者）已经迈入老年生活，在面对接班人问题上，国家或者社会应该提前从正式制度或者社会规则方面进行顶层设计，让企业无顾虑情况下，选对合适人选，确保企业可持续发展下去。避免事后“国美电器控制权之争”类似案件的发生。

其五，组织文化的建立通常是自上而下的。本书通过厘清文化对公司创新活动影响的作用机制，凸显文化在提高公司创造力和核心竞争力中的重要性，从而更好地指导公司管理层注重企业文化建设、营造创新文化氛围、珍视中国传统文化和企业文化有机结合，倡导信任导向的企业文化，充分发挥其激励和约束（“社会控制”）的功能，进而提高公司创新能力和创新绩效。正如习近平总书记在2016年中国杭州G20会议上所言：“创新是从根本上打开增长之锁的钥匙。”信任文化作为非正式制度与文化传统的体现者，是一种隐形的制度安排，已成为规导和约束社会伦理生活和道德行为的一种“习惯法”，是影响个体、企业、民族行为的基础动力，这不仅对公司创新战略实施，而且对提高国家文化软实力、推动中国传统优秀文化的创造性转化与创新性发展也显得尤为重要。

第六，本书的研究结论表明，社会信用体系建设能够通过奖惩机制来制约经济主体的违规行为，这对于营造有序的经济环境具有重要意义。因此，国家应继续加大社会信用体系建设力度，将更多经济主体的信用情况纳入评估范围。同时，政府部门也应倡导数字化和信息化技术在社会信用体系建设中的应用，从而使得社会信用体系建设充满效率。同时，在社会信用体系建设中也应着重关注政府的信任问题。在全社会信用信息的生产中，政府既是政务信用信息的生产者，也是企业、个人和社会各类非政务信用信息的主要控制者。如果政府部门缺乏信任，政府的政策措施只能是“一言堂”，这会进一步制约社会信用体系建设的进程。另外，社会信用体系建设过程中也要大力发挥媒体以及社会公众的作用，社会信用体系的奖惩机制将通过媒体进行放大，而社会大众的道德感知又在一定程度上影响了奖惩效果。因此，社会信用体系建设离不开政府、媒体以及社会大众的共同努力。

12.3 研究局限与未来研究方向

本书虽然在许多方面取得了较高的研究成果，但由于受到研究时间短、研究内容多及成果负责人在理论基础及数据收集等方面还存在不足等因素制约，本书的研究成果在不少地方仍有明显欠缺，因此，还有进一步提升的必要与空间。

其一，关于社会信任、法律执行作用机理，存在经济学、社会学、政治学等多种理论来源，而在运用这些理论考察社会信任、法律执行效率对资源配置效率影响时，不同理论来源在分析思路拓展过程中可能会产生冲突，这可能对本书研究逻辑和结论造成不利影响。如何协调各种理论来源之间的冲突，通过整合各种理论来源而提出新的理论框架，并保持分析框架的一致性，就成为本研究后期必须直面的重大挑战。

其二，在制度安排影响经济后果的通道上，本书主要是在公司治理、企业会计信息传递方面进行了研究，而并没有进一步检验其他通道的作用，比如企业内部股东大会、机构投资者的安排、外部产品市场竞争等安排的影响，同时也没有进一步去检验两个通道公司治理与企业会计信息传递之间的相互关系，及其对企业创新和企业业绩的影响。

其三，有一个无法忽视的问题——内生性问题。虽然本书尽一切可能的努力去解决内生性问题，但不可否认的是，内生性问题并不能完全解决。

总之，经过研究成果负责人多年努力与数十年经验的积累，本书无论从论证质量、资料使用，还是从框架设计、研究结论等方面来看均已取得一定成就，其产生的社会影响与效益相信也会不断呈现的。但同时不可否认的是，成果在许多地方尤其在研究广度和深度等方面还存在不少缺陷。因此，我们仍需要加倍努力，再接再厉。

后续的研究中，笔者将关注如下问题：

第一，进一步对两种制度安排对经济后果影响的通道进行挖掘，比如，制度安排通过产品市场竞争对技术创新或者企业绩效的影响是怎样的？

第二，进一步对两种制度所通向的经济后果机制进行梳理和整合，揭示哪些机制对经济后果是正向的，哪些机制是负向的？

第三，现有研究主要关注的是制度安排对企业绩效的影响，进一步可以研究在制度安排不合理时，耗费的成本如何？也就是说，企业在不完善的制度环境中成长，其“租金”如何？

参考文献

一、中文部分

1. ［美］埃里克·尤斯拉纳:《信任的道德基础》, 北京: 中国社会科学出版社 2006 年版。

2. 曹春方、夏常源、钱先航:《地区间信任与集团异地发展——基于企业边界理论的实证检验》,《管理世界》2019 年第 1 期。

3. 曹雨阳、孔东民、陶云清:《中国社会信用体系改革试点效果评估——基于企业社会责任的视角》,《财经研究》2022 年第 2 期。

4. 陈德球、胡晴:《数字经济时代下的公司治理研究: 范式创新与实践前沿》,《管理世界》2022 年第 6 期。

5. 陈德球、魏刚、肖泽忠:《法律制度效率、金融深化与家族控制权偏好》,《经济研究》2013 年第 10 期。

6. 陈冬华、胡晓莉、梁上坤、新夫:《宗教传统与公司治理》,《经济研究》2013 年第 9 期。

7. 陈冬华、章铁生、李翔:《法律环境、政府管制与隐性契约》,《经济研究》2008 年第 3 期。

8. 陈剑、黄朔、刘运辉:《从赋能到使能 ——数字化环境下的企业运营管理》,《管理世界》2020 年第 2 期。

9. 陈潭、于勇:《乡风礼俗、信任关联与社会治理》,《江苏社会科学》2016 年第 1 期。

10. 陈信元、黄俊:《政府干预、多元化经营与公司业绩》,《管理世界》2007 年第 1 期。

11. 陈叶烽、叶航、汪丁丁:《信任水平的测度及其对合作的影响——来自一组实验微观数据的证据》,《管理世界》2010 年第 4 期。

12. 陈郁:《所有权、控制权与激励 代理经济学文选》, 上海: 上海人民出版社 1998 年版。

13. 储小平、李怀祖：《信任与家族企业的成长》，《管理世界》2003年第6期。

14. 储小平、罗头军：《信任与中美家族企业演变的比较及其启示》，《学术研究》2001年第5期。

15. 储小平：《社会信用与家族企业向经理式企业的演变》，《中国软科学》2001年第12期。

16. 崔巍：《信任、市场参与和投资收益的关系研究》，《世界经济》2013年第9期。

17. 崔巍：《证券投资中的信任及影响因素研究》，《金融研究》2011年第9期。

18. 戴昕：《理解社会信用体系建设的整体视角　法治分散、德治集中与规制强化》，《中外法学》2019年第6期。

19. 戴亦一、张鹏东、潘越：《老赖越多，贷款越难？——来自地区诚信水平与上市公司银行借款的证据》，《金融研究》2019年第8期。

20. 翟学伟：《信任的本质及其文化》，《社会》2014年第1期。

21. 丁从明、周颖、梁甄桥：《南稻北麦、协作与信任的经验研究》，《经济学（季刊）》2018年第2期。

22. 樊纲、王小鲁、朱恒鹏：《中国市场化指数：各地区市场化相对进程2009年报告》，北京：经济科学出版社2011年版。

23. 房莉杰：《制度信任的形成过程——以新型农村合作医疗制度为例》，《社会学研究》2009年第2期。

24. 费方域、蒋士成：《不完全合同、产权和企业理论》，上海：上海人民出版社2011年版。

25. 费孝通：《乡土中国》，上海：上海三联书店1985年版。

26. 冯旭南、李心愉、陈工孟：《家族控制、治理环境和公司价值》，《金融研究》2011年第3期。

27. ［美］弗朗西斯·福山：《信任——社会美德与创造经济繁荣》，海南：海南出版社2001年版。

28. 高维和、陈信康、任声策：《企业声誉、两级信任与组织间关系》，《财贸研究》2010年第2期。

29. 郭慧云、丛杭青、朱葆伟：《信任论纲》，《哲学研究》2012年第6期。

30. 韩亮亮、李凯、徐业坤：《金字塔结构、融资替代与资本结构——来自中国民营上市公司的经验证据》，《南开管理评论》2008年第6期。

31. 何帆、刘红霞：《数字经济视角下实体企业数字化变革的业绩提升效应评估》，《改革》2019 年第 4 期。

32. 贺京同、范若滢：《社会信任水平与企业现金持有——基于权衡理论的解读》，《上海财经大学学报》2015 年第 4 期。

33. 胡海峰、宋肖肖、窦斌：《数字化在危机期间的价值：来自企业韧性的证据》，《财贸经济》2022 年第 7 期。

34. 胡珺、宋献中、王红建：《非正式制度、家乡认同与企业环境治理》，《管理世界》2017 年第 3 期。

35. 黄玖立、刘畅：《方言与社会信任》，《财经研究》2017 年第 7 期。

36. 黄俊威、龚光明：《融资融券制度与公司资本结构动态调整——基于"准自然实验"的经验证据》，《管理世界》2019 年第 10 期。

37. 黄俊威：《融资融券制度与公司内部人减持——一种市场化治理机制的探索》，《管理世界》2020 年第 11 期。

38. 黄炜、张子尧、刘安然：《从双重差分法到事件研究法》，《产业经济评论》2022 年第 2 期。

39. 计小青、乔越、赵景艳：《劳动力市场分割、社会信任和资本积累效率》，《财贸经济》2020 年第 11 期。

40. 蒋灵多、陆毅、陈勇兵：《市场机制是否有利于僵尸企业处置：以外资管制放松为例》，《世界经济》2018 年第 9 期。

41. 柯江林、孙健敏、石金涛、顾琴轩：《企业 R&D 团队之社会资本与团队效能关系的实证研究——以知识分享与知识整合为中介变量》，《管理世界》2007 年第 3 期。

42. ［德］柯武刚、史漫飞：《制度经济学——社会秩序与公共政策》，北京：商务印书馆 2000 年版。

43. ［加］兰德尔·K. 莫克主：《公司治理的历史——从家族企业集团到职业经理人》，上海：上海人民出版社 2011 年版。

44. 雷光勇、邱保印、姜彭：《社会信任、法律执行与股权制衡效果》，《证券市场导报》2015 年第 1 期。

45. 雷光勇、邱保印、王文忠：《社会信任、审计师选择与企业投资效率》，《审计研究》2014 年第 4 期。

46. 李帮喜、赵奕菡、冯志轩：《新中国 70 年的经济增长：趋势、周期及结构性特征》，《管理世界》2019 年第 9 期。

47. 李彬、史宇鹏、刘彦兵：《外部风险与社会信任：来自信任博弈实验的证据》，《世界经济》2015 年第 4 期。

48. 李华民、龙宏杰、吴非：《异质性机构投资者与企业数字化转型》，《金融论坛》2021 年第 11 期。

49. 李嘉诚汕大毕业致辞：无心睡眠，http：//www.cb.com.cn/person/2014_0627/1068739.html。

50. 李建伟：《中国经济增长四十年回顾与展望》，《管理世界》2018 年第 10 期。

51. 李琳：《信任、交易成本与企业绩效》，上海：上海财经大学出版社 2010 年版。

52. 李涛、周君雅、金星晔、史宇鹏：《社会资本的决定因素：基于主观经济地位视角的分析》，《经济研究》2021 年第 1 期。

53. 李新春：《信任、忠诚与家族主义困境》，《管理世界》2002 年第 6 期。

54. 李增泉、辛显刚、于旭辉：《金融发展、债务融资约束与金字塔结构——来自民营企业集团的证据》，《管理世界》2008 年第 1 期。

55. 李自杰、李毅、郑艺：《信任对知识获取的影响机制》，《管理世界》2010 年第 8 期。

56. 林川：《数字化转型与股价崩盘风险》，《证券市场导报》2022 年第 6 期。

57. 林建浩、辛自强、范佳琳、周先波：《中国省际双边信任模式及其形成机制》，《经济学（季刊）》2018 年第 3 期。

58. 林毅夫、苏剑：《新结构经济学：反思经济发展与政策的理论框架》，北京：北京大学出版社 2012 年版。

59. 林志帆、龙小宁：《社会资本能否支撑中国民营企业高质量发展?》，《管理世界》2021 年第 10 期。

60. 刘宝华、罗宏、周微、杨行：《社会信任与股价崩盘风险》，《财贸经济》2016 年第 9 期。

61. 刘斌、李磊、莫骄：《社会信任影响 FDI 的区位选择吗?》，《财贸研究》2011 年第 6 期。

62. 刘凤委、李琳、薛云奎：《信任、交易成本与商业信用模式》，《经济研究》2009 年第 8 期。

63. 刘蓝予、周黎安、吴琦：《传统商业文化的长期经济影响——基于明清商帮的实证研究》，《管理世界》2021 年第 11 期。

64. 刘莉亚、周舒鹏、闵敏、温梦瑶：《环境行政处罚与债券市场反应》，《财经研究》2022 年第 4 期。

65. 刘淑春、闫津臣、张思雪、林汉川：《企业管理数字化变革能提升投入产出效率吗》，《管理世界》2021 年第 5 期。

66. 罗党论：《市场环境、政治关系与企业资源配置》，北京：经济管理出版社 2010 年版。

67. 罗家德、李智超：《乡村社区自组织治理的信任机制初探——以一个村民经济合作组织为例》，《管理世界》2012 年第 10 期。

68. 罗进辉、巫奕龙：《数字化运营水平与真实盈余管理》，《管理科学》2021 年第 4 期。

69. 吕朝凤、陈汉鹏、Santos López - Leyva：《社会信任、不完全契约与长期经济增长》，《经济研究》2019 年第 3 期。

70. 马德芳、邱保印：《社会信任、企业违规与市场反应》，《中南财经政法大学学报》2016 年第 6 期。

71. ［德］马克斯·韦伯：《新教伦理与资本主义精神》，北京：社会科学文献出版社 2010 年版。

72. 孟庆斌、李昕宇、张鹏：《员工持股计划能够促进企业创新吗？——基于企业员工视角的经验证据》，《管理世界》2019 年第 11 期。

73. 潘越、戴亦一、吴超鹏、刘建亮：《社会资本、政治关系与公司投资决策》，《经济研究》2009 年第 11 期。

74. 潘越、吴超鹏、史晓康：《社会资本、法律保护与 IPO 盈余管理》，《会计研究》2010 年第 5 期。

75. 彭泗清：《关系与信任：中国人人际信任的一项本土研究》，北京：社会科学文献出版社 2000 年版。

76. 皮天雷：《法与金融的中国逻辑与演变》，北京：中国金融出版社 2013 年版。

77. 戚聿东、杜博、温馨：《国有企业数字化战略变革：使命嵌入与模式选择——基于 3 家中央企业数字化典型实践的案例研究》，《管理世界》2021 年第 11 期。

78. 戚聿东、肖旭：《数字经济时代的企业管理变革》，《管理世界》2020 年第 6 期。

79. 齐秀琳、伍骏骞：《身份异质性、差序格局与社会信任》，《中南财经政法大学学报》2017 年第 2 期。

80. 邱保印、程博：《社会信任与企业多层股权结构》，《会计研究》2021 年第 3 期。

81. 权小锋、吴世农、文芳：《管理层权力、私有收益与薪酬操纵》，

《经济研究》2010 年第 11 期。

82. ［波兰］什托姆普卡：《信任——一种社会学理论》，北京：中华书局 2005 年版。

83. 沈国兵、袁征宇：《企业互联网化对中国企业创新及出口的影响》，《经济研究》2020 年第 1 期。

84. 沈岿：《社会信用体系建设的法治之道》，《中国法学》2019 年第 5 期。

85. 史宇鹏、李新荣：《公共资源与社会信任：以义务教育为例》，《经济研究》2016 年第 5 期。

86. 孙铮、刘凤委、李增泉：《市场化程度、政府干预与企业债务期限结构——来自我国上市公司的经验证据》，《经济研究》2005 年第 5 期。

87. 谭志东、赵洵、潘俊、谭建华：《数字化转型的价值：基于企业现金持有的视角》，《财经研究》2022 年第 3 期。

88. 万建香、汪寿阳：《社会资本与技术创新能否打破“资源诅咒”？——基于面板门槛效应的研究》，《经济研究》2016 年第 12 期。

89. 王东京：《中国经济体制改革的理论逻辑与实践逻辑》，《管理世界》2018 年第 4 期。

90. 王鹏：《投资者保护、代理成本与公司绩效》，《经济研究》2008 年第 2 期。

91. 王若磊：《信用、法治与现代经济增长的制度基础》，《中国法学》2019 年第 2 期。

92. 王伟：《论社会信用法的立法模式选择》，《中国法学》2021 年第 1 期。

93. 王小鲁、胡李鹏、樊纲：《中国分省份市场化指数报告 2021》，北京：社会科学文献出版社 2021 年版。

94. 王艳辉、康宁：《社会信任、法制水平与债务布置结构——一个基于非正式制度视角的实证检验》，《第十届中国实证会计国际研讨会论文集》，2011 年。

95. 王正位、王新程：《信任与捐赠：社会网络在捐赠型众筹中的认证作用》，《管理世界》2021 年第 3 期。

96. 韦倩、孙瑞琪、姜树广、叶航：《协调性惩罚与人类合作的演化》，《经济研究》2019 年第 7 期。

97. 吴非、胡慧芷、林慧妍、任晓怡：《企业数字化转型与资本市场表现——来自股票流动性的经验证据》，《管理世界》2021 年第 7 期。

98. 吴小康：《关于统计显著与经济显著的若干讨论》，《经济学动态》2019年第1期。

99. 夏常源、毛谢恩、余海宗：《社保缴费与企业管理数字化》，《会计研究》2022年第1期。

100. 夏立军、陈信元：《市场化进程、国企改革策略与公司治理结构的内生决定》，《经济研究》2007年第7期。

101. 夏立军、方轶强：《政府控制、治理环境与公司价值——来自中国证券市场的经验证据》，《经济研究》2005年第5期。

102. 肖静华、吴小龙、谢康、吴瑶：《信息技术驱动中国制造转型升级——美的智能制造跨越式战略变革纵向案例研究》，《管理世界》2021年第3期。

103. 肖土盛、吴雨珊、亓文韬：《数字化的翅膀能否助力企业高质量发展——来自企业创新的经验证据》，《经济管理》2022年第5期。

104. 肖作平：《委托代理关系、投资者法律保护与公司价值》，《证券市场导报》2012年第12期。

105. 徐淑英、边燕杰、郑国汉：《中国民营企业的管理和绩效》，北京：北京大学出版社2008年版。

106. 徐淑英、刘忠明：《中国企业管理的前沿研究》，北京：北京大学出版社2004年版。

107. 徐现祥、刘毓芸、肖泽凯：《方言与经济增长》，《经济学报》，2015年第2期。

108. 杨德明、毕建琴：《"互联网+"、企业家对外投资与公司估值》，《中国工业经济》2019年第6期。

109. 杨德明、刘泳文：《"互联网+"为什么加出了业绩》，《中国工业经济》2018年第5期。

110. 杨德明、夏小燕、金淞宇、林丹滢、马晴：《大数据、区块链与上市公司审计费用》，《审计研究》2020年第4期。

111. 杨国超、邝玉珍、梁上坤：《基础设施建设与企业成本管理决策：基于高铁通车的证据》，《世界经济》2021年第9期。

112. 杨慧：《现代社会的信任重构》，《中国特色社会主义研究》2020年第2期。

113. 杨继彬、李善民、杨国超、吴文锋：《省际双边信任与资本跨区域流动——基于企业异地并购的视角》，《经济研究》2021年第4期。

114. 杨金玉、彭秋萍、葛震霆：《数字化转型的客户传染效应——供应商创新视角》,《中国工业经济》2022年第8期。

115. 杨明、孟天广、方然:《变迁社会中的社会信任:存量与变化——1990—2010年》,《北京大学学报(哲学社会科学版)》2011年第6期。

116. 杨耀武、张平:《中国经济高质量发展的逻辑、测度与治理》,《经济研究》2021年第1期。

117. 易露霞、吴非、徐斯旸:《企业数字化转型的业绩驱动效应研究》,《证券市场导报》2021年第8期。

118. 余明桂、王俐璇、赵文婷、胡彦琦:《专利质押、融资约束与企业劳动雇佣》,《数量经济技术经济研究》2022年第9期。

119. 余泳泽、郭梦华、胡山:《社会失信环境与民营企业成长——来自城市失信人的经验证据》,《中国工业经济》2020年第9期。

120. 袁淳、肖土盛、耿春晓、盛誉:《数字化转型与企业分工:专业化还是纵向一体化》,《中国工业经济》2021年第9期。

121. 袁新峰:《关于政务诚信与社会信用体系建设关系的思考》,《征信》2013年第5期。

122. 张敦力、李四海:《社会信任、政治关系与民营企业银行贷款》,《会计研究》2012年第8期。

123. 张克中、何凡、黄永颖、崔小勇:《税收优惠、租金分享与公司内部收入不平等》,《经济研究》2021年第6期。

124. 张树华、王阳亮:《制度、体制与机制:对国家治理体系的系统分析》,《管理世界》2022年第1期。

125. 张维迎、柯荣住:《信任及其解释:来自中国的跨省调查分析》,《经济研究》2002年第10期。

126. 张文魁:《我国企业发展政策的历史逻辑与未来取向》,《管理世界》2021年第12期。

127. 赵璨、陈仕华、曹伟:《"互联网+"信息披露:实质性陈述还是策略性炒作——基于股价崩盘风险的证据》,《中国工业经济》2020年第3期。

128. 赵宸宇、王文春、李雪松:《数字化转型如何影响企业全要素生产率》,《财贸经济》2021年第7期。

129. 赵家章、池建宇:《信任、正式制度与中国对外贸易发展——来自全球65个国家的证据》,《中国软科学》2014年第1期。

130. 赵岩青、何广文:《声誉机制、信任机制与小额信贷》,《金融论坛》2008年第1期。

131. 郑也夫、彭泗清：《中国社会中的信任》，北京：中国城市出版社2003年版。

132. 郑志刚、邓贺斐：《法律环境差异和区域金融发展——金融发展决定因素基于我国省级面板数据的考察》，《管理世界》2010年第6期。

133. 郑志刚、许荣、徐向江、赵锡军：《公司章程条款的设立、法律对投资者权力保护和公司治理——基于我国A股上市公司的证据》，《管理世界》2011年第7期。

134. 郑志刚：《法律外制度的公司治理角色——一个文献综述》，《管理世界》2007年第9期。

135. 周茂、陆毅、杜艳、姚星：《开发区设立与地区制造业升级》，《中国工业经济》2018年第3期。

136. 邹宇春、敖丹、李建栋：《中国城市居民的信任格局及社会资本影响——以广州为例》，《中国社会科学》2012年第5期。

二、英文部分

1. Abebe, M. A. and Acharya, K., 2022, "Founder CEOs and Corporate Environmental Violations: Evidence from S&P 1500 Firms", *Business Strategy and the Environment*, vol. 31 (3), pp. 1204 – 1219.

2. Acemoglu, D. and Robinson, J. A., 2000a, "Why Did the West Extend the Franchise? Democracy, Inequality, and Growth in Historical Perspective", *Quarterly Journal of Economics*, vol. 115 (4), pp. 1167 – 1199.

3. Acemoglu, D. and Robinson, J. A., 2000b, "Political Losers as a Barrier to Economic Development", *American Economic Review*, vol. 90 (2), pp. 126 – 130.

4. Acemoglu, D. and Robinson, J. A., 2001, "A Theory of Political Transitions", *American Economic Review*, vol. 91 (4), pp. 938 – 963.

5. Adams, R. B., De Haan, J., Terjesen, S. and van Ees, H., 2015, "Board Diversity: Moving the Field Forward", *Corporate Governance: An International Review*, vol. 23 (2), pp. 77 – 82.

6. Afzali, M., Silvola, H. and Terjesen, S., 2022, "Social Capital and Board Gender Diversity", *Corporate Governance: An International Review*, vol. 30 (4), pp. 461 – 481.

7. Aghion, P. and Howitt, P., 1992, "A Model of Growth through Crea-

tive Destruction", *Econometrica*, vol. 60 (2), pp. 323 - 352.

8. Aghion, P., Algan, Y., Cahuc, P. and Shleifer, A., 2010, "Regulation and Distrust", *Quarterly Journal of Economics*, vol. 125 (3), pp. 1015 - 1049.

9. Aghion, P., Van Reenen, J. and Zingales, L., 2013, "Innovation and Institutional Ownership", *American Economic Review*, vol. 103 (1), pp. 277 - 304.

10. Ahern, K. R., Daminelli, D. and Fracassi, C., 2015, "Lost in Translation? The Effect of Cultural Values on Mergers around the World", *Journal of Financial Economics*, vol. 117 (1), pp. 165 - 189.

11. Allen, F., Qian, J. and Qian, M., 2005, "Law, Finance, and Economic Growth in China", *Journal of Financial Economics*, vol. 77 (1), pp. 57 - 116.

12. Allen, F., Qian, J. and Zhang, C., 2011, "An Alternative View on Law, Institutions, Finance and Growth", Working Paper.

13. Almond, G. A., and Verba, S., 1963, The Civic Culture: Political Attitudes and Democracy in Five Nations, *Princeton University Press.*

14. Ang, J. S., Cheng, Y. M. and Wu, C. P., 2015, "Trust, Investment, and Business Contracting", *Journal of Financial and Quantitative Analysis*, vol. 50 (3), pp. 569 - 595.

15. Arrow, K. J., 1972, "Gifts and Exchanges", *Philosophy and Public Affairs*, pp. 343 - 362.

16. Baik, B., Kang, J. and Kim, J., 2010, "Local Institutional Investors, Information Asymmetries, and Equity Returns", *Journal of Financial Economics*, vol. 97 (1), pp. 81 - 106.

17. Baker, A. C., Larcker, D. F. and Wang, C. C., 2022, "How Much should We Trust Staggered Difference - in - Differences Estimates?", *Journal of Financial Economics*, vol. 144 (2), pp. 370 - 395.

18. Baker, H. K., Pandey, N., Kumar, S. and Haldar, A., 2020, "A Bibliometric Analysis of Board Diversity: Current Status, Development, and Future Research Directions", *Journal of Business Research*, vol. 108, pp. 232 - 246.

19. Barber, B., 1983, The Logic and Limits of Trust, *Rutgers University Press.*

20. Baron, R. M. and Kenny, D. A., 1986, "The Moderator - Mediator Variable Distinction in Social Psychological Research: Conceptual, Strategic, and Statistical Considerations.", *Journal of Personality and Social Psychology*, vol. 51 (6), pp. 1173 -1182.

21. Baysinger, B. D., Kosnik, R. D. and Turk, T. A., 1991, "Effects of Board and Ownership Structure on Corporate R&D Strategy", *Academy of Management Journal*, vol. 34 (1), pp. 205 -214.

22. Beck, T., Levine, R. andLevkov, A., 2010, "Big Bad Banks? The Winners and Losers from Bank Deregulation in the United States", *Journal of Finance*, vol. 65 (5), pp. 1637 -1667.

23. Bellah, R., 1985, "Individualism and Commitment in American Life", *Berkeley Journal of Sociology*, vol. 30, pp. 117 -141.

24. Belloc, F., 2012, "Corporate Governance and Innovation: A Survey", *Journal of Economic Surveys*, vol. 26 (5), pp. 835 -864.

25. Bennedsen, M., Nielsen, K. M., Pérez - Gonzúlez, F. and Wolfenzon, D., 2007, "Inside the Family Firm: The Role of Families in Succession Decisions and Performance", *Quarterly Journal of Economics*, vol. 122 (2), pp. 647 -691.

26. Bentley, K. A., Omer, T. C. and Sharp, N. Y., 2013, "Business Strategy, Financial Reporting Irregularities, and Audit Effort", *Contemporary Accounting Research*, vol. 30 (2), pp. 780 -817.

27. Berle, A. and Means, G., 1932, The Modern Corporation and Private Property, *Macmillan Press*.

28. Bertrand, M. and Mullainathan, S., 2003, "Enjoying the Quiet Life? Corporate Governance and Managerial Preferences", *Journal of Political Economy*, vol. 111 (5), pp. 1043 -1075.

29. Bertrand, M., Johnson, S., Samphantharak, K. and Schoar, A., 2008, "Mixing Family with Business: A Study of Thai Business Groups and the Families behind Them", *Journal of Financial Economics*, vol. 88 (3), pp. 466 -498.

30. Beugelsdijk, S. and Klasing, M. J., 2016, "Diversity and Trust: The Role of Shared Values", *Journal of Comparative Economics*, vol. 44 (3), pp. 522 -540.

31. Beugelsdijk, S., De Groot, H. L. and Van Schaik, A. B., 2004,

"Trust and Economic Growth: A Robustness Analysis", *Oxford Economic Papers*, vol. 56 (1), pp. 118 - 134.

32. Bottazzi, L., Da Rin, M. and Hellmann, T., 2016, "The Importance of Trust for Investment: Evidence from Venture Capital", *Review of Financial Studies*, vol. 29 (9), pp. 2283 - 2318.

33. Boulouta, I., 2013, "Hidden Connections: The Link Between Board Gender Diversity and Corporate Social Performance", *Journal of Business Ethics*, vol. 113 (2), pp. 185 - 197.

34. Bouzzine, Y. D. and Lueg, R., 2020, "The Contagion Effect of Environmental Violations: The Case of Dieselgate in Germany", *Business Strategy and the Environment*, vol. 29 (8), pp. 3187 - 3202.

35. Bradley, M., Jarrel, G. and Kim, E. H., 1984, "On the Existence of an Optimal Board Composition, and Ownership Structure: The Case of Banking", *Journal of Finance*, vol. 39, pp. 857 - 878.

36. Brieger, S. A., Francoeur, C., Welzel, C. and Ben - Amar, W., 2019, "Empowering Women: The Role of Emancipative Forces in Board Gender Diversity", *Journal of Business Ethics*, vol. 155 (2), pp. 495 - 511.

37. Bris, A., Goetzmann, W. N. and Zhu, N., 2007, "Efficiency and the Bear: Short Sales and Markets around the World", *Journal of Finance*, vol. 62 (3), pp. 1029 - 1079.

38. Brodmann, J., Hossain, A. and Singhvi, M., 2022, "Chief Executive Officer Power and Board Gender Diversity", *Finance Research Letters*, Forthcoming.

39. Brown, J. R., Martinsson, G. and Petersen, B. C., 2013, "Law, Stock Markets, and Innovation", *Journal of Finance*, vol. 68 (4), pp. 1517 - 1549.

40. Burt R. S., 1992, Structural Holes, *Harvard University Press.*

41. Bushman, R. M., Piotroski, J. D. and Smith, A. J., 2004, "What Determines Corporate Transparency?", *Journal of Accounting Research*, vol. 42 (2), pp. 207 - 252.

42. Butter, F. and Mosch, R., 2003, Trade, Trust and Transaction Costs, *Tinderbergen Discussion Paper.*

43. Cai, H. and Liu, Q., 2009, "Competition and Corporate Tax Avoidance: Evidence from Chinese Industrial Firms", *Economic Journal*, vol. 119

(537), pp. 764 - 795.

44. Camerer, C. F. and Thaler, R. H., 1995, "Anomalies: Ultimatums, Dictators and Manners", *Journal of Economic Perspectives*, vol. 9 (2), pp. 209 - 219.

45. Campbell, K. and Minguez Vera, A., 2010, "Female Board Appointments and Firm Valuation: Short and Long - Term Effects", *Journal of Management and Governance*, vol. 14 (1), pp. 37 - 59.

46. Cao, C., Xia, C. and Chan, K. C., 2016, "Social Trust and Stock Price Crash Risk: Evidence from China", *International Review of Economics and Finance*, vol. 46, pp. 148 - 165.

47. Cao, F., Ye, K., Zhang, N. and Li, S., 2018, "Trade Credit Financing and Stock Price Crash Risk", *Journal of International Financial Management and Accounting*, vol. 29 (1), pp. 30 - 56.

48. Carlin, B. I., Dorobantu, F. and Viswanathan, S., 2009, "Public Trust, the Law, and Financial Investment", *Journal of Financial Economics*, vol. 92 (3), pp. 321 - 341.

49. Carrasco, A., Francoeur, C., Labelle, R., Laffarga, J. and Ruiz - Barbadillo, E., 2015, "Appointing Women to Boards: Is there a Cultural Bias?", *Journal of Business Ethics*, vol. 129 (2), pp. 429 - 444.

50. Catalyst., 2015. 2014 Catalyst census: Women Board Directors (Report).

51. Chan, K. S., 2007, "Trade, Social Values, and the Generalized Trust", *Southern Economic Journal*, vol. 73 (3), pp. 733 - 753.

52. Chattopadhyay, S., Panigrahi, P. and Atik, F., 2018, "Spectral Radius of Power Graphs on Certain Finite Groups", *Indagationes Mathematicae*, vol. 29 (2), pp. 730 - 737.

53. Chen, D., Liu, X. and Wang, C., 2016, "Social Trust and Bank Loan Financing: Evidence from China", *Journal of Accounting, Finance and Business Studies*, vol. 52 (3), pp. 374 - 403.

54. Chen, K. C., Chen, Z. and Wei, K. J., 2009, "Legal Protection of Investors, Corporate Governance, and the Cost of Equity Capital", *Journal of Corporate Finance*, vol. 15 (3), pp. 273 - 289.

55. Chen, S., Cai, W. and Jebran, K., 2021, "Does Social Trust Mitigate Earnings Management? Evidence from China", *Emerging Markets Finance*

and Trade, vol. 57 (10), pp. 2995 – 3016.

56. Chen, X. and Wan, P., 2020, "Social Trust and Corporate Social Responsibility: Evidence from China", *Corporate Social Responsibility and Environmental Management*, vol. 27 (2), pp. 485 – 500.

57. Cladis, M. S., 1992, A Communitarian Defense of Liberalism: Emile Durkheim and Contemporary Social Theory, *Stanford University Press.*

58. Claessens, S., Djankov, S. and Lang, L. H., 2000, "The Separation of Ownership and Control in East Asian Corporations", *Journal of Financial Economics*, vol. 58 (1 – 2), pp. 81 – 112.

59. Coleman, J. S., 1990, Foundations of Social Theory, *Belknap Press of Harvard University Press.*

60. Colin, M., 2008, "Trust in Financial Markets", Working paper.

61. Cooke, F. L., 2001, "Equal Opportunity? The Role of Legislation and Public Policies in Women's Employment in China", *Women in Management Review*, vol. 16 (7), pp. 334 – 348.

62. Daily, C. M. and Dalton, D. R., 2003, "Women in the Boardroom: A Business Imperative", *Journal of Business Strategy*, vol. 24 (5), pp. 8 – 10.

63. De Chaisemartin, C. and D'Haultfoeuille, X., 2020, "Two – Way Fixed Effects Estimators with Heterogeneous Treatment Effects", *American Economic Review*, vol. 110 (9), pp. 2964 – 2996.

64. Demirgüç – Kunt, A. and Maksimovic, V., 1998, "Law, Finance, and Firm Growth", *Journal of Finance*, vol. 53 (6), pp. 2107 – 2137.

65. Deutsch, M., 1958, "Trust and Suspicion", *Journal of Conflict Resolution*, vol. 2 (4), pp. 265 – 279.

66. Dittmar, A., Mahrt – Smith, J. and Servaes, H., 2003, "International Corporate Governance and Corporate Cash Holdings", *Journal of Financial and Quantitative Analysis*, vol. 38 (1), pp. 111 – 133.

67. Djankov, S., La Porta, R., Lopez – de – Silanes, F. and Shleifer, A., 2008, "The Law and Economics of Self – Dealing", *Journal of Financial Economics*, vol. 88 (3), pp. 430 – 465.

68. Dong, W., Han, H. L., Ke, Y. and Chan, K. C., 2018, "Social Trust and Corporate Misconduct: Evidence from China", *Journal of Business Ethics*, vol. 151 (2), pp. 539 – 562.

69. Dong, W., Ke, Y., Li, S., Chen, X. and Wan, P., 2021, "Does

Social Trust Restrain Excess Perk Consumption? Evidence from China", *International Review of Economics and Finance*, vol. 76, pp. 1078 - 1092.

70. Du, X., 2016, "Does Confucianism Reduce Board Gender Diversity? Firm - Level Evidence from China", *Journal of Business Ethics*, vol. 136 (2), pp. 399 - 436.

71. Duarte, J., Siegel, S. and Young, L., 2012, "Trust and Credit: The Role of Appearance in Peer - to - Peer Lending", *Review of Financial Studies*, vol. 25 (8), pp. 2455 - 2484.

72. Dyck, A. and Zingales, L., 2004, "Control Premiums and the Effectiveness of Corporate Governance Systems", *Journal of Applied Corporate Finance*, vol. 16 (2 - 3), pp. 51 - 72.

73. Ellickson, R., 1991, Order Without Law: How Neighbors Settle Disputes, Cambridge and London, *Harvard University Press.*

74. Eun, C. S., Wang, L. and Xiao, S. C., 2015, "Culture and R^2", *Journal of Financial Economics*, vol. 115 (2), pp. 283 - 303.

75. Faccio, M. and Lang, L. H., 2002, "The Ultimate Ownership of Western European Corporations", *Journal of Financial Economics*, vol. 65 (3), pp. 365 - 395.

76. Falk, A. and Hermle, J., 2018, "Relationship of Gender Differences in Preferences to Economic Development and Gender Equality", *Science*, vol. 362 (6412).

77. Fama, E. F., 1980, "Agency Problems and the Theory of the Firm", *Journal of Political Economy*, vol. 88 (2), pp. 288 - 307.

78. Fan, J. P. H. and Wong, T. J., 2002, "Corporate Ownership and the Informativeness of Accounting Information", *Journal of Accounting and Economics*, vol. 33, pp. 401 - 425.

79. Fan, J. P. H. and Wong, T. J., 2005, "Do External Auditors Perform a Corporate Governance Role in Emerging Markets? Evidence from East Asia", *Journal of Accounting Research*, vol. 43 (1), pp. 35 - 72.

80. Fan, J. P. H., Wong, T. J. and Zhang, T., 2012, "Founder Succession and Accounting Properties", *Contemporary Accounting Research*, vol. 29 (1), pp. 283 - 311.

81. Fan, J. P. H., Wong, T. J. and Zhang, T., 2013, "Institutions and Organizational Structure: The Case of State - Owned Corporate Pyramids",

Journal of Law, Economics, and Organization, vol. 29 (6), pp. 1217 – 1252.

82. Ferrary, M., 2003, "Trust and Social Capital in the Regulation of Lending Activities", *Journal of Socio – Economics*, vol. 31 (6), pp. 673 – 699.

83. Froot, K. A. and Dabora, E. M., 1999, "How are Stock Prices Affected by the Location of Trade?", *Journal of Financial Economics*, vol. 53 (2), pp. 189 – 216.

84. Fukuyama, F., 1995, "Social Capital and the Global Economy", *Foreign Affairs*, vol. 74 (5), pp. 89 – 103.

85. Fukuyama, F., 1995, Trust: Social Virtues and the Creation of Prosperity, *New York: Free Press.*

86. Gambetta, D., 1988, Trust: Making and Breaking Cooperative Relations, *Blackwell Publishing.*

87. Gao, H., Lin, Y. and Ma, Y., 2016, "Sex Discrimination and Female Top Managers: Evidence from China", *Journal of Business Ethics*, vol. 138 (4), pp. 683 – 702.

88. Gao, P. and Lei, Y., 2021, "Communication Infrastructure and Stabilizing Food Prices: Evidence from the Telegraph Network in China", *American Economic Journal: Applied Economics*, vol. 13 (3), pp. 65 – 101.

89. Garrett, J., Hoitash, R. and Prawitt, D. F., 2014, "Trust and Financial Reporting Quality", *Journal of Accounting Research*, vol. 52 (5), pp. 1087 – 1125.

90. Giddens, A., 1984, The Constitution of Society, *Polity Press.*

91. Gilje, E. P., 2016, "Do Firms Engage in Risk – Shifting? Empirical Evidence", *Review of Financial Studies*, vol. 29 (11), pp. 2925 – 2954.

92. Goodman – Bacon, A., 2021, "Difference – in – Differences with Variation in Treatment Timing", *Journal of Econometrics*, vol. 225 (2), pp. 254 – 277.

93. Granovetter, M., 1985, "The Problem of Embeddedness", *American Journal of Sociology*, vol. 91 (3), pp. 481 – 510.

94. Grosvold, J. and Brammer, S., 2011, "National Institutional Systems as Antecedents of Female Board Representation: An Empirical Study", *Corporate Governance: An International Review*, vol. 19 (2), pp. 116 – 135.

95. Grosvold, J., Rayton, B. and Brammer, S., 2016, "Women on Corporate Boards: A Comparative Institutional Analysis", *Business and Society*,

vol. 55 (8), pp. 1157 – 1196.

96. Gugler, K., 2001, Corporate Governance and Economic Performance, *Oxford University Press.*

97. Guiso, L., Sapienza, P. and Zingales, L., 2004, "The Role of Social Capital in Financial Development", *American Economic Review*, vol. 94 (3), pp. 526 – 556.

98. Guiso, L., Sapienza, P. and Zingales, L., 2006, "Does Culture Affect Economic Outcomes?", *Journal of Economic Perspectives*, vol. 20 (2), pp. 23 – 48.

99. Guiso, L., Sapienza, P. and Zingales, L., 2008a, "Social Capital as Good Culture", *Journal of the European Economic Association*, vol. 6 (2 – 3), pp. 295 – 320.

100. Guiso, L., Sapienza, P. and Zingales, L., 2008b, "Trusting the Stock Market", *Journal of Finance*, vol. 63 (6), pp. 2557 – 2600.

101. Guiso, L., Sapienza, P. and Zingales, L., 2009, "Cultural Biases in Economic Exchange?", *Quarterly Journal of Economics*, vol. 124 (3), pp. 1095 – 1131.

102. Hall, R. E. and Jones, C. I., 1999, "Why do some Countries Produce So Much More Output Per Worker than Others?", *Quarterly Journal of Economics*, vol. 114 (1), pp. 83 – 116.

103. Harrison, D. A. and Klein, K. J., 2007, "What's the Difference? Diversity Constructs as Separation, Variety, or Disparity in Organizations", *Academy of Management Review*, vol. 32 (4), pp. 1199 – 1228.

104. Holmström, B., 1999, "Managerial Incentive Problems: A Dynamic Perspective", *Review of Economic Studies*, vol. 66 (1), pp. 169 – 182.

105. Hong, H. and Stein, J. C., 2003, "Differences of Opinion, Short – Sales Constraints, and Market Crashes", *Review of Financial Studies*, vol. 16 (2), pp. 487 – 525.

106. Hsu, P., Tian, X. and Xu, Y., 2014, "Financial Development and Innovation: Cross – Country Evidence", *Journal of Financial Economics*, vol. 112 (1), pp. 116 – 135.

107. Inkpen, A. C. and Currall, S. C., 1998, "The Nature, Antecedents, and Consequences of Joint Venture Trust", *Journal of International Management*, vol. 4 (1), pp. 1 – 20.

108. Innes, R., 2000, "Self - Reporting in Optimal Law Enforcement When Violators Have Heterogeneous Probabilities of Apprehension", *Journal of Legal Studies*, vol. 29 (1), pp. 287 - 300.

109. Isidro, H. and Sobral, M., 2015, "The Effects of Women on Corporate Boards on Firm Value, Financial Performance, and Ethical and Social Compliance", *Journal of Business Ethics*, vol. 132 (1), pp. 1 - 19.

110. Istrefi, K. and Piloiu, A., 2013, "Economic Policy Uncertainty, Trust and Inflation Expectations", Working Paper.

111. Jensen, M. C. and Meckling, W., 1976, "Theory of the Firm: Managerial Behavior, Agency Costs and Ownership Structure", *Journal of Financial Economics*, vol. 3 (3), pp. 305 - 360.

112. Jensen, M. C., 1986, "Agency Costs of Free Cash Flow, Corporate Finance, and Takeovers", *American Economic Review*, vol. 76 (2), pp. 323 - 329.

113. Jensen, M. C., 1993, "The Modern Industrial Revolution, Exit, and the Failure of Internal Control Systems", *Journal of Finance*, vol. 48 (3), pp. 831 - 880.

114. Jiang, F. and Kim, K. A., 2015, "Corporate Governance in China: A Modern Perspective", *Journal of Corporate Finance*, vol. 32, pp. 190 - 216.

115. Jin, L. and Myers, S. C., 2006, "R^2 around the World: New Theory and New Tests", *Journal of Financial Economics*, vol. 79 (2), pp. 257 - 292.

116. John, K., Litov, L. and Yeung, B., 2008, "Corporate Governance and Risk - Taking", *Journal of Finance*, vol. 63 (4), pp. 1679 - 1728.

117. Kanagaretnam, K., Lee, J., Lim, C. Y. and Lobo, G., 2018, "Societal Trust and Corporate Tax Avoidance", *Review of Accounting Studies*, vol. 23 (4), pp. 1588 - 1628.

118. Kanter, R. M., 1977, Men and Women of the Corporation, *Basic Books*.

119. Kauffmann, D., Kraay, A. and Mastruzzi, M., 2010, "The Worldwide Governance Indicators: A Summary of Methodology, Data and Analytical Issues", World Bank Policy Research Working Paper.

120. Knack, S. and Keefer, P., 1997, "Does Social Capital Have an

Economic Payoff? A Cross – Country Investigation", *Quarterly Journal of Economics*, *vol.* 112 (4), pp. 1251 – 1288.

121. Koh, E., 2008, "Gender Issues and Confucian Scriptures: Is Confucianism Incompatible with Gender Equality in South Korea?", *Bulletin of the School of Oriental and African Studies*, vol. 71 (2), pp. 345 – 362.

122. Kreps, D. M., Milgrom, P., Roberts, J. and Wilson, R., 1982, "Rational Cooperation in the Finitely Repeated Prisoners' Dilemma", *Journal of Economic Theory*, vol. 27 (2), pp. 245 – 252.

123. Krugman, P., 1979, "A Model of Innovation, Technology Transfer, and the World Distribution of Income", *Journal of Political Economy*, vol. 87 (2), pp. 253 – 266.

124. Kumar, K. B., Rajan, R. G. and Zingales, L., 1999, "What Determines Firm Size?", Working Paper.

125. La Ferrara, E., Chong, A. and Duryea, S., 2012, "Soap Operas and Fertility: Evidence from Brazil", *American Economic Journal: Applied Economics*, vol. 4 (4), pp. 1 – 31.

126. La Porta, R., Lopez – de – Silanes, F., Shleifer, A. and Vishny, R. W., 1997, "Legal Determinants of External Finance", *Journal of Finance*, vol. 52 (3), pp. 1131 – 1150.

127. La Porta, R., Lopez – de – Silanes, F., Shleifer, A. and Vishny, R. W., 1997, "Trust in Large Organizations", *American Economic Review*, vol. 87 (2), pp. 333 – 338.

128. La Porta, R., Lopez – de – Silanes, F., Shleifer, A. and Vishny, R. W., 1998, "Law and Finance", *Journal of Political Economy*, vol. 106 (6), pp. 1113 – 1155.

129. La Porta, R., Lopez – de – Silanes, F., Shleifer, A. and Vishny, R. W., 2000, "Investor Protection and Corporate Governance", *Journal of Financial Economics*, vol. 58 (1 – 2), pp. 3 – 27.

130. La Porta, R., Lopez – de – Silanes, F., Shleifer, A. and Vishny, R. W., 2002, "Investor Protection and Corporate Valuation", *Journal of Finance*, vol. 57 (3), pp. 1147 – 1170.

131. Lacetera, N., 2001, "Corporate Governance and the Governance of Innovation: The Case of Pharmaceutical Industry", *Journal of Management and Governance*, vol. 5 (1), pp. 29 – 59.

132. Laursen, K. and Foss, N. J., 2003, "New Human Resource Management Practices, Complementarities and the Impact on Innovation Performance", *Cambridge Journal of Economics*, vol. 27 (2), pp. 243 - 263.

133. Laursen, K., Masciarelli, F. and Prencipe, A., 2012, "Regions Matter: How Localized Social Capital Affects Innovation and External Knowledge Acquisition", *Organization Science*, vol. 23 (1), pp. 177 - 193.

134. Lazear, E. P. and Rosen, S., 1981, "Rank - Order Tournaments as Optimum Labor Contracts", *Journal of Political Economy*, vol. 89 (5), pp. 841 - 864.

135. Lazonick, W., 2007, "The US Stock Market and the Governance of Innovative Enterprise", *Industrial and Corporate Change*, vol. 16 (6), pp. 983 - 1035.

136. Levine, R., 1998, "The Legal Environment, Banks, and Long - Run Economic Growth", *Journal of Money, Credit and Banking*, pp. 596 - 613.

137. Levine, R., 1999, "Law, Finance, and Economic Growth", *Journal of Financial Intermediation*, vol. 8 (1 - 2), pp. 8 - 35.

138. Levine, R., Lin, C. and Xie, W., 2018, "Corporate Resilience to Banking Crises: The Roles of Trust and Trade Credit", *Journal of Financial and Quantitative Analysis*, vol. 53 (4), pp. 1441 - 1477.

139. Lewellyn, K. B. and Muller - Kahle, M. I., 2020, "The Corporate Board Glass Ceiling: The Role of Empowerment and Culture in Shaping Board Gender Diversity", *Journal of Business Ethics*, vol. 165 (2), pp. 329 - 346.

140. Lewis, J. D. and Weigert, A., 1985, Trust as a Social Reality, *Social Forces*.

141. Li, K., Morck, R., Yang, F. and Yeung, B., 2004, "Firm - Specific Variation and Openness in Emerging Markets", *Review of Economics and Statistics*, vol. 86 (3), pp. 658 - 669.

142. Li, X., Wang, S. S. and Wang, X., 2017, "Trust and Stock Price Crash Risk: Evidence from China", *Journal of Banking and Finance*, vol. 76, pp. 74 - 91.

143. Li, X., Wang, S. S. and Wang, X., 2019, "Trust and IPO Underpricing", *Journal of Corporate Finance*, vol. 56, pp. 224 - 248.

144. Lin, J. Y., Cai, F. and Li, Z., 1998, "Competition, Policy Burdens, and State - Owned Enterprise Reform", *American Economic Review*,

vol. 88 (2), pp. 422 – 427.

145. Lin, N., 1990, Social Resources and Social Mobility: A Structural Theory of Status Attainment, *Cambridge University Press.*

146. Lin, N., Ensel, W. M. and Vaughn, J. C., 1981, "Social Resources and Strength of Ties: Structural Factors in Occupational Status Attainment", *American Sociological Review*, vol. 46, pp. 393 – 405.

147. Lins, K. V., Servaes, H. and Tamayo, A., 2017, "Social Capital, Trust, and Firm Performance: The Value of Corporate Social Responsibility during the Financial Crisis", *Journal of Finance*, vol. 72 (4), pp. 1785 – 1824.

148. Liu, B., Huang, W., Chan, K. C. and Chen, T., 2022, "Social Trust and Internal Control Extensiveness: Evidence from China", *Journal of Accounting and Public Policy*, Forthcoming.

149. Liu, C., 2018, "Are Women Greener? Corporate Gender Diversity and Environmental Violations", *Journal of Corporate Finance*, vol. 52, pp. 118 – 142.

150. Lu, Y., Tao, Z. G. and Zhu, L. M., 2017, "Identifying FDI Spillovers", *Journal of International Economics*, vol. 107, pp. 75 – 90.

151. Luhmann, N., 1979, Trust and Power, *John Wiley & Sons.*

152. Ma, R., Ji, Q., Zhai, P. and Yang, R., 2022, "Environmental Violations, Refinancing Risk, and the Corporate Bond Cost in China", *Journal of International Financial Management and Accounting*, Forthcoming.

153. Martín – Ugedo, J. F. and Minguez – Vera, A., 2014, "Firm Performance and Women on the Board: Evidence from Spanish Small and Medium – Sized Enterprises", *Feminist Economics*, vol. 20 (3), pp. 136 – 162.

154. Mayer, C., 2008, "Trust in Financial Markets", *European Financial Management*, vol. 14 (4), pp. 617 – 632.

155. Michie, J. and Sheehan, M., 2003, "Labour Market Deregulation, 'Flexibility' and Innovation", *Cambridge Journal of Economics*, vol. 27 (1), pp. 123 – 143.

156. Mikalef, P. and Pateli, A., 2017, "Information Technology – Enabled Dynamic Capabilities and their Indirect Effect on Competitive Performance: Findings From PLS – SEM and fsQCA", *Journal of Business Research*, vol. 70, pp. 1 – 16.

157. Miozzo, M. and Dewick, P., 2002, "Building Competitive Advantage: Innovation and Corporate Governance in European Construction", *Research Policy*, vol. 31 (6), pp. 989 – 1008.

158. Morck, R., Yeung, B. and Yu, W., 2000, "The Information Content of Stock Markets: Why do Emerging Markets Have Synchronous Stock Price Movements?", *Journal of Financial Economics*, vol. 58 (1 – 2), pp. 215 – 260.

159. Myers, S. C. and Majluf, N. S., 1984, "Corporate Financing and Investment Decisions When Firms Have Information that Investors do Not Have", *Journal of Financial Economics*, vol. 13 (2), pp. 187 – 221.

160. Nanda, D. and Wysocki, P., 2013, "Trust, External Capital and Financial Transparency", University of Miami Working Paper.

161. Narayanan, M. P., 1985, "Managerial Incentives for Short – Term Results", *Journal of Finance*, vol. 40 (5), pp. 1469 – 1484.

162. Nekhili, M. and Gatfaoui, H., 2013, "Are Demographic Attributes and Firm Characteristics Drivers of Gender Diversity? Investigating Women's Positions on French Boards of Directors", *Journal of Business Ethics*, vol. 118 (2), pp. 227 – 249.

163. Nelson, R. R., 1991, "Why do Firms Differ, and How does It Matter?", *Strategic Management Journal*, vol. 12 (2), pp. 61 – 74.

164. Nordhaus, W. D., 1975, "The Political Business Cycle", *Review of Economic Studies*, vol. 42 (2), pp. 169 – 190.

165. North, D. C., 1990, Institutions, Institutional Change and Economic Performance, *Cambridge University Press.*

166. North, D. C., 1994, "Economic Performance through Time", *American Economic Review*, vol. 84 (3), pp. 359 – 368.

167. Pejovich, S., 2006, The Effects of the Interaction of Formal and Informal Institutions on Social Stability and Economic Development, in Institutions, Globalisation and Empowerment, *Edward Elgar Publishing.*

168. Pendakur, K. and Pendakur, R., 2002, "Language as Both Human Capital and Ethnicity", *International Migration Review*, vol. 36 (1), pp. 147 – 177.

169. Peng, M. W. and Zhou, J. Q., 2005, "How Network Strategies and Institutional Transitions Evolve in Asia", *Asia Pacific Journal of Manage-*

ment, vol. 22 (4), pp. 321 – 336.

170. Persson, T. and Tabellini, G., 2002, Do Electoral Cycles Differ across Political Systems? *Stockholm University Press.*

171. Pevzner, M., Xie, F. and Xin, X., 2015, "When Firms Talk, do Investors Listen? The Role of Trust in Stock Market Reactions to Corporate Earnings Announcements", *Journal of Financial Economics*, vol. 117 (1), pp. 190 – 223.

172. Pinotti, P., 2008, "Trust, Honesty, and Regulations", Working Paper.

173. Piotroski, J. D. and Zhang, T., 2014, "Politicians and the IPO Decision: The Impact of Impending Political Promotions on IPO Activity in China", *Journal of Financial Economics*, vol. 111 (1), pp. 111 – 136.

174. Porfírio, J. A., Carrilho, T., Felício, J. A. and Jardim, J., 2021, "Leadership Characteristics and Digital Transformation", *Journal of Business Research*, vol. 124, pp. 610 – 619.

175. Putnam, R. D., 1993, Making Democracy Work: Civic Traditions in Modern Italy, *Princeton University Press.*

176. Putnam, R. D., 1995, "Tuning in, Tuning out: The Strange Disappearance of Social Capital in America", *PS: Political science and politics*, vol. 28 (4), pp. 664 – 683.

177. Qian, Y., 2008, "Impacts of Entry by Counterfeiters", *Quarterly Journal of Economics*, vol. 123 (4), pp. 1577 – 1609.

178. Qin, W., Liang, Q., Jiao, Y., Lu, M. and Shan, Y., 2022, "Social Trust and Dividend Payouts: Evidence from China", *Pacific – Basin Finance Journal*, vol. 72, p. 101726.

179. Qiu, B. and Cheng, B., 2018, "Social Trust and the Multi – Layered Enterprise Equity Structure", *China Journal of Accounting Studies*, vol. 6 (1), pp. 45 – 62.

180. Qiu, B., Yu, J. and Chan, K. C., 2021, "Does Social Trust Restrain Firm Financing Violations? Evidence from China", *Accounting and Finance*, vol. 61 (1), pp. 543 – 560.

181. Qiu, B., Yu, J. and Zhang, K., 2020, "Trust and Stock Price Synchronicity: Evidence from China", *Journal of Business Ethics*, vol. 167 (1), pp. 97 – 109.

182. Ramanna, K. , 2008, "The Implications of Unverifiable Fair – Value Accounting: Evidence from the Political Economy of Goodwill Accounting", *Journal of Accounting and Economics*, vol. 45 (2 – 3), pp. 253 – 281.

183. Rogoff, K. and Sibert, A. , 1988, "Elections and Macroeconomic Policy Cycles", *Review of Economic Studies*, vol. 55 (1), pp. 1 – 16.

184. Roll, R. , 1988, "R^2", *Journal of Finance*, vol. 43 (3), pp. 541 – 566.

185. Romer, P. M. , 1986, "Increasing Returns and Long – Run Growth", *Journal of Political Economy*, vol. 94 (5), pp. 1002 – 1037.

186. Romer, P. M. , 1990, "Endogenous Technological Change", *Journal of Political Economy*, vol. 98 (5, Part 2), pp. S71 – S102.

187. Rose, R. , 1995, "Russia as an Hour – Glass Society: A Constitution without Citizens", *East Eurpean Constitutional Review*, vol. 4, pp. 34 – 42.

188. Rotter, J. B. , 1967, "A New Scale for the Measurement of Interpersonal Trust. ", *Journal of Personality*, vol. 35, pp. 651 – 665.

189. Rousseau, D. M. and Tijoriwala, S. A. , 1998, "Assessing Psychological Contracts: Issues, Alternatives and Measures", *Journal of Organizational Behavior*, vol. 19 (S1), pp. 679 – 695.

190. Sabel, C. F. , 1993, "Studied trust: Building new forms of cooperation in a volatile economy", *Human relations*, vol. 46 (9), pp. 1133 – 1170.

191. Saeed, A. , Sameer, M. , Raziq, M. M. , Salman, A. and Hammoudeh, S. , 2019, "Board Gender Diversity and Organizational Determinants: Empirical Evidence from a Major Developing Country", *Emerging Markets Finance and Trade*, vol. 55 (8), pp. 1803 – 1820.

192. Sapienza, P. , Toldra Simats, A. and Zingales, L. , 2013, "Understanding Trust", *Economic Journal*, vol. 123 (573), pp. 1313 – 1332.

193. Shi, M. and Svensson, J. , 2006, "Political Budget Cycles: Do they Differ across Countries and Why?", *Journal of Public Economics*, vol. 90 (8 – 9), pp. 1367 – 1389.

194. Shipton, H. , Fay, D. , West, M. , Patterson, M. and Birdi, K. , 2005, "Managing People to Promote Innovation", *Creativity and Innovation Management*, vol. 14 (2), pp. 118 – 128.

195. Shleifer, A. and Vishny, R. W. , 1989, "Management Entrenchment: The Case of Manager – Specific Investments", *Journal of Financial Eco-*

nomics, vol. 25 (1), pp. 123 - 139.

196. Shleifer, A. and Wolfenzon, D., 2002, "Investor Protection and Equity Markets", *Journal of Financial Economics*, vol. 66 (1), pp. 3 - 27.

197. Shleifer, A., La Porta, R., Lopez - de - Silanes, F. and Vishny, R. W., 1997, "Trust in Large Organizations", *American Economic Review*, vol. 87 (2), pp. 333 - 338.

198. Smith, P. and Beretta, M., 2021, "The Gordian Knot of Practicing Digital Transformation: Coping with Emergent Paradoxes in Ambidextrous Organizing Structures", *Journal of Product Innovation Management*, vol. 38 (1), pp. 166 - 191.

199. Stein, J. C., 1989, "Efficient Capital Markets, Inefficient Firms: A Model of Myopic Corporate Behavior", *Quarterly Journal of Economics*, vol. 104 (4), pp. 655 - 669.

200. Stiglitz, J. E. and Weiss, A., 1981, "Credit Rationing in Markets with Imperfect Information", *American Economic Review*, vol. 71 (3), pp. 393 - 410.

201. Stulz, R. M. and Williamson, R., 2003, "Culture, Openness, and Finance", *Journal of Financial Economics*, vol. 70 (3), pp. 313 - 349.

202. Terjesen, S. and Singh, V., 2008, "Female Presence on Corporate Boards: A Multi - Country Study of Environmental Context", *Journal of Business Ethics*, vol. 83 (1), pp. 55 - 63.

203. Terjesen, S., Aguilera, R. V. and Lorenz, R., 2015, "Legislating a Woman's Seat on the Board: Institutional Factors Driving Gender Quotas for Boards of Directors", *Journal of Business Ethics*, vol. 128 (2), pp. 233 - 251.

204. Terjesen, S., Sealy, R. and Singh, V., 2009, "Women Directors on Corporate Boards: A Review and Research Agenda", *Corporate Governance: An International Review*, vol. 17 (3), pp. 320 - 337.

205. Thams, Y., Bendell, B. L. and Terjesen, S., 2018, "Explaining Women's Presence on Corporate Boards: The Institutionalization of Progressive Gender - Related Policies", *Journal of Business Research*, vol. 86, pp. 130 - 140.

206. Torchia, M., Calabrò, A. and Huse, M., 2011, "Women Directors on Corporate Boards: From Tokenism to Critical Mass", *Journal of Business Ethics*, vol. 102 (2), pp. 299 - 317.

207. Uslaner, E., 2002, The Moral Foundations of Trust, *Cambridge Uni-*

versity Press.

208. Wang, H., Guo, T. and Tang, Q., 2021, "The Effect of National Culture on Corporate Green Proactivity", *Journal of Business Research*, vol. 131, pp. 140 – 150.

209. Wang, M. and Kelan, E., 2013, "The Gender Quota and Female Leadership: Effects of the Norwegian Gender Quota on Board Chairs and CEOs", *Journal of Business Ethics*, vol. 117 (3), pp. 449 – 466.

210. Weigelt, K. and Camerer, C., 1988, "Reputation and Corporate Strategy: A Review of Recent Theory and Applications", *Strategic Management Journal*, vol. 9 (5), pp. 443 – 454.

211. Weingast, B. R., 1984, "The Congressional – Bureaucratic System: A Principal Agent Perspective (with Applications to the Sec)", *Public Choice*, vol. 44 (1), pp. 147 – 191.

212. Williamson, O., 1975, Markets and Hierarchies: Analysis and Antitrust Implications, *New York: Free Press.*

213. Williamson, O., 1979, "Transaction – Cost Economics: The Governance of Contractual Relations", *Journal of Law and Economics*, vol. 22 (2), pp. 233 – 261.

214. Williamson, O., 1985, The Economic Institutions of Capitalism, *New York: Free Press.*

215. Williamson, O., 1993, "Calculativeness, Trust, and Economic Organization", *Journal of law and economics*, vol. 36 (1, Part 2), pp. 453 – 486.

216. Williamson, O., 1996, The Mechanisms of Governance, *Oxford University Press.*

217. Wrightsman Jr, L. S., 1964, "Measurement of Philosophies of Human Nature", *Psychological Reports*, vol. 14 (3), pp. 743 – 751.

218. Wu, W., Firth, M. and Rui, O. M., 2014, "Trust and the Provision of Trade Credit", *Journal of Banking and Finance*, vol. 39, pp. 146 – 159.

219. Xie, F., Zhang, B. and Zhang, W., 2022, "Trust, Incomplete Contracting, and Corporate Innovation", *Management Science*, vol. 68 (5), pp. 3419 – 3443.

220. Zak, P. J. and Knack, S., 2001, "Trust and Growth", *Economic Journal*, vol. 111 (470), pp. 295 – 321.

附：

与本书紧密相关的学术成果

（1）本书中第3章内容发表于以下期刊：

社会信任与企业多层股权结构［J］. 会计研究，2021（03）：62－71.（作者排序1/2，CSSCI，浙大一级）。

（2）本书中第4章内容发表于以下期刊：

Social Trust and Female Board Representation：Evidence from China. *Journal of Business Ethics*，2022.11已接受．（作者排序1/4，SSCI JCR一区，FT50）。

（3）本书中第6章内容发表于以下期刊：

Trust and Stock Price Synchronicity：Evidence from China. *Journal of Business Ethics*，2020，167：97－109.（作者排序1/3，SSCI JCR一区，FT50）。

（4）本书中第7章内容发表于以下期刊：

Does Social Trust Inhabit Firm Risk Behavior? Evidence from China. *Accounting and Finance*，2021，61（1）：543－560.（作者排序1/3，SSCI JCR二区）。

（5）本书中第9章内容发表于以下期刊：

信任文化影响供应商分布决策吗？［J］. 外国经济与管理，2021，43（07）：54－67.（作者排序2/3，通讯作者，CSSCI）。

（6）本书中第10章内容发表于以下期刊：

社会信用体系建设能否抑制企业环保失信？［J/OL］. 外国经济与管理：1－16［2022－11－15］. DOI：10.16538/j.cnki.fem.20220905.203.（作者排序2/3，CSSCI）。

致谢一

时间像一个小偷，不知不觉间偷走了整个博士学习的时光。2012 年进入贸大的激动与憧憬，仿佛就在昨天。博士学习的过程不仅是人生的一种历练，还凝聚了我的痛苦与欢乐。在这四年里，经历过对一些研究问题的迷惑、冥思苦想、挫败和辛酸，但是每个问题的解决又让我喜出望外，点燃新的希望。写作论文的期待、修改论文的推敲、发表论文的喜悦成为我博士生活的主旋律，庆幸的是终于在这样的循环中完成了我的博士毕业论文。

此论文的顺利完成得益于我的指导教师雷光勇教授，论文从选题到写作的整个过程，都凝聚着导师的心血和指导，每当“山穷水尽”时总是能得到导师“柳暗花明”的点拨。四年的学习生活中，正是导师的悉心指导训练了我的研究思维和方法，导师渊博的知识，创新研究的学术精神时刻影响着我，导师学术严谨谦虚、为人淡泊宽容，是我终身学习的楷模。

我一直觉得自己很幸运，不但自己导师对我关爱有加，其他各位师长也对我照顾备至。感谢刘慧龙副教授如兄长般的耐心，对我基本的学术规范和研究技能方面悉心指导，经常打开被他修改过 100 多处的论文，给我警醒和激励。感谢商学院陈德球教授、祝继高教授、吴革教授、叶陈刚教授的授业之恩与解惑之情。也要特别感谢香港中文大学的王丛教授、张田余教授，他们的授课、讲座、报告使我得以接触到财务、会计领域研究的学术前沿。王丛教授给我提供的香港中文大学研究助理工作，在中大 7 个月时间，王老师和张老师对我在中大的生活关怀备至，他们平易近人的态度使我与他们交流感到非常愉快，这不仅使我得到了许多的学术营养，也丰富了我人生的经历。

而立之年的我，二十余年在读书，在获得最丰盛的精神财富之时，也收获了最真挚的同窗情谊。感谢我的同门王文忠博士，刚进入博士阶段学习，实证研究方法对我如同一面高墙，难以逾越，是他一步步、一点点的帮助，使我得以跨越；也感谢其他同门对我的帮助和支持，他们是姜彭博士、刘茉博士、曹雅丽博士、齐云飞博士，他们认真治学的态度催我上进、促我前行；感谢其他博士同学，王孜、刘经纬、徐伟、褚洪生、宋春霞、张龙天、裘丽、王腾燕，与你们一起学习、交流总是受益颇深；感谢博士后马德芳同学一直以来的陪伴和照顾，每当心中苦闷之时，两个人在北京街头漫无目的地走路，总能让我散去心中的不悦；感谢那么多年一起开心一起胡闹中长大的中学、大学和硕士同学，他们不管是来北京开会、出差、旅游，总会找一些理由来看望我，以我还是学生之名请我吃饭，你们让我体会到友谊的珍贵和生活的乐趣。

感谢我最尊敬的父母，忘不掉父亲在我小学二年级从县城买回的三棱原子笔作为我考出第一名的奖品；忘不掉您初中一年级偷偷送到学校的饼干；忘不掉中考失利后，您怕我失学，把村里读过大学的邻居姐姐哥哥请到咱们家对我的规劝；忘不掉您骑自行车送我去读高中时的背影；忘不掉您走十多公里用人力车拉着麦子去县城高中给我换饭票的情形；忘不掉读大学、硕士期间寒假和暑假开学去赶车，您担着行李送我的那条路。可您没有等到您所守望的精神财富——儿子的毕业与成功，在我读博士三年级时，突然离我们而去，只留给了我深深的思念和永远来不及尽的孝道。我的母亲，未读过书，连自己的名字都写不出来，但在母亲的骨子里，读书一定是一件重要的事情，从小只要拿着本书，母亲都认为是不容打扰的，因此我也逃避了很多的劳动，在本科毕业选择时，读研究生或者去浦发银行工作之间，母亲毫不犹豫地让我选择了继续读书，也就是那时，一个推着人力车在县城大街小巷叫卖番薯的农村妇女所做出的决定，才可以让我今天有机会在会计学术殿堂继续玩耍。

感谢我亲爱的妻子宋冰洁女士，2012 年 9 月博士入学时，妻子怀孕 9 个月，可想，一个待产的妈妈没有丈夫的陪伴有着一种怎样的失落感。随着女儿邱添的出生，多少个夜半被女儿咿咿呀呀声吵醒，多少次出门一手抱娃一手拎着大包小包的等待，多少次女儿生病时在医院的无助，你肯定在心中埋怨，丈夫在哪里？这些仅仅是我的想象。我所看到的，是你默默地、无怨无悔地支撑着这个家继续前行。当然，这些都离不开我岳父、岳母物质、精神、体力的全力支持，要深深感谢他们二老承载了本不该由他们负担的家庭重任，是你们，让我体会到生活的温暖和幸福。

作者

于对外经济贸易大学慧园 502 室

2015 年 12 月 17 日

致谢二

2018年5月3日在微信朋友圈记录下这样一段话:“2006—2018年,正值青年,在美丽的浙江农林大学遇良师、结益友,然匆匆别;今日,已非青年(国家统计局标准,15—34岁为青年),将进入上海财经大学进行博士后工作,开启新的历程,继续保持青年心态。”博后进站仿佛就是昨天,今天已经为博后出站报告做最终的校对工作。回想博后近两年的生活,首先要感谢导师李增泉教授,是他在没有招收博后计划的情况下,为我单独开启了一扇门,能拜入李老师门下、进入上海财经大学会计学院学习是我多年的梦想。导师待人虚怀若谷,谦逊低调,豁达从容,宽厚随和,这些使我深受教益;导师逻辑缜密、思维敏捷,对学生着重思维和研究方法的训练,让我对世界的看法又深了多个层次;导师知识渊博,学术功底深厚,尤其对产权理论、经典文献的解读,常使我茅塞顿开,更觉“柳暗花明又一村”。

我一直觉得自己很幸运,不但自己导师对我关爱有加,其他各位师长对我也照顾备至。特别感谢每周一起讨论班的刘浩教授、唐松教授的授业之恩与解惑之情。感谢浙江农林大学程博教授、上海交通大学俞俊利博士、上海交通大学张括博士、Western Kentucky University 的 Chan 教授,与你们论文合作让我感到非常愉快。感谢财大会计学院孙铮教授、陈信元教授、潘飞教授、靳庆鲁教授、朱凯教授、曾庆生教授、薛爽教授、储一昀教授、赵建勇教授、黄俊教授、何贤杰教授、朱红军教授、赵子夜副教授、蒋德权副教授、黄继章老师,他们的授课、讲座、报告使我得以接触到财务、会计领域研究的学术前沿,这不仅使我得到了许多的学术营养,也丰富了我人生的经历。虽年龄有别,但师门中团结、谦让的师风,使我在获得最丰盛的精神财富同时,也收获了最真挚的同窗情谊。特别感谢同门官峰博士、何开刚博士、杨庆博士、孙安其博士、马杨博士、王俊杰博士、武凯文博士、孟庆玺博士、篮紫文博士、何雁博士、张安婷博士,以及师妹郭雪娇、毛婷,王梦婕、周琦等。感谢会计学院博后同学章贵桥博士、赵刚博士、杨志强博士、李建强博士等。感谢各位师兄、师姐、师弟和师妹的关心、鼓励和帮助。

当然，没有父母的养育，亲情的滋养，怎么可能有我的今天。整个童年我都生活在河南省南部伏牛山与大别山交汇五公里范围的农村，方圆周村最有文化的当属一位黄埔军校毕业的爷爷，因在那个年代这位爷爷特殊的身份，多数村民躲之而不及，但仅有小学文化的父亲却每天晚饭后带我去这位爷爷家串门，甚至在爷爷家生活最困难时期，请爷爷家人搬进了我们家居住，每每在煤油灯下听爷爷讲他求学、打仗的故事，好像给我幼小的心灵打开了一扇通往世界的窗，爷爷的孙子后来成为我们村第一个考上名牌大学的大学生，也为我求学道路上竖起了一座灯塔。父亲的“孟母”精神为我后期的成长埋下了种子，成为我至今取之不尽用之不竭的动力源泉，可是，父亲在我读博士三年级时，突然离我们而去，只留给了我深深的思念和永远来不及尽的孝道。我的母亲，未读过书，连自己的名字都写不出来，但在母亲的骨子里，读书一定是一件重要的事情，从小只要拿着本书，母亲都认为是不容打扰的，因此我也逃避了很多的劳动，在本科毕业选择时，读研究生或者去浦发银行工作之间，母亲毫不犹豫地让我选择了继续读书，也就是那时，一个推着人力车在县城大街小巷叫卖番薯的农村妇女所做出的决定，才可以让我今天还有机会在会计学术殿堂继续玩耍。

感谢我亲爱的妻子宋冰洁女士，我们的大女儿邱添在我博士入学1个月后诞生，可想，一边是正需要照料的幼儿，一边是一个家庭逐渐增加的开支，此时，她的丈夫却远在它城“两耳不闻窗外事”，那种压力和无助，可想而知。去年5月博士后入站，10月份我们的二女儿宋歌来到我们身边，虽然博后期间，我能抽出些时间陪伴孩子，可家庭生活的重担主要压在了妻子身上，她还是时常豁达地开玩笑：“我把两次孕气（运气）助你读完博士和博士后，以后就靠你养家了。”当然，这些也离不开我岳父、岳母物质、精神、体力的全力支持，要深深感谢他们二老承载了本不该由他们负担的家庭重任，是你们，让我体会到生活的温暖和幸福。

作者

于上海财经大学科研楼1346室

2019年12月12日

后 记

历时十年，一本专著落笔了，合起来，像合起了桩桩往事；翻开每一页，十年来的酸甜苦辣和春风得意，又清晰地展现出来。

2012年，带着无比激动的心情开启了博士读书生涯。入学初期导师雷光勇教授从制度视角给我和同一届师门王文忠两个选题，一个是正式制度的官员流动对资源配置的影响，一个是非正式制度社会信任对资源配置的影响。我抢先选择了后者，这一选择，一直持续到今天，已整整十年。未来十年，我在哪里？我做什么研究？我是否还能延续当前研究前行，我现在并不能给自己一个清晰的答案，因为研究，不确定性随时存在，有时候惊喜也可能随时出现。

我把自己的学术生涯大致分为三个阶段：第一阶段（2012—2016年），雄关漫道真如铁，而今迈步从头越。2012年入学博士学习，短暂的兴奋之后，由于硕士阶段农林经济管理专业的学习主要偏重田野调查，进入博士阶段后发现自己在文献积累和方法上的差距极大，感谢香港中文大学会计系张田余教授实证会计研究课程带我进入会计文献入门。紧张学习中于2012年10月11日收获了我亲爱的女儿邱添，还清晰地记得，在产房陪伴媳妇待产时，拿着厚厚英文文献阅读时惊呆了产妇医生和护士。感谢香港中文大学财务系王丛教授给我提供的研究助理机会，王老师不仅给我提供了在香港的学习机会，在香港期间还给予了我各种生活帮助，直至今天王老师仍关心着我的学术进展，让我时常庆幸遇到这么好的老师。感谢同师门王文忠同学带我研究方法STATA入门，在香港期间，我们同住一室，他无私的指导，一直让我受益至今。感谢对外经济贸易大学会计系刘慧龙师兄对我博士期间第一篇实证论文《社会信任、审计师选择与企业投资效率》细致的修改和指导，使得我的实证处女作最终发表在《审计研究》。有了第一篇论文的经验，博士期间的第二篇论文《社会信任、法律执行与股权制衡效果》顺利发表在《证券市场导报》。两篇论文的发表，为我申请博士学位提供了重要基础。

天有不测风云，人有旦夕祸福。正当我着手准备博士大论文时，在2015年春节期间，我的父亲查出胰腺癌晚期，我和导师请了假，也做好了博士延期的准备。基本上和新中国同龄的父亲，世代黄土地打交道的家庭中，有幸读书到小学毕业，从而一边经营田地，一边兼做了村上的会计，这或许为我今天从事的会计专业学习和工作埋下了种子。处理完父亲的后事，我背着沉重的悲伤，又回到了北京，着手我博士论文写作，那段时间，对我来说非常地艰难，时常梦中含泪惊醒，但留给我写博士论文的时间已经非常紧张了。这个阶段感谢我的家人的支持，让我在悲伤中前行，博士阶段要感谢的人太多了，我的老师们、同学们，我都不一一提及，但你们都深深地刻在我的心中。2016年我通过预答辩、外审，正式答辩，站在了领取博士学位的讲台上，那一刻，我悲喜交集，我把我的妈妈、岳母、妻子和女儿一起带到北京，参加了我博士学位颁发过程，我想让她们共同见证我这一生最荣光的时刻。我相信，我的父亲在天堂也一定看到了。

第二阶段（2016—2020年），有人星夜赴考场，有人辞官归故里。博士毕业后我又回到了我原来的单位浙江农林大学工作，这个从2006年开始读研究生，2009年留校工作的学校，留给我人生极大财富的地方，也给我留下了难以愈合的割舍之痛。来浙江读书之前，我几乎从未离开过河南，那时甚至连普通话都不会讲。感谢我硕导石道金教授，读研期间跟随他几乎跑遍了浙江的山山水水，让我看到了另外一个世界。不仅如此，2016年博士学成归来后，受到了当时学院领导的器重，参与了系里的各种事务性工作，参与了学院的多项横向课题，使我得到了一定的历练，但是也同时把我带入另外一个深渊，我不能把博士期间学术延续下去，很长一段时间内，这让我非常焦虑。一边是母校的器重，另一边是自己学术的中断，经过慎重考虑，我离开了培养过我，并给予厚望的母校，去上海财经大学从事博士后研究工作，至今，对于母校浙江农林大学和那些寄予厚望的领导、同事仍抱有歉意和内疚，对培育过我的母校和那些老师们仍然深藏谢意。有人星夜赴考场，有人辞官归故里。感谢上海财经大学时任会计学院院长李增泉教授的收纳，在博士后学习期间，每周的小组会上热烈的讨论，李老师对产权理论的讲解，让我对学术的又进入另外一个阶段。也是在这个阶段，我第二个可爱的女儿于2018年10月9日出生了，她的出生带给了我们全家无限的喜悦，也给我带了另外一份责任。

这个阶段必须要感谢我的一个重要合作者，现在南京审计大学会计学院程博教授，要说是合作者，不如说是师长，是我一个未上过课的老师、是一个没有血缘关系的兄长。在他的带领下，我在博士论文的基础上完成了一篇论文《社会信任与企业多层股权结构》，这篇论文于2016年投稿，2018年发表于 *China Journal of Accounting Studies*，并最终于2021年发表于《会计研究》，长达5年的磨练，不仅提升了我研究的能力，也历练了我做学术的心性。在博士后期间与上海交通大学俞俊利博士、张括博士的合作，有幸让我的成果发表于 *Journal of Business Ethics* 和 *Accounting and Finance*，从此开启了英文学术之路。

第三阶段（2020年至今），路漫漫其修远兮，吾将上下而求索。2019年年底，我提前完成了博士后出站答辩工作，并在武汉疫情结束后顺利入职杭州电子科技大学会计学院。感谢学院副院长苏忠秦的引荐，感谢院长肖作平的厚爱，从入职开始进入肖院长团队，感谢学院其他领导和各位可亲可爱的同事们，正是学院和团队给予了我充分的学术自由，我才能够精心、专注地从事科研工作，得以使我多篇成果逐渐面世，比如"信任文化影响供应商分布决策吗?"，"手中有粮心不慌"——客户稳定性影响企业会计信息质量吗?"，"客户稳定性的经济后果研究——基于供应商授信视角"，"社会信用体系建设能否抑制企业环保失信?"，以及"Do firms with foreign residency rights controlling shareholders reduce R&D investment?"，"Does a green tax impact a heavy polluting firm's green investments?"，"Is a deleveraging policy effective? Evidence from China"，"Does the "Belt and Road" initiative impact a firm's green investments?"，"The impact of local gambling preferences on firm - level environmental violations: Evidence from China"分别发表在国内外知名学术期刊上。

距离告别2022年已不足两个月，这本专著基本涵盖了我从读博士到今天过去这十年间所有的学术成就，合上这些文字，我似乎仍能清晰地记得每一页文字背后的故事。十年，如一阵风，我曾站在学术风口，时而吹向风尖，时而吹向风底，只有那些一起在风中共舞的人才能真切地感受到风的强劲和温柔。下一个十年，我会被风吹向哪里？我准备着，期待着！

作者

2022年11月10日于杭州家中

图书在版编目（CIP）数据

信任、法律与企业资源配置效率研究／邱保印著
．--北京：中国财政经济出版社，2023.11
ISBN 978－7－5223－1773－1

Ⅰ.①信…　Ⅱ.①邱…　Ⅲ.①企业管理－资源配置－研究－中国　Ⅳ.①F279.23

中国版本图书馆 CIP 数据核字（2022）第 228290 号

责任编辑：陆宗祥　　　　责任印制：史大鹏
封面设计：卜建辰　　　　责任校对：胡永立

信任、法律与企业资源配置效率研究
XINREN、FALU YU QIYE ZIYUAN PEIZHI XIAOLU YANJIU

中国财政经济出版社 出版

URL：http：//www.cfeph.cn

E－mail：cfeph@cfeph.cn

社址：北京市海淀区阜成路甲 28 号　邮政编码：100142

营销中心电话：010－88191522

天猫网店：中国财政经济出版社旗舰店

网址：https：//zgczjjcbs.tmall.com

北京财经印刷厂印刷　各地新华书店经销

成品尺寸：165mm×238mm　16 开　20 印张　337 000 字

2023 年 11 月第 1 版　2023 年 11 月北京第 1 次印刷

定价：108.00 元

ISBN 978－7－5223－1773－1

（图书出现印装问题，本社负责调换，电话：010－88190548）

本社质量投诉电话：010－88190744

打击盗版举报热线：010－88191661　QQ：2242791300